天津师范大学学术著作出版基金资助出版

教育部人文社科项目"基于语义Web服务的协同政务知识共享研究"
（11YJA870009）研究成果
天津市社科规划重点项目"面向知识共享的协同政务研究"
（TJTQ010-670）研究成果

GAOJIE / DENG ZHU

Dianzi Zhengwu Zhishi Xietong Yanjiu

电子政务知识协同研究

高 洁 / 等著

中国社会科学出版社

图书在版编目(CIP)数据

电子政务知识协同研究/高洁等著.—北京：中国社会科学出版社，2015.6

ISBN 978-7-5161-6228-6

Ⅰ.①电… Ⅱ.①高… Ⅲ.①电子政务—知识管理—研究 Ⅳ.①D035.1-39

中国版本图书馆 CIP 数据核字（2015）第 123562 号

出 版 人	赵剑英
责任编辑	王 茵
特约编辑	王 琪
责任校对	胡新芳
责任印制	王 超

出　　版	中国社会科学出版社
社　　址	北京鼓楼西大街甲 158 号
邮　　编	100720
网　　址	http://www.csspw.cn
发 行 部	010-84083685
门 市 部	010-84029450
经　　销	新华书店及其他书店

印刷装订	三河市君旺印务有限公司
版　　次	2015 年 6 月第 1 版
印　　次	2015 年 6 月第 1 次印刷

开　　本	710×1000　1/16
印　　张	16.5
插　　页	2
字　　数	262 千字
定　　价	58.00 元

凡购买中国社会科学出版社图书，如有质量问题请与本社联系调换
电话：010-84083683
版权所有　侵权必究

前　言

　　由于电子政务在前期建设中缺乏统一规划和标准，电子政务系统的异构问题使得政务系统之间无法实现互操作，政府部门之间的信息共享和业务协同出现了严重障碍，极大地困扰着电子政务的深入发展，协同政务就是针对电子政务发展的这一困境而出现的新型政府工作模式。近年来政府部门借助协同技术实现了跨部门的信息共享，但伴随着协同政务的推进，政府部门对协同过程的服务质量、智能化管理及个性化主动服务等提出了更高的要求。因此，如何使不同政务系统"理解"信息的语义、实现系统间的语义互操作，如何降低信息共享过程中的"语义"障碍而引起的代价，如何将隐性的协作、个性化知识处理和个性化服务需求协调起来，实现电子政务知识协同引起了学术界的关注。从研究文献看，国内外现有研究主要从技术层面对基于语义的电子政务知识协同展开研究，或是应用某种语义描述语言来提高语义互操作性，或是从自然语义角度构建本体模型进行语义解析。现有研究从技术角度的某一侧面探讨协同政务各参与方如何实现语义互通与知识协同的研究虽然取得了一定进展，但从组织保障角度探讨协同主体之间如何进行知识协同的研究较少，且两种研究角度相互割裂。

　　本书以知识管理、知识协同、协同政务理论及语义技术为基点从多个角度对电子政务知识协同进行了探索性研究。研究成果的重要观点是：电子政务的发展方向是电子政务知识协同，电子政务知识协同是建立在完善的语义技术基础上的政府部门内部及政府部门之间的知识协同，电子政务知识协同体现以人为本的思想，强调以政府公务员的知识协同为核心，是当前电子政务发展的高级阶段，其实现需要技术支撑环境与组织保障环境的统一。只有将技术支撑角度和组织保障角度的电子政务知识协同研究结合起来，才能够实现协同政务中政府部门、公务员、公众及政务信息系统之间的语义互通与知识共享，为政府知识管理以及知识型政府的发展完善提供理论指导，有助于智能化的政府管理和公共服务的实现。

  本书共分7章。第一章相关理论综述，分别对知识管理、知识协同、协同政务的相关理论和文献进行综述，对基于Web服务技术的协同政务研究进行综述。第二章电子政务知识协同的理论基础，分析语义技术及其在电子政务中的应用，综述电子政务知识协同的技术支撑及组织保障的相关研究，分析电子政务知识协同的动机、机理及障碍，构建电子政务知识协同体系框架，并分析该体系框架的相关构成要素，为后续各章深入研究并解决电子政务知识协同中存在的障碍及问题奠定了理论基础。第三章面向电子政务知识协同的政务集成系统设计，综述国内外基于语义技术的电子政务系统的发展，总结电子政务系统语义互操作的实现方法，分析WSMO这一语义Web服务实现技术对构建电子政务集成系统的优势，构建基于语义Web服务的政务集成系统框架，设计基于WSMO的政务集成系统模型，通过对实际案例的具体分析验证其可行性与技术优势，目的是促进异构政务系统无歧义地理解并有效地交换和集成政务流程知识，为协同政务中后台的异构政务系统实现语义互通和知识协同提供必要的技术平台。第四章面向电子政务知识协同的政府知识门户构建，分析基于Web的政府信息门户及其不足，结合实际案例分析基于语义技术的政府知识门户优势，构建面向电子政务知识协同的移动互联网政务门户，提出利用移动互联网的社会化、本地化和移动化属性，将人类的智慧与机器的自动化能力紧密结合，形成大规模人机协同，进而实现电子政务知识协同。第五章电子政务知识协同的组织保障，具体分析电子政务知识协同的政府组织结构、政府组织信任、政府组织学习和政府组织文化等保障因素，并综合分析上述保障因素之间的关联性，结合实际案例进行分析。第六章面向电子政务知识协同的政府知识管理，在较全面把握政府知识管理研究进展及发展趋势的基础上，对语义技术及Web2.0技术应用于政府知识管理的必要性和可行性进行分析，从政府知识管理流程出发，阐述基于语义技术的政府知识管理的实施方法。第七章研究结论与研究展望，概括研究成果的主要内容，阐述研究成果的重要观点及特色，分析研究成果的局限，提出今后的研究方向。本书内容较为系统、全面、深入，既有理论阐述，又有案例分析，使本书不仅具有新颖性、学术性、系统性和实用性，而且还具有前瞻性和较广泛的应用价值。

本书由高洁进行整体设计与具体策划，于曦撰写第三章第二、三、四节及第六章，王树义撰写第四章第三节，王琳撰写第一章第二节，罗南撰写第五章第五节，张婕参与了第三章第一、二节部分资料的翻译工作，高洁完成其他章节并负责全书的终审、统稿及定稿。

本书得以完成，感谢天津师范大学社科处的关怀与帮助，感谢中国社会科学出版社重大项目出版中心主任王茵博士的支持与辛勤付出。本书在撰写过程中参考了大量中外文文献资料，主要参考文献已集中列于本书之后。在此向所有参考文献的作者表示诚挚的谢意！

由于电子政务知识协同是一个较新的研究领域且涉及面广，限于学识、能力与水平，有些问题的研究还不够全面与深入，对于不足与疏漏之处，敬请各位专家及同仁不吝指教。

高洁

2015 年 3 月

目 录

绪 论 ……………………………………………………………（1）
  第一节　研究背景 ……………………………………………（1）
    一　电子政务的发展趋势是协同政务 ……………………（1）
    二　协同政务的发展现状是电子政务信息协同 …………（4）
    三　协同政务的发展趋势是电子政务知识协同 …………（5）
    四　语义技术为电子政务知识协同提供技术支持 ………（6）
  第二节　研究意义 ……………………………………………（13）
    一　协同政务发展中存在的问题 …………………………（13）
    二　电子政务对知识协同的现实需求 ……………………（14）
    三　知识协同是实现协同政务价值的重要途径 …………（16）
  第三节　研究框架 ……………………………………………（19）
    一　研究目标 ………………………………………………（19）
    二　研究方法 ………………………………………………（21）
    三　研究思路 ………………………………………………（22）
    四　研究内容 ………………………………………………（22）

第一章　相关理论综述 …………………………………………（24）
  第一节　知识管理理论 ………………………………………（24）
    一　知识管理的理论流派 …………………………………（24）
    二　知识管理的方法论模型 ………………………………（27）
    三　知识管理的发展趋势 …………………………………（33）
  第二节　知识协同理论 ………………………………………（35）
    一　知识协同概述 …………………………………………（35）

二　知识协同的理论基础与技术支撑 …………………… (38)
　　三　知识协同的应用 ……………………………………… (40)
　　四　知识协同的发展趋势 ………………………………… (44)
　第三节　协同政务理论 ………………………………………… (46)
　　一　协同政务的内涵 ……………………………………… (46)
　　二　协同政务的外延 ……………………………………… (51)
　　三　各国协同政务体系框架 ……………………………… (52)
　　四　基于 Web 服务技术的协同政务研究 ……………… (60)

第二章　电子政务知识协同的理论基础 ………………………… (65)
　第一节　电子政务知识协同研究综述 ………………………… (65)
　　一　语义技术及其在电子政务中的应用 ………………… (66)
　　二　电子政务知识协同的技术支撑研究 ………………… (74)
　　三　电子政务知识协同的组织保障研究 ………………… (81)
　第二节　电子政务知识协同的动机与障碍 …………………… (83)
　　一　电子政务知识协同的动机 …………………………… (83)
　　二　电子政务知识协同的机理 …………………………… (85)
　　三　电子政务知识协同的障碍 …………………………… (87)
　第三节　电子政务知识协同体系 ……………………………… (94)
　　一　电子政务知识协同体系构建 ………………………… (95)
　　二　电子政务知识协同的协同环境 ……………………… (97)
　　三　电子政务知识协同的组织模式 ……………………… (99)

第三章　面向电子政务知识协同的政务集成系统设计 ……… (104)
　第一节　基于语义技术的电子政务系统的发展 …………… (104)
　　一　国外基于语义技术的电子政务系统及框架 ………… (105)
　　二　国内基于语义技术的电子政务系统研究进展 ……… (109)
　第二节　面向电子政务知识协同的政务集成系统框架 …… (110)
　　一　基于语义互操作的电子政务的实现方法 …………… (111)
　　二　WSMO 对政务集成系统的适用性分析 …………… (114)

三　面向电子政务知识协同的政务集成系统
　　　　框架构建 ……………………………………………… (116)
第三节　基于WSMO的政务集成系统模型设计 ………… (117)
　　一　政务服务的描述和发布 ……………………………… (118)
　　二　政务服务的查找和调用 ……………………………… (120)
　　三　领域知识本体库的构建 ……………………………… (123)
第四节　基于WSMO的政务集成系统案例分析 ………… (124)
　　一　政务集成框架（GEA）本体模型 …………………… (125)
　　二　政务集成框架本体定义 ……………………………… (126)
　　三　WSMO Web 服务 …………………………………… (128)
　　四　WSMO 目标 …………………………………………… (131)
　　五　WSMO 中介器 ………………………………………… (132)

第四章　面向电子政务知识协同的政府知识门户构建 ……… (135)
第一节　基于Web的政府信息门户及其不足 …………… (135)
　　一　基于万维网的政府信息门户案例分析 ……………… (136)
　　二　基于万维网的政府信息门户的不足 ………………… (139)
第二节　基于语义技术的政府知识门户的优势与特点 …… (141)
　　一　基于本体的美国印第安纳州电子政务门户系统
　　　　案例分析 ……………………………………………… (141)
　　二　基于语义技术的美国弗吉尼亚州政府知识协同门户 … (144)
　　三　基于语义技术的政府知识门户的优势 ……………… (148)
　　四　基于语义技术的政府知识门户的特点 ……………… (151)
第三节　面向电子政务知识协同的政府知识门户 ………… (153)
　　一　移动互联网的"SoLoMo"趋势 ……………………… (155)
　　二　面向实时社会感知的社交媒体政务平台整合 ……… (156)
　　三　面向本地化智能服务的地理位置信息获取 ………… (158)
　　四　面向社区标注的众包机制设计 ……………………… (160)

第五章　电子政务知识协同的组织保障 ……………………… (164)
第一节　政府组织结构 ……………………………………… (164)

一　政府组织结构的特征 …………………………（165）
　　二　政府组织设计 …………………………………（166）
第二节　政府组织信任 …………………………………（173）
　　一　组织信任与知识共享 …………………………（174）
　　二　政府组织信任的特征 …………………………（176）
　　三　虚拟政府组织信任的建立 ……………………（178）
第三节　政府组织学习 …………………………………（180）
　　一　组织学习的内涵及模式 ………………………（180）
　　二　虚拟政府组织学习的特征 ……………………（185）
　　三　学习型政府学习力提升 ………………………（187）
第四节　政府组织文化 …………………………………（194）
　　一　组织文化与知识共享 …………………………（194）
　　二　政府组织文化的特征 …………………………（195）
　　三　虚拟政府组织文化的塑造 ……………………（196）
　　四　组织保障因素之间的关联性分析 ……………（199）
第五节　案例分析 ………………………………………（202）
　　一　跨区域应急协同网络的组织结构分析 ………（203）
　　二　跨区域应急协同网络的组织模式分析 ………（204）
　　三　跨区域应急协同网络的组织保障因素分析 …（206）

第六章　面向电子政务知识协同的政府知识管理 ………（208）
第一节　政府知识管理的研究进展及趋势 ……………（208）
　　一　政府知识管理的研究进展 ……………………（208）
　　二　政府知识管理的发展趋势 ……………………（215）
第二节　语义技术和 Web2.0 应用于政府知识
　　　　管理的必要性和可行性 ………………………（216）
　　一　语义技术与 Web2.0 的异同 …………………（216）
　　二　语义技术和 Web2.0 应用于政府知识管理的
　　　　必要性和可行性 ………………………………（217）
第三节　基于语义技术的政府知识管理的实施 ………（219）
　　一　政府知识的获取与存储模块 …………………（221）

二　政府知识的传递与共享模块 …………………………（222）
　　三　政府知识的应用与创新模块 …………………………（225）
　　四　基于Web2.0的政务知识管理的支持要素 …………（225）

第七章　研究结论与研究展望 …………………………………（227）
　第一节　研究结论 ……………………………………………（227）
　第二节　研究局限与未来研究方向 …………………………（229）
　　一　研究局限 ………………………………………………（229）
　　二　未来研究方向 …………………………………………（230）

主要参考文献 ……………………………………………………（232）

绪 论

随着电子政务的推进，由于在前期建设中缺乏统一规划和标准，电子政务系统的异构问题使得政务系统之间无法实现互操作，政府部门之间的信息共享和业务协同出现了严重障碍，极大地困扰着电子政务的深入发展，协同政务就是针对电子政务发展遇到的这一困境而出现的新型政府工作模式。近年来政府部门借助于协同技术实现了跨部门的信息共享，但伴随着协同政务的推进，政府部门对协同过程的服务质量、智能化管理及个性化主动服务等提出了更高的要求。因此，如何使不同政务系统"理解"信息的语义、实现系统间的语义互操作，如何降低信息共享过程中的"语义"障碍而引起的代价，如何将隐性的协作、个性化知识处理和个性化服务需求协调起来，实现协同政务中有效的信息整合与知识共享引起了学术界的关注。因此，面向信息共享的协同政务向电子政务知识协同发展成为必然。

第一节 研究背景

一 电子政务的发展趋势是协同政务

目前国际上对于电子政务发展阶段的划分方法有多种，所采用的标准各不相同，根据阶段的数量，比较有代表性的是四阶段论和五阶段论。埃森哲（Accenture）和国际数据资讯公司（International Data Corporation，IDC）将电子政务的发展分为公布信息、互动沟通、网上处理、整合政务四个阶段；高德纳咨询公司（Gartner）也主张将电子政务的发展分为四个阶段：初建阶段、互动阶段、事务处理阶段、政务工作转型阶段；莱恩（Layne）和李（Lee）亦提出了电子政务发展的四阶段模型。我们将这几种有代表性的四阶段论及各阶段特征概括为表 0—1。

表 0—1　　　　　　　四阶段论及各阶段特征

	埃森哲和 IDC 的四阶段论①	高德纳的四阶段论②	莱恩和李的四阶段模型③
第一阶段	信息发布（Publish）：政府网站仅提供机构简介、办公指南及政策等信息	初建（Emerging）阶段：政府通过互联网这一虚拟环境为公众提供获取信息的通道	目录分类（Cataloguing）：在线介绍政府信息并为公众提供目录索引
第二阶段	互动沟通（Interact）：政府网站可以回应用户提问，给出所需信息	互动（Interactive）阶段：公众通过政府网站可实现对各种文书表格的存取，同时可以链接到相关网站	事务处理（Transaction）：将政府的实时数据库与提供服务的在线界面相互连接，实现电子形式的互动
第三阶段	网上处理（Transact）：网站允许用户网上购买服务和产品，如公众通过网站完成交税、交费事项	事务处理（Transaction）阶段：公众通过政府网站实现在线事务处理，以及在任何方便的时间进行款项的在线支付	垂直整合（Vertical integration）：转变政府服务模式，实现相同职能不同行政级别之间的政务系统的纵向整合
第四阶段	整合政务（Integrate）：政府机构将电子政务整合到所有的办公程序中，实现资源共享与业务协同	政务工作转型阶段：政府内外部各种应用系统及服务实现了整合，政府机构和用户可以进行全方位的信息交流与互动	横向整合（Horizontal integration）：实现不同层次、不同类型政务系统资源与服务整合，为公众提供无缝隙的服务

---

① 党秀云、张晓：《电子政务的发展阶段研究》，《中国行政管理》2003 年第 1 期。
② Christoper H. B., Andrea Di Maio, "Gartner's Four Pliases of E-Goverment Model"（http：//www.gartner.com/id=317292）.
③ Layne K., Lee J., "Developing fully functional e-government: a four stage model", *Government Information Quarterl*, Vol. 18, No. 2, 2001.

联合国经济与社会事务部（DPEPA/UNDESA）和美国公共管理协会（ASPA）将电子政务的发展划分为五个阶段：起步阶段、强化阶段、互动阶段、交易阶段、全面整合或无缝隙阶段，各阶段的特征如表0—2所示。

表0—2　　　　DPEPA和ASPA的五阶段论及各阶段特征

	各阶段特征①
第一阶段	起步（Emerging）：政府通过设立官方网站为用户提供办公指南、联络方式、政府职能、政府职责等基础性信息，数量有限且缺乏经常性的更新
第二阶段	强化（Enhanced）：政府网站数量增加，网站上的政策信息、法律和规章等信息实现了经常性定期更新
第三阶段	互动（Interactive）：政府部门与用户间实现广泛的互动交流，用户可以通过政府网站下载表格，与政府官员联系，如进行预约和咨询等
第四阶段	交易（Transactional）：用户可以通过政府网站实现为某些服务付费，如签证、护照、驾照、纳税等，双向信息交流得以实现
第五阶段	全面整合或无缝隙（Fully Integrated or Seamless）：政府网站可提供超越政府部门界限的服务功能，实现政府网上服务的全面整合

对比表0—1和表0—2，可以看出四阶段论和五阶段论的区别：五阶段论在第一阶段之后又细分出一个"强化阶段"，对于其他阶段的划分，尽管用词不同，但对于其特征的概括是基本一致的。除表0—1、表0—2所列的有代表性的观点，综观电子政务发展阶段划分的各种观点，划分依据无外乎是技术、管理、组织等方面，同时结合电子政务发展的实践。无论是四阶段论还是五阶段论，最后一两个阶段的特征都表现出电子政务必然向其高级阶段——协同政务发展的共同趋势，即以信息整合为基础，通过政府机构之间基于

---

① UN Department of Economic and Social Affair（UNDESA）and the Civic Resource Group（CRG），"2003 UN Global E-govenunent survey"（http：//www.unpan.org/egovkb/global_reports/08report.htm）.

信息资源共享的系统互操作，跨越政府部门实现纵向和横向业务协同及服务的整合，为公众提供无缝隙服务。①

二 协同政务的发展现状是电子政务信息协同

随着电子政务推进，由于前期建设中缺乏统一规划和标准，政务系统异构问题不可避免地导致了"信息孤岛"现象，使得政务系统之间无法实现互操作，政府部门之间的信息共享和业务协同出现了严重障碍，极大困扰着各国电子政务的发展。针对这一问题，欧美等发达国家从20世纪90年代开始，以信息整合及业务协同为目标，从不同角度构建国家电子政务总体框架，他们都将总体设计作为实现资源共享、业务协同，提高公共服务水平的有效途径。

美国的联邦政府组织架构（Federal Enterprise Architecture，FEA）模型②和英国的电子政务互操作框架（e-Government Interoperability Framework，e-GIF）③是目前电子政务应用领域实现信息整合和业务互操作最成熟且最有代表性的框架模型，其他国家和地区在协同政务体系框架方面也进行了许多成功尝试，如加拿大的电子政务框架（Business Transformation Enablement Program，BTEP），澳大利亚的电子政务框架（Australian Government Architecture，AGA）④，欧盟的欧洲互操作框架（European Interoperability Framework，EIF）⑤，德国的电子政务架构（Standard Architecture Government Apllacation，SAGA），韩国政府组织框架（Enterprise Architecture，EA）⑥等。总体看来，发达国家对电子政务总体框架模型的

---

① 王琳、高洁、胡莎莎：《协同政务知识共享：研究背景与现状》，《情报资料工作》2012年第6期。

② OMB, "E-Government Strategy: Simplified Delivery of Services to Citizens" (http://www.whitehouse.gov/omb/inforeg/egovstrategy).

③ "Office of the e-Envoy of UK. e-Government Interoperability Framework" (http://xml.coverpages.org/egif-UK.html).

④ 金江军：《借鉴国外经验设计电子政务总体框架》，《数码世界》2008年第9期。

⑤ 吴鹏、高升、甘利人：《电子政务信息资源语义互操作模型研究》，《中国图书馆学报》2010年第2期。

⑥ 刘寅斌：《电子政务遗留系统信息整合的研究》，博士学位论文，同济大学，2006年，第13—15页。

研究比较系统、深入，从方法论、信息模型、功能模型、业务流程和组织架构等多个角度描述了电子政务中的政府模型，对我国电子政务的建设和发展很有启示。

自2002年我国电子政务进入快速发展阶段，《国家信息化领导小组关于我国电子政务建设指导意见》（中办发〔2002〕17号文）确定了"一站、两网、四库、十二金"的中国电子政务主体推进框架。2006年3月，国务院信息化工作办公室印发了《国家电子政务总体框架》，各地方和行业在这个文件指导下细化本地区的电子政务总体框架和相应的应用支撑体系，如北京市电子政务总体技术框架、上海市区县电子政务总体框架、福建省电子政务总体框架、金土工程电子政务总体框架等。①

综合分析各国电子政务框架，其共同点是：将Web服务等先进技术理念引入电子政务领域实现信息资源整合与业务协同（即电子政务信息协同），强调通过跨部门协作为公众提供一体化的公共服务。

三 协同政务的发展趋势是电子政务知识协同

随着各国电子政务总体框架的推进与实施，协同政务虽然已经实现了跨部门信息共享，实现了不同政务系统之间的互操作，但由于政务系统建设和管理模式不同，使得不同政务系统无法准确地"理解"信息的含义，无法实现系统间的语义互操作，无法实现对信息和服务的准确定位，无法实现有效的信息整合与知识共享。在语义网环境下，在电子政务存在大量异构和自主信息系统的现状下，面对用户提出的个性化服务需求，政府部门需要一个能够"理解"用户访问需求的政务系统，因此，需要不同的政务系统能够"读懂"彼此信息内容。

电子政务语义互操作作为一种高层的互操作理念，作为一种亟待解决的用户需求，在近期引起了越来越多的关注。因为实现了语

---

① 《我国电子政务云框架服务体系研究与实践》（http://www.powereasy.net/HelpYou/Knowledge/eGov/10868.html）。

义互操作，将使人和人之间、机器与人之间，甚至是机器与机器之间的信息可以进行无障碍的语义交流，而且也可以让机器理解信息的含义。如此实现信息交流和共享的高度自动化和智能化，使计算机世界的信息交流模式和质量发生彻底的改善和提升①，真正消除协同政务中的"信息孤岛"现象。

语义 Web、本体及 Web 服务的发展为电子政务带来了发展机遇，电子政务建设领先的国家越来越重视语义技术在协同政务中的应用，实践中已经引入知识管理思想和语义技术实现电子政务知识协同，国外已经有一些基于语义的电子政务项目正在被开发并实践。有代表性的是欧盟的 OntoGov 项目（本体化电子政务服务结构项目）②、SmartGov 项目（公正、负责、快速响应的透明型政府项目）③和 e-POWER 项目（基于本体工作环境的欧盟立法条例计划项目）。OntoGov 项目开发了一个能够保证电子政务的发文、服务演变以及重构的一致性的技术平台，采用 OWL-S（Web Ontology Language for Services，Web 服务本体语言）和 WSMO（Web Service Modeling Ontologies，Web 服务建模本体），并对 OWL-S 的服务本体进行了扩展。SmartGov 项目开发了一个基于知识的平台，协助政府工作人员实现在线办公和交互服务。e-POWER 项目使用知识建模技术进行推理。

四 语义技术为电子政务知识协同提供技术支持

（一）Web 服务技术是异构的电子政务业务系统集成的技术基础

Web 服务（Web Service）是一种新型的 Web 应用程序。万维网联盟（W3C）将 Web 服务定义为：Web 服务是一种软件应用程序，它是由 URI（Uniform Resource Identifier，统一资源标识符）来标识的，可以通过 XML（eXtensible Markup Language，可扩展标记语言）对其接口和绑定进行定义、描述和发现，其他的软件应用程序发现区发现被定义的 Web 服务，这些软件应用程序可以按预先确定的方

---

① 万常选、郭艳阳：《电子政务语义互操作初探》，《电子政务》2006 年第 9 期。
② "OntoGov Project"（http://cordis.europa.eu/projects/rcn/71252_en.html）.
③ "SmartGov Project"（http://www.smartgov-project.org）.

式、借助于网络传输协议来传输的基于 XML 的消息与 Web 服务进行交互[①]。Web 服务的优势是具有集成由不同组织开发的 Web 服务来满足用户需求的能力，这是一种基于 Web 服务通用标准的集成，不考虑实现 Web 服务所使用的语言和 Web 服务运行的具体技术平台是什么。

Web 服务的核心目标是在现有各种类型异构系统技术平台的基础上，构建一个与技术平台及计算机语言无关的通用技术层，在不同技术平台基础上建立的各种应用，依靠这个通用技术层来实现彼此之间的连接和集成。Web 服务技术作为下一代分布式系统的核心，具有以下特点：

（1）互操作性。Web 服务运用标准化的 Web 协议进行组件界面描述，由于这种 Web 协议是一种简单、易理解的描述规范，因此，完全可以屏蔽不同软件技术平台之间的差异，使得与其他 Web 服务之间的交互更加易于实现，进而实现知识层面协同服务的语义互操作。无论是 CORBA（Common Object Request Broker Architetine，公用对象请求代理程序体系结构）、DCOM（Distibutted Component Object Model，分布式组件对象模型）或者是其他类型的协议都可以通过这种标准化的协议实现互操作。

（2）可扩展性和兼容性。Web 服务采用的标准协议具有简单及开放的特点，采用 HTTP 和 XML 进行通信，因此，任何基于这些技术和支持这些技术的设备都可以拥有和访问 Web 服务。此外，大多数软件供应商都支持 XML、SOAP（Simple Object Access Protocol，简单对象访问协议）、WSDL（Web Service Description Laguage，Web 服务描述语言）和 UDDI（Universal Description，Discovery，and Integration，统一描述、发现与集成）等技术规范，因而可在一定程度上减少对特定公司技术的依赖性，这样就使得被开放处理的知识协同系统具有较强的可扩展性和兼容性。

（3）易用性。部署在 Web 组件上的 Web 服务具备良好的封装

---

① McIlraith S. A., et al., "Semantic Web Services", *IEEE Intelligent Systems*, No. 2, 2001.

性，Web 服务之间具有松散的耦合性，即使其内部发生一些变更，对调用者也不会产生什么影响。而且，程序设计开发人员不需要改变开发环境，就可采用不同的技术平台及计算机语言来编写和利用基于知识协同的 Web 服务。

(4) 行业支持。几乎所有的软件供应商都支持 Web 服务技术，并且，一些软件供应商（如微软、IBM、Sun、HP 等）的免费工具箱能够保证程序开发设计人员快速构建和部署 Web 服务，其中有些软件供应商的工具箱还能够方便地将已有的 COM 组件和 JavaBean 转换为 Web 服务。

Web 服务的基础架构如图 0—1 所示，这种 Web 服务的基础架构也称为面向服务的体系结构（Service Oriented Architecture，SOA）。

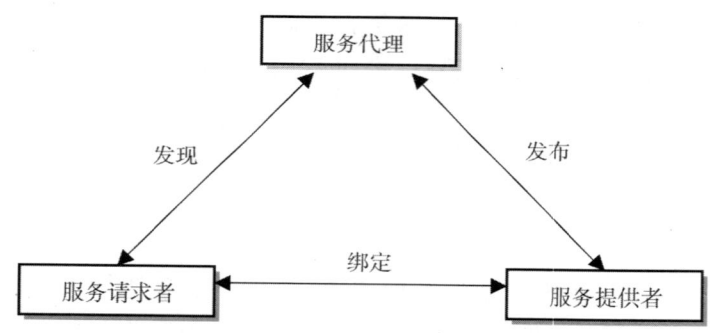

图 0—1　**面向服务的体系结构**（Service Oriented Architecture，SOA）

SOA 定义了服务请求者（Service Requester）、服务提供者（Service Provider）和服务代理（Service Broker）三种角色，三者之间通过发布、发现、绑定进行基本的交互操作：服务提供者向服务代理注册自己的功能和访问接口称为发布（Publish）；服务请求者通过服务代理查询所需的服务称为发现（Find）；将服务绑定于相关的服务提供者称为绑定（Bind）。服务提供者负责服务的实现，并将与服务实现相对应的服务描述发布给服务代理；服务代理是服务提供者和服务请求者的中介，由它负责维护服务注册中心，服务提供者发布的服务描述由它来管理，它可以根据服务请求者的服务请求发现合适的服务；服务请求者可以通过服务代理查找到相应的服务描述，并依据服务描述的相关信息建立起与服务提供者之间的绑定关系，实现所需服务的调用。在面向服务的体系结构（SOA）模型中，服务代理承担服务注册、服务公开、服务查询等工作。

SOA 需要接口语法、语义以及搜索绑定机制等方面的相关信息，运用 Web 服务描述语言（WSDL）来描述服务，利用 UDDI（统一描述、发现和集成协议）来发布并查找服务，利用 SOAP（简单对象访问协议）来执行服务的调用。SOA 基于 XML 格式进行各结构模块之间以及各模块内部消息的传递，因此，Web 服务体系结构不需要依赖于某个具体的技术提供商，对运行环境有着比较宽松的要求，为互联网上分散应用的互联提供了一种松散耦合的集成支持环境，这种环境是可以独立于技术实现平台和实现语言的。企业和政府组织可以根据自身的业务需求，基于 Web 服务来自由地选择适合自己需要的 Web 服务组件，并且通过对这些 Web 服务组件的集成来满足目前和未来延伸性的技术需求。

Web 服务技术作为新一代分布式计算技术，为解决异构的电子政务系统的互操作和政务流程集成提供了良好的实现机制。

（二）语义网技术为电子政务中的语义互通和知识协同提供了良好的技术保障

语义网（Semantic Web，语义 Web）是一种智能性的网络，使得语义层面上的知识交流与共享得以实现。语义 Web 可以理解人类的语言，通过赋予信息特定的含义，使计算机和人之间更易于交流并实现人机之间的协同工作，是目前互联网的拓展。语义网在知识共享中的作用可以简单概括为：实现语义层次上知识的查找、积累、共享和重用，实现了互联网上的知识管理。

语义网的核心是让机器理解网络资源的描述，其中心思想是用元数据来描述网站和网页的内容，以机器可理解的方式对万维网信息进行整理和组织，提供具有语义关系的数据表达方式，从而实现万维网上各种应用对数据互操作性的语义要求。语义网的目标是通过给数据赋予让机器能够理解的语义和启发式地使用元数据来实现对于信息的自动化机器处理，数据清晰的语义和领域理论的运用将使得万维网提供的服务具有更高的质量①。

W3C将语义Web定义为：语义Web是Web发展的高级阶段，Web信息被赋予了比较明确的含义，目的是使计算机之间以及人机之间实现协同工作。语义Web的基本思想是使Web上的数据以下述几种方式来进行定义与链接，即Web数据能够被机器用于各种异构的应用系统，并且能够实现Web数据的自动化处理、集成与重用。这样就使得Web变成了人和计算机所共享的加工环境，将最大限度地发掘Web应有的潜力。②

语义网是万维网的应用与扩展，从其表示方式的视角看，它是以RDF（Resource Description Framework，资源描述框架）和Meta-data（元数据）为基础，对万维网上数据进行抽象的表示，是本体领域模型的具体表示和应用实例。而本体是一组概念以及对这些概念之间的关系进行描述的集合，它是描述客观事物及它们之间关联的领域知识。为了实现语义信息的表示，OWL-S（Web Onotology Language for Services，Web服务本体描述语言）、DAML-S（DARPA Agent Markup Language for Services，OWL-S的早期版本）对WSDL（Web Services Description Language，Web服务描述语言）进行了扩充，它是基于XML和RDF建立的，是基于语义Web的服务描述语言，能够实现机器读取数据、解释数据以及数据推理的能力③。在万维网应用中，本体的有效利用在很大程度上实现了语义Web信息处理的智能化与自动化，可以进一步提高万维网信息检索的准确性及万维网信息服务质量。

语义网是以知识为基础的万维网，能够在一定程度上描述信息的语义，使得计算机程序具备了对网络信息资源进行分析和推理的能力，能够实现人机之间的协同工作。简单地说，语义网是可以理

---

① Berners-Lee T., Hendler J., Lassila O., "The Semantic Web", *Scientific American*, Vol. 28, No. 5, 2001.

② Hendler J., McGuinness D., "DARPA Agent Markup Language", *IEEE Intelligent Systems*, Vol. 15, No. 6, 2001.

③ McIlraith S., Son T. C., Zeng H., "Semantic Web Services", *IEEE Intelligent Systems*, Vol. 16, No. 2, 2001.

解人类语言的智能化网络，它既能够理解人类表述的语言，还能够让人—机之间的互动交流变得像人—人之间的互动交流一样自如和轻松。可见，语义网技术为电子政务的协同化与智能化提供了在语义层面上实现知识交流与共享的技术保障。

（三）语义 Web 服务技术为电子政务知识协同提供了全面的技术支撑

Web 服务虽然具有诸多优点，但是传统 Web 服务技术只是实现 Internet 上异构应用系统之间松散耦合以及集成的一种技术手段而已，语法层次的技术方案并没有解决语义层面的问题。如 WSDL 侧重于 Web 服务的基础，仅仅给出了语法层次上的消息、操作、传输协议绑定等方面的描述，不能在语义层次上描述系统操作之间的协调关系。UDDI 注册中心也不支持语义层面的信息处理问题，只是具有发布和管理功能，因而，使得 Web 服务之间不能真正"理解"交互的信息内容。然而，对于基于 Web 服务的集成而言，需要实现服务组件之间的相互协同，而且需要根据业务活动流程的改变对服务组件进行动态的绑定和调整，单纯依赖 WSDL 描述的物理层面信息，不能完全保证这些目标的实现。这必然要求在 WSDL 基础上提供服务的语义描述信息和性能信息，使得 Web 服务被计算机理解，从而更好地实现了 Web 服务的发现、调用、互操作、集成等[1]。

伴随万维网应用的飞速发展，其面临着自动化处理及语义支持等诸多问题。对于用户提交的应用请求，怎样根据语义信息去执行分布在万维网上的相关服务程序，并自动化地实现这些服务程序之间的切换，是语义网提出的主要动机。语义网实现了计算机程序对网络信息资源的自动化分析和推理，达到了人—机之间更好地协调合作的目的。语义网的目标就是使机器能够存取万维网数据并进一步实现自动化处理。[2]

语义 Web 服务（Semantic Web Service，SWS）技术是语义 Web 技术和 Web 服务技术的结合，是 Web 服务的发展趋势（如图 0—2

---

[1] 秦雪杰：《基于语义 Web 服务的业务过程集成研究》，博士学位论文，河海大学，2006 年，第 21 页。

[2] Fensel D., et al., *Spinning the Semantic Web*, Cambridge：MIT Press, 2002, p.62.

所示），能够为 Web 服务的自动化发现、执行、解释和组合提供有效的支持技术。① 由于在 Web 服务中加入了语义信息，Web 服务的执行能够体现用户预期的目标和所要求的限制条件，从而提高了 Web 服务执行结果的准确性；从 Web 服务组合的视角看，以语义信息为基础进行 Web 服务的组合，能够更加有效地运用知识表示及知识推理来指导和监督 Web 服务的组合。

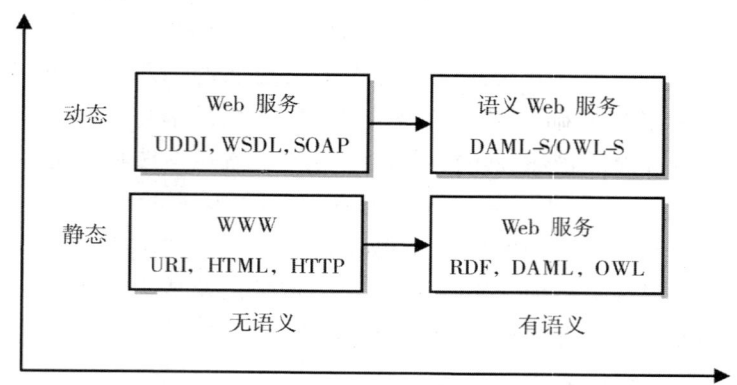

图 0—2　语义 Web 服务与 Web 服务的发展趋势

近年来，国内外学术界对语义 Web 服务的研究日益深入，它不仅具备 Web 服务的松散耦合以及高度可集成性等特点，而且进一步克服了 Web 服务的技术缺陷，具有语义 Web 服务所提供的语义层面的信息，可以实现 Web 服务相互之间互操作的信息理解，能够自动地完成 Web 服务的发现、执行和集成，进而更好地实现组织间业务流程的集成与整合。② 因此，语义 Web 服务技术可以为电子政务知识协同的集成系统构建和知识门户提供技术保障，在实现后台异构政府业务流程集成的同时，实现了前台协同政务知识的共享、重用以及互操作。

---

① Peer J., "Bringing together Semantic Web and Web Services", *Proc of the First International Semantic Web Conference*, Italy Sardinia, 2002, pp. 279—291.

② 卢刘明：《基于语义的 Web 服务和组合关键技术》，博士学位论文，东华大学，2006 年，第 28 页。

第二节 研究意义

一 协同政务发展中存在的问题

伴随我国电子政务系统的深入发展和应用需求的日益提高,电子政务异构业务系统的信息整合问题也越来越突出。我国电子政务异构系统在信息共享和业务协同方面主要存在如下问题。

(一) 政府部门内部协同问题

政府部门电子政务应用系统的设计,尤其是政务网站的设计,通常以政府职能机构为中心,公众对跨部门政府公共服务的一体化需求不能得以体现;采用不同的数据库管理系统和操作系统建设的政府部门电子政务应用系统分布于不同的网络节点上,各政府部门的电子政务子系统各自独立、封闭运作,缺乏有效的、及时的互联互通,形成了政府部门内部信息资源共享的极大障碍。

(二) 政府部门之间协同问题

异构的电子政务应用系统也导致不同政府机构之间无法实现在统一的电子政务系统平台上进行政务系统之间的互操作和协同工作,无法对分布于不同电子政务应用系统中的服务资源和信息资源进行统一的协调与管理,无法建立高效的服务管理机制和信息内容管理机制;在缺乏对统一的电子政务公共平台进行协调管理的情况下,从属于不同政务系统的各类电子政务服务不能实现数据的有效共享和信息资源交换,不能实现异构电子政务系统的集成与信息资源的整合,无法实现跨政府部门和跨技术平台的电子政务知识协同。同时,由于我国政府机构的条块分割造成了部门之间职能的交叉,这种条块分割和职能交叉的体制与电子政务系统的开放性、统一性和交互性产生了冲突,其直接后果是导致各层次的电子政务系统相互封闭和孤立,难以实现系统的互联互通和信息共享,更谈不上电子政务知识协同。①

(三) 政府部门与公众的协同问题

政府部门内部和部门之间协同障碍的存在，对电子政务系统高效运行产生了两方面影响：首先，从政府视角看，其无法统一协调和管理各层级政府机构及政务系统的信息资源，同时，政府各部门之间无法实现业务系统的互操作和部门间的协同工作，导致政府的服务创新和管理创新不能得以实现；其次，从公众视角看，公众的一站式服务需求、个性化服务需求等不能在现有电子政务应用系统的技术条件下得以满足和实现。

这样的电子政务系统不能实现政府在信息资源统一管理和知识共享基础上的智能化协同工作和业务流程的优化及协调，也不能满足公众获取统一有效的个性化信息服务的需求。因而，必须通过构建以异构政务系统信息整合及知识共享为基础的电子政务知识协同平台，在充分考虑政府机构服务整合和信息内容管理的基础上，为公众提供系统化的、协同的知识服务，实现政府部门与公众的协同。

协同政务强调前台的"一站式"服务和后台业务流程的高度协同与信息整合，因此，必须通过电子政务异构系统之间的业务协同和信息资源整合，实现跨层级、跨部门的政务协同和信息共享，来提升电子政务服务系统的应用水平。近10年来，我国电子政务系统建设的重点就是大力推进跨部门的政务信息资源共享和业务协同，同时，随着政府职能的转变和电子政务应用的不断深化，以面向企业和公众服务为中心，实现政府各部门间的协同政务，成为当前电子政务建设最为迫切的需求。②

二 电子政务对知识协同的现实需求

电子政务知识协同的基础是对共享信息的语义内容理解，进而实现电子政务知识协同和知识重用，不仅是知识内容的静态共享和

---

① 胡志敏：《电子政务开启服务型政府之门的钥匙》（http://industry.ccidnet.com/art/356/20060526/563763_1.html）。

② 国家信息化领导小组：《国家电子政务总体框架》（http://www.shenzhen.gov.cn/szyw_1/200704/P020070420367811590259.doc）。

重用，还包括知识内容的动态共享和重用。电子政务知识协同的需求可以概括为技术与管理两方面：首先，技术方面需求表现为统一的知识共享硬件平台的构建，使政府部门内部、政府部门之间以及政府与公众之间的知识共享具有实现的基础；其次，管理方面的需求表现为知识共享软环境的营造，通过政府组织结构和组织机制建设，指导和激励政府知识共享。

下面以政府网站上政务信息的智能检索为例来说明这种技术层面的现实需求。基于关键词进行查询的传统搜索引擎，是通过计算关键词的相似性来进行索引匹配。虽然同时代的诸多搜索引擎在某种程度上都采用链接分析，但这仅仅对于识别一些比较普遍的网页有一定帮助，而与那些符合某个特定查询需求的特殊网页却没有建立起任何关联。与互联网搜索引擎一样，政府网站的搜索引擎能够检索大部分政府网站的信息内容，但用户往往会遇到这样的情况，即得到大量不相关的检索结果或者根本找不到符合要求的检索结果。产生这种问题的原因：一是由于检索使用的同一个词语在不同的情境中可能会有不同的含义，并且基于关键词索引的搜索引擎没有建立词语之间的逻辑关系；二是由于检索中所使用的概念术语根本没有出现在网页中。尽管在某些情况下可以通过检索包含更多的关键词或者同义词的检索策略避免上述情况的发生，但是很多实用的检索策略超出了现有搜索引擎的能力范围。因此，公众进行政务信息检索时，网站搜索引擎虽然可以提供一定程度的帮助，但对于多数人而言，在政府网站上找到自己需要的相关信息，通常难以达到令人满意的效果。[①]

上述政务信息智能检索的主要障碍是由于万维网并不是为计算机智能处理而设计的。虽然网页上包含一些特定的信息来让计算机知道如何去显示某个特定的文本，并且让计算机知道该链接指向何处，然而，计算机不能理解该文本的具体语义，不能实现万维网信息的语义互操作。因此，要实现智能化计算机化地处理网页并进行

[①] 王越：《基于 Ontology 的 Web 政务资源的智能处理与应用》，硕士学位论文，山东大学，2007 年，第 25 页。

智能检索，万维网信息必须让计算机能够理解。语义网（Semantic Web）、Web 服务（Web Services）以及语义 Web 服务（Semantic Web Services，SWS）技术可以改善目前协同政务中利用传统技术难以解决的知识共享及协同问题。

三　知识协同是实现协同政务价值的重要途径

协同政务是在知识经济背景下产生的，是政府为适应知识经济发展的需要所做的一项变革，目的是提高政府管理能力和公共服务水平，实现从管理型政府向以公众为中心的服务型政府的转变。从知识管理角度看，协同政务是基于知识的协同政务。在这种基于知识的协同政务中，从属于不同政府部门的成员所拥有的知识是各不相同而又互为补充的。这些异质而又具有互补性的政府知识资源整合形成的"协同政务知识库"，显然要比协同政务中任何一个政府部门成员所拥有的知识都丰富，因此，对于参与协同政务的任何一个政府部门来说，知识共享有利于提高政府整体的知识能力和服务水平，从而提高协同政务的整体效率。因为电子政务知识协同是一个显性、隐性知识不断发生作用的连续、动态的过程，伴随着不同形态知识的交流、转化，新的知识将会产生，政府的创新能力得到提升，服务效率得以提升。可见，知识协同是实现协同政务价值的重要途径。

从过程—结果的维度看，协同政务包括资源协同、服务协同、管理协同、政策协同，其中，管理协同和政策协同是资源协同和服务协同实现的必要条件，是政府部门内部协同和外部协同所追求的理想状态，资源协同和服务协同则主要强调协同政务结果的实现。我们从这四个方面来分析知识共享是如何提升协同政务价值的。

（一）知识协同使政府决策科学化，实现政策协同

政府是典型的知识型组织，政府的决策过程实际上就是政策制定者应用知识解决现实问题的过程。政府部门的各项决策建立在对所搜集到知识的充分论证与共享基础上，知识具有协同效应，通过共享能够使其增值，并且在交流共享过程中，往往能够创造出新知识。通过知识共享，识别与问题密切相关的关键性知识，并对这些

知识进行提炼及挖掘,形成有关某一问题的专门知识,以支持协同政务各参与主体的管理决策,相较于依靠自身有限知识制定的决策,协同政务各参与主体通过将彼此的知识交流共享后所制定的政策更加系统、科学、合理,提升政府协同决策效能。因此,知识协同对于提高政府工作效率、促进政府决策的科学化与民主化有重要价值,从而实现政策协同。

(二)知识协同能够提升政府管理能力,实现管理协同

政府在面对复杂的管理创新活动时,常常出现知识缺口,为弥补知识缺口,需要通过协同方式进行合作知识创新。知识协同可以有效弥补政府管理创新中的知识缺口,减少知识学习和吸收的成本。知识协同强调的是知识的无障碍交流和分享,这就打破了政府部门严格的层级制等级体制的约束,政府组织结构由层级制向扁平化方向发展,富有弹性,更加人性化。随着知识共享与协同的深入能够增进彼此间的信任,形成强烈的协作意识,利于彼此间的长期合作。政府部门领导者更容易把分散的业务整合在一起,保障政府的领导权力,既保持工作人员个人和团队的自主性,又可维持他们行动的集中及协调。知识协同使各政府部门为实现整体目标共进退,提高政府之间协作沟通能力,提高跨组织、动态的政府管理能力,实现管理协同。

(三)知识协同有利于消除协同政务中的"信息孤岛",实现资源协同

协同政务主体间资源的匹配性是达成利益共识,实现互惠协作的基础,协作主体间资源相互匹配包括两种情况:协同主体间所掌握的知识资源具有相似性,可通过信息交流知识共享方式实现规模效益和成本分摊,从而实现资源的协同效应;协同主体间所拥有的知识资源具有互补性,主体间可以通过知识共享各补所缺,实现信息资源的最优化利用。[①] 协同主体间信息交流与知识协同是彼此间达成协作共识的重要基础,也是实现协同效应的必要保障。

---

① 《我国电子政务云框架服务体系研究与实践》(http://www.poweLeasy.net/HelpYou/Knowledge/eGov/10868.html)。

资源协同主要指整合现有异构政务系统的信息和知识，实现政府服务的无缝对接。资源协同是协同政务建设的主要目标之一，政府如果不能用自己的知识资源实现其目标，就常常选择彼此间合作。[①] 政府的知识资源通常分散在不同部门之中，因而政府需要借助电子政务系统，对各政府部门的内部及外部知识资源进行集成、整合和优化，使多主体的知识资源实现有效的集成、互补及共享，以实现有效的知识复用和政府管理与服务创新。政府通过信息交流和知识协同实现政府管理与服务创新，从而有效地弥补政府部门彼此间的知识缺口，加强信息沟通和彼此间的信任，使得信息及知识资源得到充分的开发和利用，消除政府部门之间"知识富集"和"知识贫瘠"现象，避免马太效应的产生，有效消除"信息/知识孤岛"，获得"1+1>2"的知识协同效应，实现各政府部门之间的资源协同。

（四）知识协同能够使政府真正做到"以人为本"，实现服务协同

实现服务协同、建设服务型政府是协同政务的主要目标，其基本思想就是以公众为中心，按公众需求来改善政府的管理和服务方式，建立以服务公众为中心的管理模式，以便为公众提供在线咨询、政策、信息与知识服务。为此，各政府部门必须通过知识交流和协同掌握公众的信息需求，为公众提供更加智能、个性化的服务。这不仅能够增加政府管理与服务的广度和深度，构建一种新型的、良好的政府与公众之间的关系，也促使政府职能部门的设立能根据公众的意向和需求来决定，以更好地适应协同政务的需要。

服务协同打破了部门间单一的服务类型，各部门间通过构建一个便捷的信息和知识服务平台，以方便来自不同部门、不同级别甚至不同领域的政府工作人员相互沟通信息与知识，实现对于各种服务信息及相关知识的动态、及时、不间断的更新，从而保障政府机构能够提供最新、最快捷的信息和知识服务，实现"一站式"服务。同时，知识作为一种智力资产，能够为公众提供智能化服务，

---

① 孙忠林、崔焕庆：《面向多类用户的电子政务信息协同模式研究》，《山东科技大学学报（自然科学版）》2009年第1期。

满足公众越来越个性化的需求。因此，信息、知识共享能够使政府协同工作，为公众提供高效整合的服务，实现服务协同。

电子政务知识协同体现以人为本的思想，强调以政府公务员的知识协同为核心，强调基于语义的政务流程集成和政府门户网站的知识共享，是当前电子政务发展的最高阶段。电子政务知识协同系统具有接近人类的思考能力，能理解用户所要表达的复杂需求，也能理解用户所提交信息之间的语义逻辑关系。这样，政府能通过基于语义的政府知识门户直接为公众提供智能化的互动服务，充分地了解公众的需求，从而实现真正意义的个性化服务。同时，基于语义的政府知识门户能迅速定位公众需要的服务，让其仅仅通过一次提交，就能完成一系列任务。可见，电子政务知识协同通过智能化的政府管理和公共服务系统，促进政府向知识型政府转变。

第三节 研究框架

一 研究目标

本书研究主题是电子政务知识协同，这一研究主题是基于研究背景，在对现有研究成果进行梳理与分析的基础上，根据电子政务的研究实际与协同政务的本质及电子政务向知识协同发展中的难题而确定的。通过对研究主题的分析与细化，确定本研究的目标，即构建电子政务知识协同体系框架。在对电子政务知识协同的研究现状进行综述，并分析电子政务知识协同的动机、机理及其技术和组织障碍的基础上，本书首先构建了电子政务知识协同体系框架，后续研究就是依据这个体系框架，立足于解决电子政务知识协同的障碍与问题。具体研究目标如下。

（一）设计面向电子政务知识协同的政务集成系统

综述国内外基于语义技术的电子政务系统框架及研究进展，分析基于语义技术的电子政务系统的实现方法及 WSMO 对政务集成系统的适用性，基于语义技术构建面向电子政务知识协同的政务集成系统体系框架，设计基于 WSMO 的政务集成系统模型，结合实际案例分析该模型的可行性与技术优势。

（二）构建面向电子政务知识协同的政务知识门户

在对国内外电子政务门户相关案例进行分析的基础上，分析基于万维网的政府信息门户的不足及基于语义网的政府知识门户的优势，构建面向电子政务知识协同的移动互联网政务门户，提出将电子政务门户建立于移动互联网之上，利用移动互联网的社会化、本地化和移动化属性，将人类的智慧与机器的自动化能力紧密结合，形成大规模人机协同，实现电子政务知识协同。

（三）研究电子政务知识协同的组织保障因素

为了实现电子政务知识协同，除了从技术角度构建面向电子政务知识协同的政务集成系统，实现异构政府业务系统的服务资源整合和内容整合，以及构建电子政务知识协同门户，实现政府知识共享外，必须从组织结构、组织信任机制、组织学习机制、组织文化等方面提供相应的组织保障，这样才能将技术角度和管理角度的电子政务知识协同研究结合起来，实现电子政务知识协同的"硬"环境与"软"环境的统一。本书基于对电子政务知识协同障碍的分析，对保障电子政务知识协同的政府组织结构、政府组织信任机制、政府组织学习机制、政府组织文化等问题进行了具体分析，并结合案例深入分析了保障因素之间的关联性。

（四）研究面向电子政务知识协同的政府知识管理

实施政府知识管理可促进政府部门之间知识的全面共享，实现政府部门之间及其与公众之间的电子政务知识协同，进而为公众提供优质的政府公共服务。将语义技术和 Web2.0 技术运用到政府知识管理过程中，能够弥补传统知识管理方法仅仅关注政府结构化的显性知识的不足，可以有效管理政府大量分散的隐性知识，实现政府知识的全面共享和创新。本书概述了政府知识管理的研究进展及发展趋势，分析语义技术及 Web2.0 应用于政府知识管理的必要性和可行性，依据政府知识管理流程阐述了基于语义技术的政府知识管理的实施方法。

二 研究方法

根据研究目标与研究内容,本书主要采用以下几种研究方法:

(一) 文献分析法

主要收集国内外与知识管理理论、知识协同理论、协同政务理论、电子政务知识协同等方面相关的学术著作、学位论文、期刊论文、网站文章等研究文献,并跟踪相关领域的发展动态,试图比较全面地把握这一领域的发展态势和动态。通过对相关文献的整理、分析,为本研究理论框架的提出、展开和深入探讨提供理论支持。

(二) 演绎推理与归纳分析相结合的方法

本书在国内外相关研究和实践成果的基础上,运用演绎推理方法,结合归纳分析法,在前人研究的基础上,首先构建本研究的基本概念体系,形成基本理论框架,然后按逻辑顺序逐层深入、层层推理,展开主体部分的研究,形成电子政务知识协同理论体系。

(三) 专家访谈法

专家访谈是搜集调查资料的一种替代方法,它不是让受访者亲自阅读并填答问卷,而是由研究者亲自或者派遣访员口头提问,并记录受访者的回答。在本研究中,一是在构建电子政务知识协同理论体系的现实性方面,和有关专家进行深度访谈,以使研究具有现实性与可行性;二是针对部分政府部门的管理人员,了解政府部门实施电子政务知识协同障碍方面的情况,吸收他们对本研究的意见。

(四) 案例分析法

一是结合实际案例分析基于 WSMO 的政务集成系统模型的可行性与技术优势;二是运用案例研究方法分析了基于万维网的协同政务信息门户存在的不足和基于语义网的政府知识门户的优势,在案例分析的基础上,研究了面向电子政务知识协同的政务知识门户;三是结合跨区域应急联动网络这一实际案例,对电子政务知识协同的组织模式及组织保障因素进行了深入分析。

(五) 系统分析方法

系统分析方法是用系统的观点来研究和处理有关对象和联系的

科学方法。在面向电子政务知识协同的政务集成系统设计中，采用了系统分析方法，确保协同政务集成系统尽量覆盖协同政务的各种情况。

三 研究思路

本书的研究思路如图 0—3 所示，主要以国内外相关研究为基础，首先对电子政务知识协同的理论基础进行研究，对相关的核心概念及内涵进行剖析，提出电子政务知识协同体系框架，以奠定整个研究的理论与概念基础。在此基础上，从技术角度构建面向电子政务知识协同的政务集成系统框架和面向电子政务知识协同的政务门户；从组织管理角度对电子政务知识协同的政府组织保障因素及其关系进行了深入分析，探索了基于语义技术的政府知识管理的实施方法，为提升协同政务价值提供了有效途径。

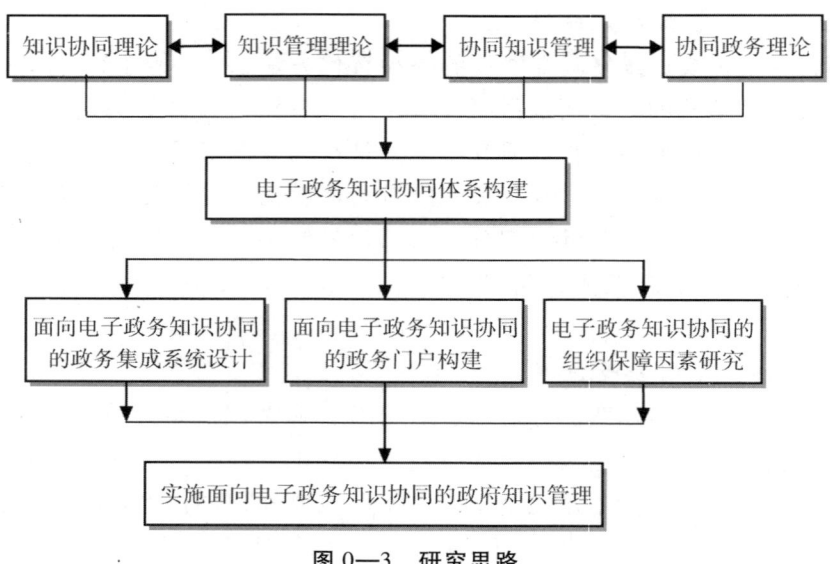

图 0—3　研究思路

四 研究内容

本书共分七章，研究框架结构如图 0—4 所示。

绪 论　23

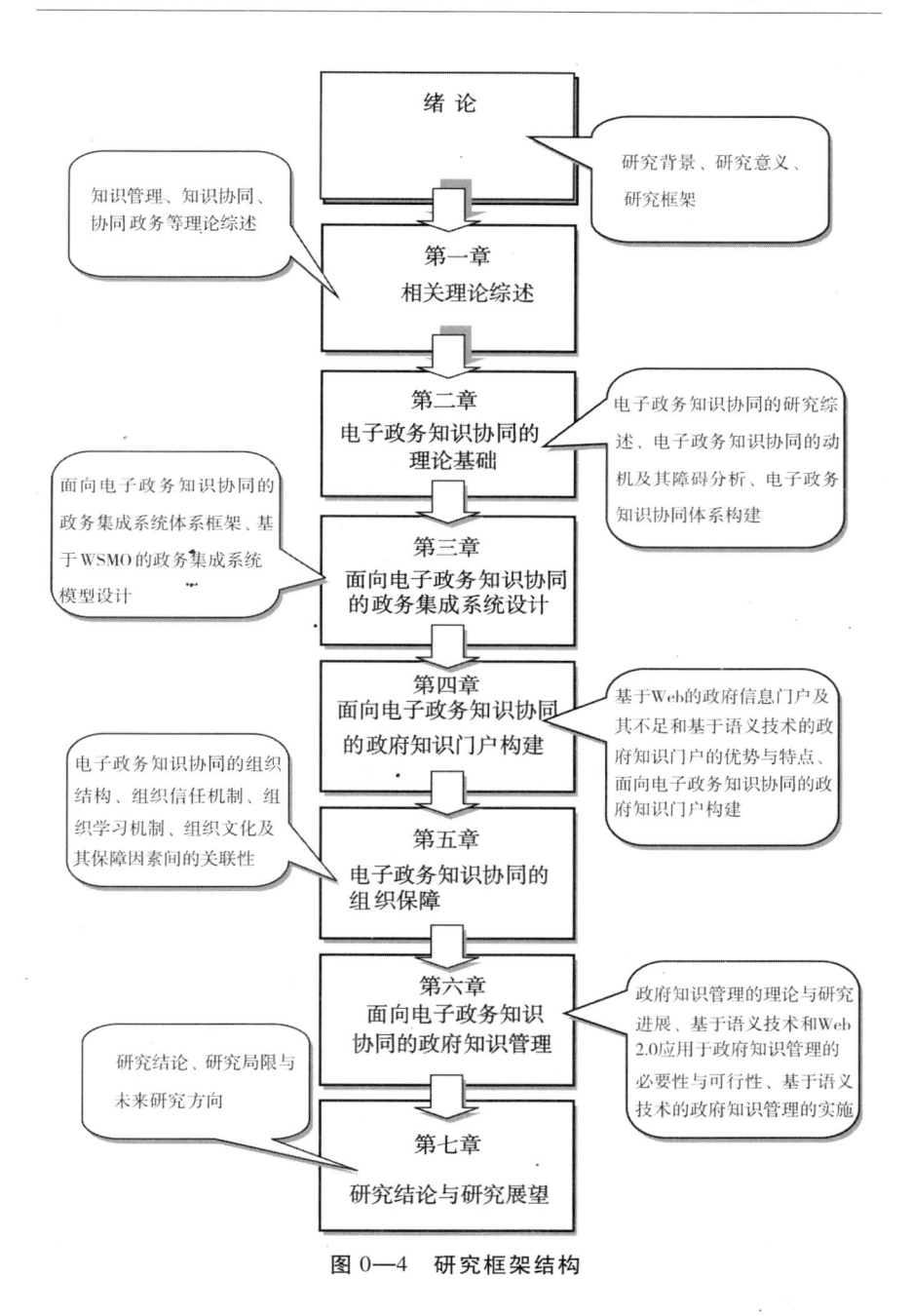

```
                    ┌─────────────┐
                    │   绪  论    │──→ 研究背景、研究意义、研究框架
                    └──────┬──────┘
                           ↓
知识管理、知识协同、      ┌─────────────┐
协同政务等理论综述 ──→   │   第一章    │
                         │ 相关理论综述 │
                         └──────┬──────┘
                                ↓
                         ┌─────────────┐
                         │   第二章    │
                         │电子政务知识协同的│──→ 电子政务知识协同的研究综
                         │  理论基础   │    述、电子政务知识协同的动
                         └──────┬──────┘    机及其障碍分析、电子政务
                                ↓            知识协同体系构建
面向电子政务知识协同的   ┌─────────────┐
政务集成系统体系框架、基  │   第三章    │
于WSMO的政务集成系统 ──→ │面向电子政务知识协同│
模型设计                 │的政务集成系统设计│
                         └──────┬──────┘
                                ↓
                         ┌─────────────┐
                         │   第四章    │──→ 基于Web的政府信息门户及
                         │面向电子政务知识协同│   其不足和基于语义技术的政
                         │的政府知识门户构建│   府知识门户的优势与特点、
                         └──────┬──────┘    面向电子政务知识协同的政
                                ↓            府知识门户构建
电子政务知识协同的组织   ┌─────────────┐
结构、组织信任机制、组   │   第五章    │
织学习机制、组织文化及──→│电子政务知识协同的│
其保障因素间的关联性     │  组织保障   │
                         └──────┬──────┘
                                ↓
                         ┌─────────────┐   政府知识管理的理论与研究
                         │   第六章    │   进展、基于语义技术和Web
                         │面向电子政务知识│──→ 2.0应用于政府知识管理的
                         │协同的政府知识管理│ 必要性与可行性、基于语义
                         └──────┬──────┘   技术的政府知识管理的实施
                                ↓
研究结论、研究局限与     ┌─────────────┐
未来研究方向       ──→   │   第七章    │
                         │研究结论与研究展望│
                         └─────────────┘
```

图 0—4　研究框架结构

第一章

相关理论综述

围绕研究主题,本章分别对知识管理、知识协同、协同政务的相关理论进行综述,为后续展开电子政务知识协同研究奠定理论基础。

第一节 知识管理理论

一 知识管理的理论流派

国内外很多知名专家和学者面向各自的实践、认识和对知识管理的理解,分别从不同的角度对知识管理给出了不同的定义。约戈什(Yogesh)的观点比较具有代表性,他认为知识管理就是当企业面对日益增长的非连续环境变化时,针对组织的适应性、组织的生存和竞争能力等重要方面的一种迎合性措施。[①] 本质上,它包含了组织的发展进程,并寻求将信息技术所提供的对数据和信息的处理能力以及人的发明创造能力这两方面进行有机结合。

知识管理不仅是对知识本身的管理,更是对知识拥有者——人的管理。在知识管理的发展过程中,信息技术和认知科学起到了重要的作用,同时哲学、心理学、战略管理等不同学科的思想也融入知识管理理论,从而形成了不同的知识管理流派。

迈克尔·厄尔(Michael Earl)将知识管理划分为系统学派、制图学派、工程学派、商业学派、组织学派、空间学派和战略学派,

---

① Yogesh M., "Knowledge Management for the New World of Business", *A Sia Strategy Leader Ship Insitute Review*, No. 6, 1998.

他认为这些学派又源自企业知识管理理论的三大源头，即技术源头、经济源头和行为源头。虽然作者对各流派的重点、目标、单位、关键成功因素、主要信息技术和哲学观基础进行了初步分析，但是彼此之间的区分并不十分明显。①

左美云将知识管理研究分为技术学派、行为学派和综合学派。技术学派认为"知识管理就是对信息的管理"，行为学派认为"知识管理就是对人的管理"，综合学派认为"知识管理不仅要对信息和人进行管理，还要将人和信息结合起来进行管理；知识管理要将信息处理能力与人的创新能力结合起来，增强组织对环境的适应能力"。②

彭锐和刘冀生首先研究了当前知识管理学者对组织知识的基本假设，发现知识管理研究中对"知识"存在四种不同的认识，进而将知识管理划分为工程学派、过程学派、实体学派和系统学派。③

吴金希将知识管理分为IT技术学派、知识工程学派、组织行为学派和战略管理学派。其中，IT技术学派的研究者从原有的信息管理的背景出发，将知识管理的研究重点放在如何通过IT技术来传输信息，关注的是信息管理系统、人工智能、超级存储等先进的网络和计算机技术；知识工程学派发源于专家系统等人工智能领域的研究成果，这一学派认为知识管理的研究方向是将知识转化为一种标准的工程技术来帮助人们解决问题；组织行为学派认为，人的知识是组织的重要组成部分，知识管理就是对人的管理，知识管理理论属于组织行为和人力资源管理的一个分支；战略管理学派则是从企业发展战略的角度来研究知识管理，大都围绕着组织绩效、组织能力、组织架构和知识流动的关系展开的，强调系统性、竞争性、动态性、过程性。④

---

① Earl M., "Knowledge Management Strategies: Toward a Taxonomy", *Journal of Management Information Systems*, Vol. 18, No. 1, 2001.

② 左美云：《国内外知识管理研究综述》，《科学决策》2000年第3期。

③ 彭锐、刘冀生：《西方企业知识管理理论——"丛林"中的学派》，《管理评论》2005年第8期。

④ 吴金希：《用知识赢得优势——中国企业知识管理模式与战略》，知识产权出版社2005年版，第28—34页。

蒋日福和霍国庆等借鉴已有的研究成果，将知识管理的认知或假设归纳为以下几个流派：学习流派主要从心理学和社会学的角度出发，研究人、团队和组织的学习和知识创造；过程流派把知识生命周期作为研究的对象，研究知识流动的过程；技术流派研究信息技术在组织知识管理中的应用；智力资本流派看到了知识的经济价值，把智力资本的管理作为研究的重点；战略流派把知识管理纳入战略范畴，研究组织业务战略与知识管理战略的整合。[1]

陈建东在左美云的观点的基础上，又把综合学派分为经济学派和战略学派，认为知识管理的理论和实践活动可以分别隶属于行为学派、技术学派、经济学派和战略学派共四个主要流派。[2] 其中，行为学派明显突出了知识上的继承性和专有性；技术学派明显突出了管理上的技巧性和方便性；经济学派明显突出了效果上的实用性和利益性；战略学派明显突出了组织上的目标性和灵活性。

几位学者对知识管理流派的研究既有共性又有区别（见表1—1），上述流派研究的共性反映出知识管理研究的三大重点：人、技术和系统。上述流派分类的差异是源于对知识和知识管理内涵理解的差异，而这两个概念是整个知识管理理论体系得以建立的基础：一类倾向于把知识看作相对稳定的实体，知识管理更多的是涉及这些知识内容的管理、维护与应用；另一类研究则强调知识的动态特性以及知识管理相关过程（知识的收集、共享、传播与应用，人力资源，企业文化等）的管理。

表1—1　　　　　　　　　　知识管理理论流派

学者＼流派	技术流派	行为流派	智力资本流派	过程流派	综合流派
厄尔	技术（系统流派、制图流派）	行为（组织流派、空间流派）	商业（商业流派）	技术（工程流派）	行为（战略流派）

---

[1] 蒋日福、霍国庆、郭传杰：《现代知识管理流派研究》，《管理评论》2006年第10期。

[2] 陈建东：《知识管理理论流派研究的初步思考》，《情报学报》2006年第10期。

续表

流派\学者	技术流派	行为流派	智力资本流派	过程流派	综合流派
左美云	技术学派	行为学派			综合学派
彭锐、刘冀生	工程学派		实体学派	过程学派	系统学派
吴金希	IT技术学派	组织行为学派		知识工程学派	战略管理学派
蒋日福、霍国庆、郭传杰	技术流派	学习流派	智力资本流派	过程流派	战略流派
陈建东	技术学派	行为学派	经济学派		战略学派

综合来看，上述学者一致认同的流派有技术流派和行为流派，但不同学者对技术流派和行为流派的理解却不尽相同；上述学者基本认同的流派包括智力资本流派、过程流派和综合流派。

二 知识管理的方法论模型

目前国内外许多研究机构在总结优秀知识管理实践的基础上提出了各自的知识管理实施方法论，其中，得到较广泛认同和常被作为知识管理应用指导的模型包括以下几种。

（一）美国生产力与质量中心（APQC）知识管理模型

APQC的知识管理模型是1995年APQC与安达信（Arthur Andersen）咨询公司合作开发的，如图1—1所示。模型的关键是知识管理的流程，这一流程是动态循环的，但是通常开始于创造、寻找和收集企业内部的知识或者最佳实践。随后是共享与理解这些知识与实践的环节，只有充分地理解和共享企业中的知识与以往的最佳实践，才能在新的活动中运用它们。最后，流程中包括了在新条件下改造与应用这些知识的环节。① 经过组织知识流程的不断循环，从而使企业内部的知识不断得以重用。

---

① "International Benchmarkinghous", *Knowledge Management Consortium Benchmarking Study Best-Practice Report*, American Productivity & Quality Center（APQC），1995, pp. 7-9.

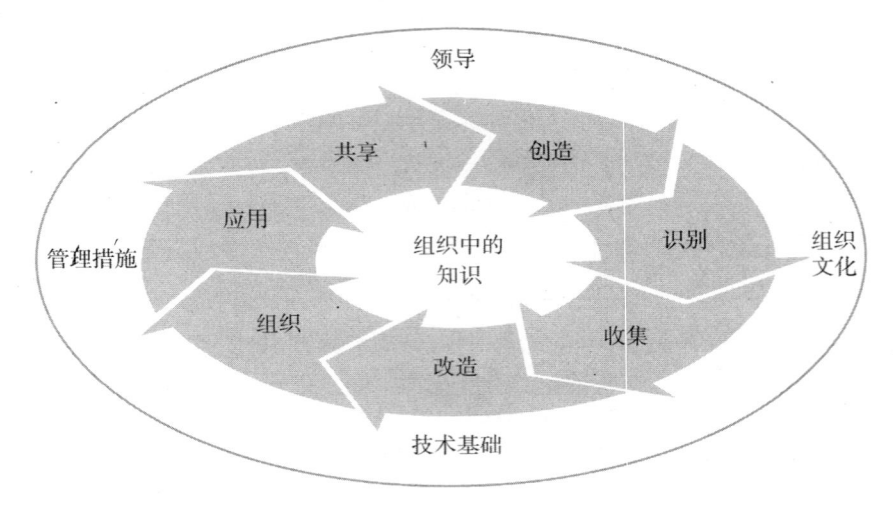

图 1—1 APQC 知识管理模型

为了使知识管理流程高效运转，企业需要建立适宜的环境。模型中列出了重要的知识管理支撑因素：领导、组织文化、技术基础和管理措施，这些支撑因素保证了知识在组织内部的共享和组织成员之间的协作交流。支撑因素与组织知识管理流程相辅相成，密切配合。在这一模型的基础上，APQC 建立了企业知识管理实施指南，包括五个阶段：启动、策略开发、试点、推广支持和知识管理制度化，指出了企业知识管理实施过程中的重大环节。

（二）欧洲标准委员会（CEN）的知识管理模型

2004 年，欧洲标准委员会（European Committee for Standardization，CEN）提出了知识管理的模型框架，如图 1—2 所示。该知识管理模型由三个层次嵌套而成的复合型知识管理框架构成，自上而下包括业务聚焦层次、知识活动层次和支撑因素层次。[1]

业务聚焦层次。该模型认为企业知识管理应聚焦于企业的价值增值流程，尤其是要包括战略开发、制造与服务传递、营销与客户支持。这些流程中包含了组织的重要知识，例如产品知识、服务知

---

[1] "European Guide to Good Practice in Knowledge Management-Part I: Knowledge Management Framework", *European Committee for Standardization*, 2004, pp.6-8.

识、顾客与技术知识等都是在业务流程中产生和应用的。

核心知识活动层次。该层次包括知识识别、创造、存储、共享和利用五种知识活动，这些活动构成了一个连贯的知识管理流程，这些活动在支持欧洲企业内部众多业务流程上常常发挥巨大的作用。但是要使这些活动形成完善的流程并发挥作用，企业需要提供合适的知识管理方法与工具进行支持。

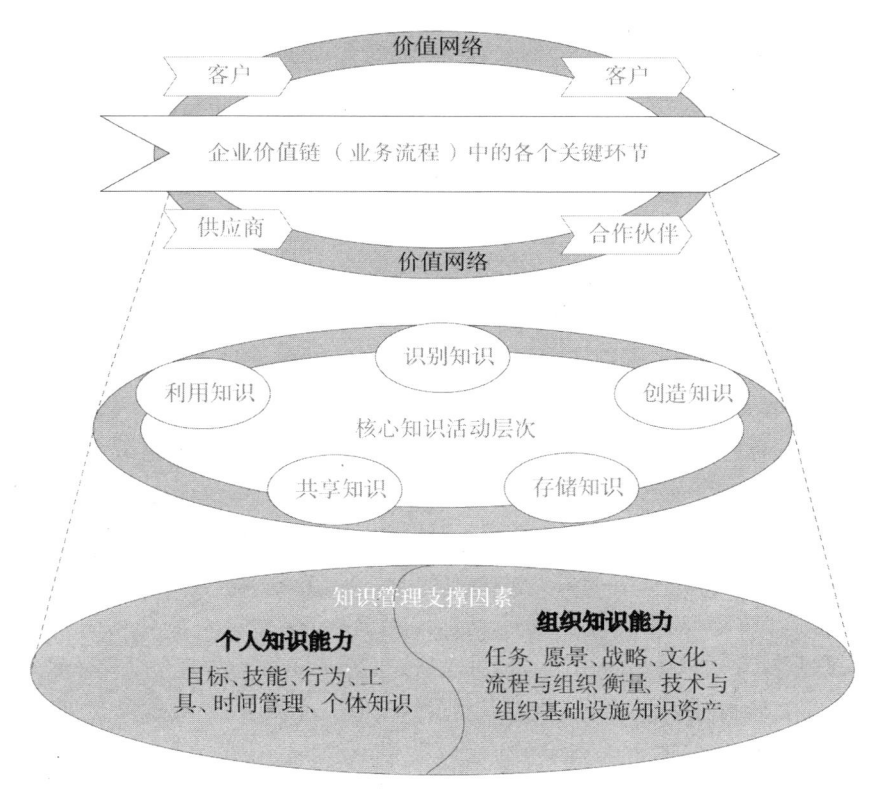

图1—2　欧洲标准委员会知识管理模型

支撑因素层次。企业知识管理支撑因素包括个人知识能力与组织知识能力两个方面，二者互为补充，这些因素促进了上一层次中五种知识管理活动的开展，个人的知识能力在个体处理知识的活动中形成并发展，组织知识能力则需要企业领导者着力构建，以推动企业在价值增值流程中对知识处理效率的提高。

(三) 澳大利亚知识管理标准模型

澳大利亚在 2005 年 10 月发布了国家知识管理标准(指南),该指南系统地论述了知识管理的相关概念和在实施中需要注意的方面。指南认为组织是一个生态系统,提出了知识生态系统的概念。知识生态系统具有以下特征,即动态的关系、相互关联的网络、内部流程、内容与技术。知识生态系统与传统的层次模型不同,是在复杂环境中完成共享、构建和应用知识的。

从知识的角度来看,一个组织可以被看作是一个生态系统,这一生态系统包括了一系列的复杂互动关系,通过这一生态系统,可以使信息转变为知识再转变为组织的价值。与传统的商品生产管理模型不同,知识生态环境不是一种基于指令和控制的环境,而是将组织成员和他们的知识视为一种资产。知识生态环境的模型如图 1—3 所示。

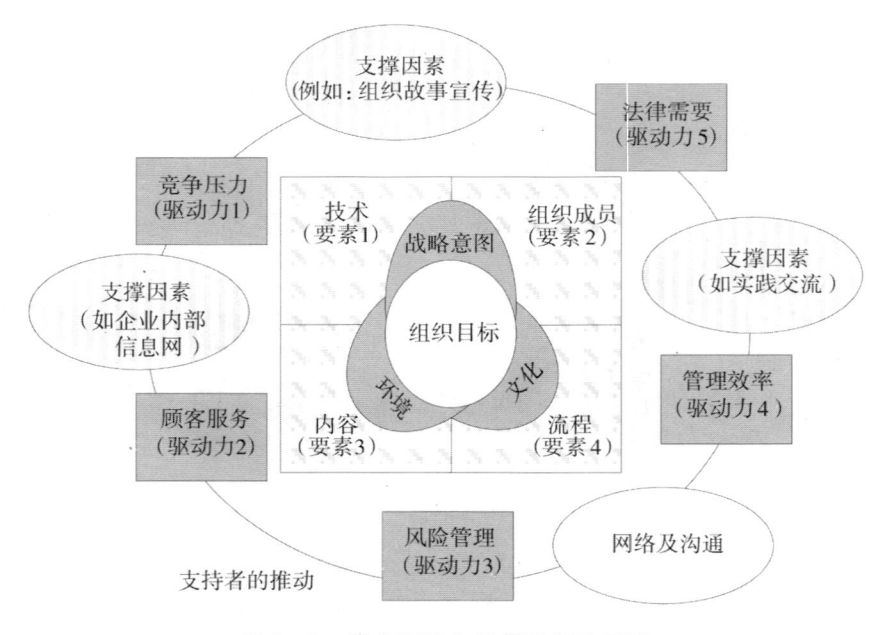

图 1—3 澳大利亚知识管理标准模型

组织作为一种知识生态系统,其核心是组织目标;第二层包括组织所在的内外部环境、组织战略意图和组织文化；第三层为知识管理的要素层，包括技术、组织成员、业务流程和知识内容；第四层为驱动力层次，包括组织面临的竞争压力、顾客服务、风险管理、管理效率和法律需要；第五层是企业知识管理的各种支撑因素，或者说是保证知识管理实施和进行效果监控的工具，该标准模型提供了多种工具，诸如业务流程再造、内容管理、文件管理、知识审计、规划、网络与通信等工具。企业可以根据需要选择和使用这些工具。

该标准模型指出，构建知识生态系统的顺序非常重要，并强调不能从外及内地构建，而应由内向外规划，即企业实施知识管理首先需要明确组织的知识管理目标和实施的出发点。组织实施知识管理的主要目的在于刺激和提高组织的竞争能力。国外不少企业是将知识管理作为一种战略来实施的，根据战略规划模型，在确定了组织的知识管理目标之后，需要考虑组织所处的环境特征，这个环境包括了企业内部与外部的特征。澳大利亚知识管理标准模型中的第二层指出了应当思考的内容。在明确了环境情况之后，企业需要更加深入和细致地分析知识管理的要素，即第三层的内容，企业需要考虑知识内容与组织成员及业务流程的联系、考虑组织内信息技术的使用方式以及其他相关的知识管理活动，以建立一个适应自身的和稳定的知识生态环境。知识生态系统模型的外围层次，即第四层和第五层，需要在明确前三层的基础上进行考虑，根据实际需要有侧重地对企业自身知识管理体系进行建设。

（四）中国知识管理标准模型

2009年5月中国国家标准化委员会根据国内知识管理的实践经验发布了知识管理标准（GB/T 23703），提出了知识管理框架，如图1—4所示。标准认为知识管理应根据组织的核心业务，鉴别组织的知识资产，开展知识管理活动，即鉴别知识、创造知识、获取知识、存储知识、共享知识和使用知识。知识管理的实施应从三个维度建设组织内的知识管理基础设施，即组织文化、技术设施、组织结构与制度。①

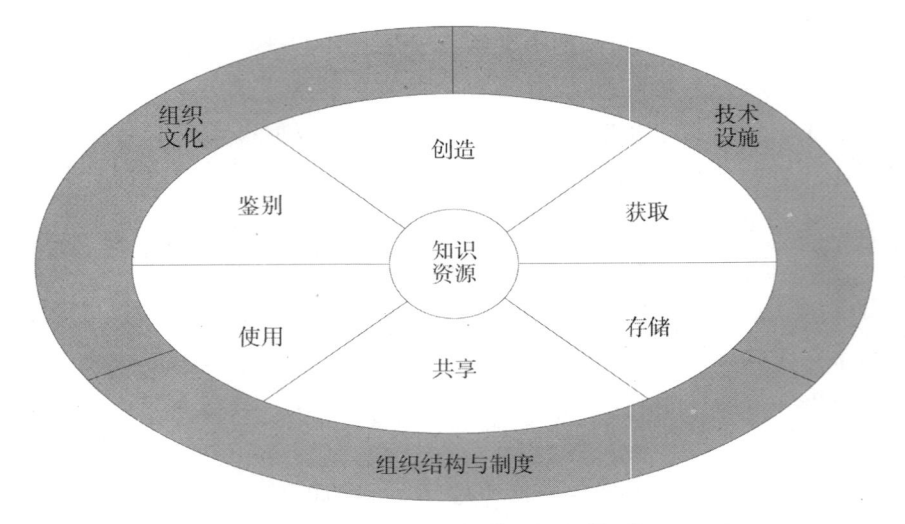

图 1—4 中国知识管理标准模型

　　该模型的核心是知识管理的对象，即组织中的知识资源。实施知识管理首先需要根据企业各层级的战略、核心业务流程，鉴别组织内的各类知识资源，分析组织内现有的知识状况和未来对知识的需要；在分析出组织的知识资源之后，需要围绕知识资源进行各种知识管理行为和活动；此外，为有效开展知识管理活动与实践，还需要从组织结构与制度、组织文化、技术设施三个维度提出支持性要素。

　　组织结构与制度：组织应制定出知识管理运作程序，设置与知识活动相关的工作角色（如 CKO 等）和职责范围。组织知识管理的制度包括知识管理的组织结构、知识管理的流程及运行制度、知识管理考核激励制度。

　　组织文化：组织应为不同业务领域、不同知识的所有者提供沟通交流的环境和氛围。知识在很大程度上依赖于个体，需要在组织内形成一种具有激励、归属感、授权、信任和尊敬等机制的组织文

---

① 《中华人民共和国国家标准知识管理——第一部分：框架》，中国国家标准化管理委员会，2009 年，第 3 页。

化，才能使所有员工做到知识的创造、积累、共享及应用。

技术设施：知识管理的实践需要技术基础设施的支持。信息通信技术使得知识的获取、发布和查找越来越方便，技术设施应致力于支持知识活动的不同环节，此类技术包括数据挖掘与知识发现、语义网、知识组织系统等。

以上四种知识管理模型是目前国内外接受程度和商业化程度最高的知识管理实施方法论体系，它们为知识管理的实施提供了依据。

三 知识管理的发展趋势

知识管理是一个不断发展的概念，知识管理活动不仅涉及对知识本身的管理，而且还包含越来越广泛的外延。有人认为"知识管理"一词最早出现在20世纪70年代雷克森（Rickson，1976），但较为公认的是，1986年苏黎世国际劳工组织（International Labor Organization，ILO）会议的报告中正式使用了"知识管理"一词。①用"知识管理"一词来形容企业的知识活动过程并阐明知识管理，最早始于美国的管理大师彼得·德鲁克（Peter F. Drucker）。

早期的知识管理主要是围绕信息技术的发展而展开的。理论研究与组织的实践活动主要是从探讨信息技术在知识管理中的应用以及利用信息技术对企业现有的知识进行管理的角度出发的。②

20世纪70—80年代，一些大型企业开始关注知识管理的实践。1975年，查帕拉钢铁（Chaparral Steel）公司开始关注知识的管理并以此来确保其在技术和市场上的领先地位；1980年，DEC公司采用大型知识库支持其结构化工程和销售活动；随后，亚瑟·利特尔（Arthur D. Little）公司应用人工智能技术为其商业和政府客户开发了面向知识的系统（KBS），USAA用KBS将专家的知识传递给使用者。1985年，保尔·斯特拉斯曼（Pauer Stressman）的《信息盈利》一书，使人明白了知识是可以鉴别和度量的，企业的管理者们认识到知识是企业的重要资产。③

---

① 柯平：《知识管理学》，科学出版社2007年版，第3页。
② 和金生、熊德勇：《知识管理应当研究什么》，《科学学研究》2004年第1期。
③ 储节旺：《国内外知识管理理论发展与流派研究》，《图书情报工作》2007年第4期。

进入20世纪90年代以来,对知识管理的理论研究取得了许多重要成果,一些知名公司也开始实施知识管理项目。美国学者彼得·圣吉(Peter M. Senge)在《第五项修炼——学习型组织的艺术与实践》一书中,提出了改善个人与组织的思维模式,使组织向学习型组织迈进的系统方法;日本的野中郁次郎(Ikujiro Nonaka)在其《知识创造公司》中提出了著名的知识螺旋模型等。同时,IBM、惠普、施乐等国际知名公司也开始实施其知识管理计划。

但是,前期对知识管理的理解和应用还不够深入,过多地强调"以信息为中心"、以竞争战略理论、核心竞争理论和信息管理等理论为依据,运用信息管理的方法和技术研究如何收集处理信息以构建核心竞争力和保持战略竞争优势。大部分知识管理实践忽视了对隐性知识的管理,对于隐性知识的创造、共享,隐性知识的显性化以及相关的组织结构、实施模式、人员激励、组织文化等方面的研究仍然较缺乏。在这种背景下,逐渐产生和发展出了第二代知识管理(Second Generation Knowledge Management,SGKM)的概念。

第二代知识管理的概念是马克·麦克尔罗伊(Mark W. McElroy)在他的《第二代知识管理》一文中明确提出的。他认为,不像第一代知识管理——好像技术能解决所有问题,第二代知识管理更多地考虑了人力资源和过程的主动性,其观点主要集中在知识生命周期、知识过程、知识规律、知识结构、嵌套的知识域、组织学习和复杂性理论等方面。[①]

伊卡尔·尤哈(Ilkka Tuomi)提出知识管理将从第二代进入第三代,认为第一代知识管理是以数据信息的存储和获取为核心的;第二代知识管理提出了隐性知识、组织学习、情景嵌套式知识和实践社区的概念,并且从实践的角度认为知识管理是一个系统的组织改变过程,其中管理措施、评价系统内容管理等是共同发展的;而第三代知识管理则强调"知"与"行"之间的关系,强调知识表示的不再是静态的数据库,而是动态的、支持灵活有效思考的,强调

---

① 奉继承:《知识管理——理论、技术与运营》,中国经济出版社2006年版,第99—106页。

把边界知识作为处理的重点，注重跨组织的学习和知识创新过程。[①]

此外，科斯塔斯·麦特克奥缇斯（Kostas Metaxiotis）等也提出知识管理的三代划分：20世纪70—80年代是关注个人知识的第一代知识管理，20世纪90年代到21世纪初是关注群体知识的第二代知识管理，而未来的第三代知识管理将更加紧密地与企业战略及业务流程结合，成为员工日常工作的一部分和动力。提出第三代知识管理的研究方向是：建立评价知识管理的框架、方法、知识评估系统和智力资本的标准，分析知识管理系统的投资和成本，利用新技术促进显性知识共享，在其他社会组织中应用知识管理。

可以看出，上述几位学者关于知识管理发展阶段的认识存在异曲同工之处，都把不同组织、主体间的知识协同作为知识管理的最新发展阶段。

第二节 知识协同理论

随着经济和社会的不断发展，传统知识管理思想已无法满足经济社会发展的需要，知识管理已发展到一个新的阶段——以知识协同为代表的第三代知识管理。[②]

一 知识协同概述
（一）知识协同的产生与发展

知识协同的重要思想源头是协同思想，协同学最早是由德国物理学家哈肯（H. Haken）1971年提出的。知识协同的产生与科学的进步、经济的发展、市场的需求是密不可分的。樊治平等将知识协同产生的背景归纳为以下五个方面：①全球经济一体化；②信息技术的迅猛发展；③知识成为企业最具竞争力的资源；④企业存在

---

① Tuomi I., "The Future of Knowledge Management" (http://ec.europa.eu/employment_social/knowledge_society/docs/tuomifkm.pdf).

② Anklam P., "Knowledge management: the collaboration thread", *Bulletin of the American Society for Information Science and Technology*, No. 6, 2002.

知识缺口；⑤市场要求企业快速响应。由此可见，知识协同的产生是企业顺应时代发展的产物，并且已经成为企业知识管理的重要发展趋势。①

从知识协同的发展定位来看，美国学者安克拉姆（Anklam）的观点得到了较普遍的认同。她认为知识协同就是知识管理的协同化发展，并将知识管理的发展划分为三个主要阶段：第一阶段是以基础设施的发展和信息架构、企业内部网、分类、元数据和智力资本等为主的发展阶段；第二阶段是以隐性知识挖掘、知识共享和知识网络为主题的发展阶段；第三阶段是主要以知识协同为主题的发展阶段，并指出，在第三阶段协同的发展过程中，企业必须明白怎样协同、什么时候协同以及为什么协同。②

（二）知识协同的特点

目前，国内外关于知识协同的定义尚未统一。安克拉姆认为知识协同是指企业通过"协同"的方式进行知识创新，弥补知识缺口，消除"知识孤岛"，并有效地将企业内外各部门的知识资源进行集合、重整、优化，使企业内外部各部门达到知识的互补和共享，以便使知识资源达到最大限度和最快速度的有效利用和更新，达到"1+1>2"的效果。麦凯尔维（McKelvey）和艾尔默（Almb）认为知识协同是一种知识创新的"活动"，各个参与者都积极地参与其中，并且，在协同或合作中所得到的结果是"可见的"。③雷劲（Leijen）和贝俄茨（Baets）认为知识协同是一方没有解决问题的能力，另一方恰好有解决此问题的能力，双方将各自的知识进行整合，从而达到解决问题的目的的过程。④柯青和李纲则从协同商务

---

① 樊治平、冯博、俞竹超：《知识协同的发展及研究展望》，《科学学与科学技术管理》2007 年第 11 期。

② McKelvey M., Almb H., Riccaboni M., "Does co-location matter for formal knowledge collaboration in the swedish biotechnology-pharmaceutical sector", *Research Policy*, Vol. 32, 2003.

③ Ohira M., Ohsugi N., Ohoka T., et al., "Accelerating Cross-project Knowledge Collaboration Using Collaborative Filtering and Social Networks", *ACM SIGSOFT Software Engineering Notes*, Vol. 30, No. 4, 2005.

④ Leijen H. V., Baets W. R. J., "A cognitive framework for reengineering knowledge-intensive processes", *Proceedings of the 36th Hawaii International Conference on System Sciences* (HICSS'03), Hawaii, USA, 2002.

和知识管理的角度对知识协同的定义进行了分析,认为知识协同是企业在协同商务环境下,对知识管理的相关理论、技术和方法的创新性运用,目的是实现企业内外部知识资源的协同管理和高效运作。① 张中会等认为知识协同就是通过整合组织内部和外部的知识资源,使组织学习、利用和创造的知识的整体效益大于各独立部分总和的效应。② 樊治平等在文献中对知识协同的定义做了系统的梳理。

应指出的是,国内对知识协同的定义尚有不同的认识,还有协同知识管理这一术语。如胡昌平和晏浩认为协同知识管理是知识管理活动的一种创新,是将组织内部的各个部门和人员联结起来,整合组织内部的知识资源,有效协调各类系统,使各组织实现长期合作,做到目标协同、技术协同、资源协同,并以整体效益最大化的方式运作。③ 知识协同和协同知识管理这二者都是在知识管理和协同工程思想的影响下发展起来的新的管理思想,都属于第三代知识管理的范畴,都是以知识创新为基本出发点,以双方共赢为共同目标;不同的是,知识协同更多地表现为一种管理理念,是在概念层面上对新阶段知识管理的抽象,而协同知识管理更多表现为这种理念的一种技术解决方案或者说是一种实现途径和手段。

综观国内外有关知识协同的研究,关于知识协同的定义尚未统一。但归纳起来,知识协同包括以下几个特点:

(1) 以知识创新为本质。企业在知识协同过程中,最基本的一点就是必须要做到知识创新,因为陈旧的知识、滞后的信息根本无法满足经济社会发展的需要。毕卡德(Bikard)和穆雷(Murray)通过实证研究也证明了知识创新在知识协同工作中的实质性地位。④

(2) 以知识交互合作为基本方式。知识协同的过程就是将各自

---

① 柯青、李纲:《企业知识协同研究综述》,《情报科学》2008年第10期。
② 张中会、屈慧琼、万建军:《论复合型高校图书馆的知识协同》,《南华大学学报(社会科学版)》2004年第2期。
③ 胡昌平、晏浩:《知识管理活动创新性研究之协同知识管理》,《中国图书馆学报》2007年第3期。
④ Bikard M., Murray F., "Is Collaboration Creative or Costly? Exploring Tradeoffs in the Organization of Knowledge Work" (http://ssrn.com/abstract=1953324).

所拥有的知识进行交换并互相合作的过程。知识交互与合作是知识协同过程中最基本的方式之一，没有知识交换就不会得到共享，那么企业间也就无法合作，知识资源也就得不到最大化利用。

（3）以知识互补为重要特征。从知识的互补性原则可知，知识各个局部之间通常存在着互相解释或互为强化的关系。因此，企业对内外部门以及员工的知识资源进行整合可以强化知识的内在联系，提升知识本身的价值，弥补企业各部门存在的知识资源缺口，实现知识和能力的优势互补，减少学习和吸收知识资源所付出的成本。

（4）以双方共赢为最终目标。知识协同的最终目的就是使各企业在协同的作用下相互合作，减少知识创新的成本，弥补知识的缺口，实现知识资源的最优化利用，取得最大化的效益。

（5）以整体大于部分之和为显著特点。知识协同的主要特点之一就在于能使企业各个独立部门或个人在协同合作的时候，知识资源的交换、合作、共享、整合所取得的效益大于各个企业或部门单独行动所取得的效益。

针对以上特点，可以将知识协同定义为：知识协同就是以知识创新为基本出发点，以知识交互为基本方式，以知识互补为主要特征，以各方共赢为最终目标，有效地将组织内外部的知识资源进行集合、重整、优化，并达到"1+1>2"的效果的过程。

二 知识协同的理论基础与技术支撑

（一）理论基础

1. 协同论

1971年德国物理学家哈肯（H. Haken）提出了协同论，他主要研究的是远离平衡态的开放系统在与外界存在物质或能量交换的情况下，如何通过内部的协同作用，自发地出现在时间、空间和功能上的有序结构的理论，而协同效应是指开放系统中大量子系统相互作用而产生的整体效应或集体效应。[①] 协同论认为，现实世界中类型各异的系统，尽管其属性和本质不同，但在整个环境中，各个系

[①] 哈肯：《协同学导论》，原子能出版社1984年版，第6页。

统间存在着相互影响而又相互合作的关系。其中也包括我们通常所见到的社会现象,如不同企业之间的相互协作与配合、各独立部门之间关系的协调、企业之间的相互竞争以及系统中的相互干扰和制约等。[①] 因此,协同论是知识协同的理论基础之一。

2. 知识管理

知识管理兴起于20世纪90年代,卡尔·弗拉保罗认为"知识管理就是运用集体的智慧提高应变能力和创新能力,是为企业实现显性知识和隐性知识共享提供的新途径"。知识管理是通过特定的信息技术搭建一个平台,让员工可以获取、共享及使用企业内外部的知识资源,将这些知识转化为自己的个人知识,并鼓励和支持员工将个人所拥有的知识积极地应用到企业的产品或服务中去,最终提高企业的创新能力和对市场反应速度的管理和实践。安克拉姆也提出知识协同是知识管理发展的第三个阶段。知识管理中的知识创新、知识共享、知识转移、知识集成以及显性隐性知识的相互转化等,也是知识协同过程中所关注的重点。因此,知识管理理论是知识协同发展的坚实基础。

(二) 技术支撑

目前关于知识协同技术的研究比较分散,也没有统一的分类或指标。安克拉姆指出知识协同的关键技术与工具是知识门户、在线知识库、Web会议系统、协同工作环境、个人信息交互专业指引工具等。大平(Ohira)和奥修之(Ohsugi)等为了加快项目知识协同,用协同过滤和社交网络技术,加强每个项目组成员的联系和知识协同。[②] 柯青和李纲将知识协同的技术分为知识流视角和多智能体视角两方面,并针对这两个角度的文献进行了系统的分析,认为协同技术中最受关注的技术领域是基于工作流的协同技术,它不仅涉及人与人之间的协同,还包括人与系统之间的协同、系统与系统之间的协同;而多智能体技术主要包括关于主体的理论研究、关于

---

① 《协同论》,百度百科 (http://baike.baidu.com/view/290928.htm)。

② Ohira M., Ohsugi N., Ohoka T., et al., "Accelerating Cross-project Knowledge Collaboration Using Collaborative Filtering and Social Networks", *ACM SIGSOFT Software Engineering Notes*, Vol. 30, No. 4, 2005.

多主体系统群体协作技术的研究、关于特定系统的组织方法的研究和关于多主体系统设计与开发方法的研究等方面,并将这两个视角同知识管理的技术和方法、知识共享、知识集成、知识转移等结合起来,构建各种知识协同模型或框架,实现知识协同效益的最大化。① 斯隆(Sloan)开发出一套多智能体协同模型,目的在于挖掘企业员工的隐性知识,并加强员工之间隐性知识的协同,提高企业竞争优势。② 此外,随着信息技术和 Internet 技术的快速发展,网络上的知识资源也日益丰富,因此,基于网络的知识协同技术也是不容忽视的。如在 Web2.0 技术条件下,RSS 订阅技术、BLOG 技术、Personal Portal 个性化门户技术和 SNS 虚拟社区网络等技术在协同办公中的应用,使信息资源由被动的接受到主动的创造变革。随着 Web3.0 的出现,知识协同研究应及时跟进技术的演变,以便为企业带来更大的效益。③

三 知识协同的应用

目前,国内外关于知识协同应用的领域比较广泛,可分为以下几方面:

(一)软件开发

耶(Ye)等人指出,支持高效知识协同和知识传递,是软件开发组织保持竞争力所必需的,并介绍了动态社区理论,讨论了知识协同在软件开发中的应用。④ 罗卡(Rocha)等人指出随着分布式软件开发的增长,企业试图寻找最好的开发结构以便提高软件开发的数量和质量,因此作者对 2000—2010 年 868 篇相关文献做了系统性的回顾,鉴别出何种协同方式是软件公司最常使用的,并指出,

---

① 柯青、李纲:《企业知识协同研究综述》,《情报科学》2008 年第 10 期。
② Nevena S., "A Multi-agent Collaboration Model for Knowledge Sharing" (http://hdl.handle.net/10210/3793).
③ 《WEB2.0 技术带来协同办公软件的变革》(http://weaversoft.blog.sohu.com/83490153.html)。
④ Ye Y., Yamamoto Y., Kishida K., "Dynamic Community a New Conceptual Framework for Supporting Knowledge Collaboration in Software Development", 11th Asia-Pacific Software Engineering Conference, 2004, pp. 72-481.

如果没有一个好的知识协同的模式或因素,那么就会影响到整个项目,那么也就会没有更多的机会来获取资源。[1] 诺尔(Noll)等人归纳出全球软件开发在跨文化环境下影响其成功协同的障碍,并提出实地考察、同步通信技术、知识共享基础设施改进、捕捉隐性知识并使其显性化四项对策。[2] 此外,沃特金斯(Watkins)指出在分布式软件开发方面要运用协同,[3] 阿姆里特(Amrit)等人对协同软件开发环境中的协调问题进行了检测。[4] 目前在软件开发与知识协同的结合方面,国内研究相对较少。

(二)产品设计

曹健与赵海燕等认为产品的设计由于考虑到产品生命周期的问题,因此,涉及多方面、多领域、多学科、多形式的知识,需在产品设计的各个环节中对这些知识进行集成,并需要多学科专家的协作和共同参与,才能优选出一个产品设计满意度最高的方案。[5] 吉村(Yoshimura)和吉川(Yoshikawa)认为,在产品设计过程中个别设计师的知识是有限的,但这些知识的范围可以被共享信息扩大,因此,在不同领域的设计师们可以分享他们所知道的,每一个合作伙伴只有在相互分享他们所拥有的知识的过程中才能获益。[6] 约翰逊(Johnson)指出在外包和全球化的推动下,服装行业急需产品设计协同,以便找回其失去的供应链价值。[7]

---

[1] Rodrigo G. C. Rocha, et al., "Collaboration Models in Distributed Software Development: A Systematic Review" *CLEI electronic Journal*, Vol. 14, No. 2, 2001.

[2] Noll J., Beecham S., Richardson I., "Global Software Development and Collaboration: Barriers and Solutions", *ACM Inroads*, Vol. 3, No. 1, 2010.

[3] Watkins E. R., "Trusted Collaboration in Distributed Software Development", *England: University of Southampton*, 2007.

[4] Amrit C., Hillegersberg J., "Detecting Coordination Problems in Collaborative Software Development Environments", *Information Systems Management*, Vol. 25, No. 1, 2008.

[5] 曹健、赵海燕、张友良:《并行设计中的协同方法研究》,《系统工程理论与实践》1999年第11期。

[6] Yoshimura M., Yoshikawa K., "Synergy Effects of Sharing Knowledge During Cooperative Product Design", *Concurrent Engineering*, Vol. 6, No. 1, 1998.

[7] Johnson M. E., "Product Design Collaboration: Capturing Lost Supply Chain Value in the Apparel Industry", "Social Science Research Network Electronic Paper Collection"(http://ssrn.com/abstract = 307461)。

(三) 企业供应链的知识协同

库马尔（Kumar）和巴拉蒂（Bharathi）认为一个公司与其上下游伙伴的沟通协作能力决定了其是否能够成功地实现供应链协同，并提出了一个持续的供应链协同框架。[①] 蒂姆（Tim）等认为，知识协同作为供应链管理中的新趋势，重点应在于联结规划、协调以及在供应链管理过程中供应商、顾客和其他合作者的整合处理，并分析了支持供应链管理的替代信息系统的方法。[②] 崔琳琳等认为供应链协同是基于某种契约或合作机制，在各成员或企业个体利益满意的前提下，实现供应链系统整体效益最大化的状态，并引入供应链协同度的概念及其计算方法，并通过理论分析和数值仿真结果验证了其有效性。[③] 刘彦辉等认为，供应链的知识协同将成为供应链整体提高企业竞争力的关键，并从供应链知识和能力的角度，探讨了供应链企业间的知识层次，构建了供应链企业间协同知识链管理模型，为实现供应链企业间的协同与高效运作提供了科学指导。[④]

(四) 电子商务中的知识协同

电子商务中的知识协同一般称为商务协同（Collaborative Commerce，简称 C-Commerce），最早由高德纳咨询公司于1999年8月提出，并认为协同商务是新一代的商务模式，是未来电子商务的发展趋势。张成洪等认为协同商务是企业间的共同合作，要求相互了解，需要相关知识的共享。为满足协同商务企业间知识共享的需要，他们对知识共享的特点进行了分析，提出了基于语义技术的协同商务环境下的知识共享框架。[⑤] 李朝明从企业知识管理系统的角度分析了协同商务系统对企业知识管理系统的支持作用，提出了基

[①] Kumar N. S., Bharathi P. S., "Continuous Supply Chain Collaboration: Road to Achieve Operational Excellence", *Management Science Letters*, Vol. 1, No. 2, 2011.

[②] McLaren T., Head M., Yuan Y., "Supply Chain Collaboration Alternatives: Understanding the Expected Costs and Benefits" *Internet Research*, Vol. 12, No. 4, 2002.

[③] 崔琳琳、柴跃廷、秦志宇：《供需链协同的定量评价》，《计算机集成制造系统》2007年第5期。

[④] 刘彦辉、张悟移、苟双晓：《供应链企业间协同知识链管理模型研究》，《全国商情：经济理论研究》2007年第1期。

[⑤] 张成洪、严正、宋亮：《协同商务环境下的知识共享框架》，《复旦学报（自然科学版）》2003年第5期。

于协同商务的企业知识管理系统的构建原则以及其系统的实施对策。① 李奕等将协同商务与知识管理相结合,设计出一个基于协同商务的知识管理系统。② 哈瓦奥(Hwagyoo)等指出,由于日益加剧的竞争和全球化的压力,企业采取了协同商务来保持并创造其竞争优势。协同商务需要带有不同核心竞争力和角色的多个利益相关者的广泛互动,基于此,他还设计出一个基于角色和组件的协同商务系统。柯青和刘高勇将协同商务的理念还体现在面向客户关系管理(Customer Relationship Management,CRM)方面,结合企业 CRM 所强调的协同性要求以及知识协同的本质,初步构建了面向 CRM 的知识协同研究体系。③ 哈基姆(Al-Hakim)分析了肉类供应链中的协同商务,认为实现协同商务的两个主要条件是信息技术和信任。总体来看,这方面研究侧重于协同商务的系统、模型和框架,并同知识管理和知识共享结合起来,为企业提供良好的支撑。④

(五) 电子政务中的知识协同

目前,在国内外电子政务发展中逐渐出现了"信息孤岛"、资源不能合理有效利用等一些问题,并且这种单向的信息传递和互动也已经不能满足民主化的需求。因此,为了满足这一需求,出现了协同政务(Collaborative Government)。协同政务是电子政务的终极目标。⑤ 简单地讲,协同政务就是将协同思想融入政府信息的管理活动中,使政府部门与部门之间、内部之间协同起来,集体为公众服务。协同政务是一种新型的政府管理理念,它在一定程度上解决了电子政务中的"信息孤岛"问题,可以有效地整合政务信息及知

---

① 李朝明:《基于协同商务的企业知识管理系统研究》,《商业时代》2007 年第 20 期。

② 李奕、张向先:《信息管理系统的新发展:基于协同商务的知识管理系统》,《工业技术经济》2006 年第 7 期。

③ Hwagyoo P., Woojong S., Heeseok L., "Developing Collaborative Commerce System Based on Roles and Components", *The Korea Society of Management Information Systems*, 2003, pp. 668-674.

④ Al-Hakim L., "Collaborative Commerce in Meat Supply Chain", Effective Resource Management for Sustainable Development (http://eprints.usq.edu.au/2174/).

⑤ 赵建凯:《电子政务的终极目标是"协同政务"》,《信息系统工程》2009 年第 12 期。

识资源，淡化了在政府各职能部门之间的业务界限，实现各政府部门间政务流程的无缝衔接，提高政府管理绩效，在服务传输层面上提升公众服务的便捷性和满意度。① 由此可见，协同政务的发展具有很大的前景，并能为政府工作带来巨大的效益，为人民大众提供高质量的服务。

梁孟华从电子政务知识协同服务的内容分析入手，提出了一种创新型国家电子政务知识协同服务系统框架。② 胡海波从协同论的角度探讨了协同政务的基本含义、产生的必然性、现实原因，并分析了协同政务与政府管理创新之间的关系，指出了建设协同政务的新思路。③ 但目前，这方面的研究尚未成熟，主要停留在基本含义的解释、产生的原因和背景等浅层次方面的内容，关于其发展趋势的预测以及微观的具体的应用和实践方面研究的比较少。

此外，关于知识协同的应用领域还包括虚拟企业方面、企业战略管理方面、突发事件应急管理方面、企业集群和产业集群方面以及在艺术、科学和人文方面的协同等。④ 由此可见，知识协同的应用领域是比较广泛的，知识协同有较大的应用潜力。

四 知识协同的发展趋势

（一）理论方法体系和技术的研究将更加成熟、完善

目前，国内外关于知识协同的理论方法体系的研究都还不太成熟，仅仅处于表层，并没有形成一套统一的理论体系，而知识协同的理论作为指导知识协同应用实践的坚实基础，我们还需侧重于对知识协同的协调制度研究、知识协同的合作伙伴选择研究、对合作伙伴核心知识能力的识别研究以及知识协同的绩效评估研究等等，使知识协同的理论研究更加成熟和完善。

---

① 谢中起、刘维胜：《协同政务：电子政务发展的必然趋势》，《河北科技大学学报（社会科学版）》2007年第1期。
② 梁孟华：《创新型国家电子政务知识协同服务研究》，《情报理论与实践》2009年第2期。
③ 胡海波：《论协同政务》，《中国科技资源导刊》2011年第3期。
④ 李春娟、宋之杰：《基于知识协同的突发事件应急管理对策研究》，《情报杂志》2011年第5期。

关于技术，一方面，由于信息技术的飞速发展，互联网上的知识资源日益丰富，为了能有效挖掘网络知识资源，基于网络上的知识协同就需要开发更加先进的网络技术进行支撑，如 IBM 所研发出来的 Lotus 协同软件，提供了完善的业务协同技术平台和信息资源集成工具，不仅可以满足大多数企业所需要的常规协同功能，还可以满足他们的即时沟通、数据共享、移动办公等更进一步的技术需求，有助于提升企业的工作效率和对市场的快速响应能力，降低总体拥有成本。[1] 目前，该版本已于 2009 年 1 月升级至 8.5 版本，不仅将目录服务、数据库服务、工作流服务、应用服务器、电子邮件等多种功能集于一身，还能够通过 Web 服务和其他应用程序实现对话和整合，有助于企业构建自身的基础协作环境。[2] 另一方面，由于知识协同是一个"集体型活动"，信息技术的发展，使得企业员工可以通过信息网络实现异地之间的协同和沟通工作，因此，相应信息技术的开发和应用，也有利于实现成员组织间知识的传递和思想的交流，在一定程度上可以缩减知识互换的时间，简化协作程序，提高协同成效。

（二）更加侧重于实践应用，应用领域更加广泛

知识协同的最终目标就是实现知识创新，使企业或组织达到"1+1>2"的效果，因此，知识协同的最终实践应用以及是否能给企业或组织带来这种协同效用是最重要的。因此，关于知识协同的研究将更加侧重于实践应用方面，并且应用领域将越来越广泛。

（三）学科交叉性越发明显

知识协同的应用领域非常广泛，从软件开发到产品设计、从供应链到物流管理、从电子商务到电子政务，甚至从艺术到人文等等，而这也正好体现了知识协同的跨学科特点。因此，随着知识协同应用领域的逐渐扩大，其与各个学科的交叉和联系也将越来越多，而知识协同也应该充分发挥这一优势，努力借鉴其他相关学科

---

[1] 《Lotus 协同办公软件》（http：//www-01.ibm.com/software/cn/lotus/index.html?crs=apch_cit1_20120224_1330072474212&cm=k&cr=baidu&ct=201MC23W&ck=lotus+%E8%BD%AF%E4%BB%B6&cmp=201MC）。

[2] 《Lotus》，百度百科（http：//baike.baidu.com/view/67878.htm#sub6970725）。

的研究成果，将自身的优势扩大，提高组织的整体效益。

知识协同作为目前国内外研究的一个学科热点，正在受到越来越多的关注，它在各个领域的应用所体现出来的整体大于部分之和的独特效果也正在逐渐显露出来。综观国内外目前对知识协同的研究，主要表现在知识协同的产生和发展、概念、特征、理论基础、相关方法和技术以及应用领域等几个方面。但是，也不难看出，国内外关于知识协同的研究内容还比较分散且不够具体，程度也不够深入。因此，我们还需更多地关注国内外知识协同的研究动态并潜心研究，完善其理论思想体系，挖掘其相应的协同技术，使知识协同的应用领域逐渐扩大，以便更大限度地发挥知识协同的作用。

第三节　协同政务理论

传统的电子政务系统大多是分散开发的，很难实现与组织其他信息系统的集成，因此，在政府部门内形成大量的"信息孤岛"。伴随电子政务的深入发展，政府组织运作的网络化、虚拟化对信息共享、业务协同产生了非常迫切的需求。

一　协同政务的内涵

随着电子政务环境的日益成熟，协同政务已成为政府部门发展的迫切需求，并成为电子政务必然的发展趋势，但对于"协同政务"的内涵与外延、协同政务实现的技术与方法等，学术界尚未达成一致的认识和理解。

（一）国外相关研究

国外较少使用"Coordinative E-Government"来表述协同政务，通常使用"Join-up Government"（协同政府）、"Boundless Government"（无边界政府）、"Seamless Government"（无缝隙政府）等概念。20世纪90年代以来，构建协同政府成为发达国家新公共管理改革的趋势，其核心目的是通过整合相互独立的政府部门，以实现政府所追求的利益最大化的共同目标。① 协同政府的主要观点是：实现公共政策的目标既不能依赖相互分割的政府部门，也不能依赖所谓新型"超级部门"的建立，切实可行的办法是围绕特定的政策目标，在不破坏政府部门边界的前提条件下实现跨部门的合作。这种协同与合作包括政府部门与非政府部门之间、政府部门之间、公立与私营部门之间、中央政府与地方政府之间的全面合作，将上述具有不同目标、不同性质、管理模式各异和动力机制不同的组织整合起来需要的是彼此之间的高度信任，而不能依靠行政命令和市场竞争。协同政府的特点，一是与强调政府角色的不同，协同政府代表着政府角色某种程度上的回归；二是强调良好的政府服务只能来自于多方之间的信任与合作，而不是通过竞争来提高服务效率和服务质量；三是更加关注政府自身决策行为的完善，而不是过于强调在公共部门借鉴和引进私营企业的管理技术；四是认为政府公共服务的核心机制只能是信任，这不同于以竞争为公共服务核心的机制。②

林登（Linden）认为，无缝隙组织是具有流动性、灵活性、完整性、透明性、连贯性以及弹性的新型组织形态，在这种组织中实现了顾客与服务提供者之间的直接接触，它以一种整体的而不是各自为政的方式提供持续一致的信息和服务。③ 无缝隙政府（或称"无边界政府"）就是打破传统政府部门之间的边界和功能分割的状况，将政府的所有部门、人员及其他资源整合起来，通过统一界面为其提供优质的信息及高效的服务。无缝隙政府理论提出了组织模式设计的新思路：要依据自然过程而不是人为的职能来进行政府组织模式设计，要以政府业务工作流程为核心而不是依据传统的政府职能分工来进行政府组织再造，应该将组织再造的重点放在能够直接带给公众效益的各种活动上，摒弃其他所有不能为公众带来效

---

① 朱虹、许承光、罗宁：《试论电子政府协同公共服务思想》，《武汉工程大学学报》2009 年第 3 期。
② 解亚红：《"协同政府"：新公共管理改革的新阶段》，《中国行政管理》2004 年第 5 期。
③ ［美］拉塞尔·M. 林登：《无缝隙政府：公共部门再造指南》，汪大海等译，中国人民大学出版社 2002 年版，（序）第 2—3 页。

益的活动。

　　林登围绕无缝隙政府组织进行的系统研究为协同政务的实现提供了一定的理论依据。应用信息技术来优化政府业务流程、整合政府信息资源、简化政府公共服务程序、提高政府公共管理水平与服务效能，并进一步提升公众对政府服务的满意度，这是应用信息技术实现政府管理与服务创新目标的重要内容。信息技术更深入应用的目标就是构建无缝隙政府，将彼此分割的政府部门重新进行整合，以系统化的方式按照优化的业务流程进行工作。无缝隙政府是以整体的而不是各自为政的方式为公众提供"一站式"的网络化电子服务。

　　芳汀（Fountain）提出，无缝隙政府是虚拟政府的重要形式，是一种网络化的政府组织形式，是基于信息技术形成的具有协调性的动态联盟。[①] 无缝隙政府中的信息交流与传播主要依赖网络而不是传统的官僚渠道或其他渠道，无缝隙的政府组织是建立在组织间网络以及计算机网络系统之上的，而不是建立于各自独立的官僚机构之内，从而将完成某项事务办理所涉及的各政府部门整合于一个业务流程上，形成高效的工作团队，实现资源整合与协同利用。

　　此外，国外学者对协同政务的相关研究还有："无边界政府——跨政府项目管理方法"、"2001年美国电子商务与发展报告"（*E-Commerce and Development Report 2001*）、《信息时代的政府改革》（*Reinventing Government in the Information Age*）等，这些文献探讨了如何推进跨政府部门进行电子政务系统建设的新思路，探讨了政府公共部门推行电子政务建设的动力机制以及不同层级政府实现一体化电子服务的障碍，研究了电子政务与电子商务的差异，从不同角度阐明了政府改革的真正挑战是克服政府内部根深蒂固的组织性分歧和政治性分歧，而不是构建电子化政府的技术能力。进行跨部门的资源整合与制度创新，形成跨部门的网络化协同办公、管理和服务

---

　　① ［美］芳汀：《构建虚拟政府——信息技术与制度创新》，邵国松译，中国人民大学出版社2004年版，第113页。

是构建无缝隙政府的关键。①

近年来,国外的协同政务理论研究已相对成熟,雷蒙(Ramon)等研究了协同政务发展中的障碍和公共部门信息共享的效益问题;② 格伦·惠(Glenn Hui)等研究了 Web 2.0 环境下公共部门、私营部门与公民之间的协同框架,分析了如何通过协同政务创造公共价值。③

(二) 国内相关研究

目前国内协同政务还没有权威的定义,金江军区分了"协同政务"和"一站式服务"这两个易混淆的概念。他认为,"协同政务"是从系统后台角度出发的,强调政府后台各业务子系统的整合;而"一站式服务"是从系统前台角度出发的,强调公众通过"单一窗口"实现事务办事。④ 冯宏卫认为,协同政务基于协同管理理念,以工作流、即时消息等技术平台和协同软件工具为基础,实现政务工作中的各事项记录和处理过程的协同化。⑤ 李漫波认为,协同政务是一种崭新的政府公共服务提供方式,是当前电子政务技术应用的高级阶段。⑥ 协同政务以政府公务人员之间的协作为核心,强化政府信息资源共享、政务流程的优化及电子政务系统的应用集成。⑦

张建认为,协同政务是应用信息技术打破政府部门之间的边界,目标是建设全面电子化的虚拟政府,使公众能够通过各种电子渠道获得所需要的政务信息和政府公共服务。⑧ 政府部门间及政府

---

① 蔡立辉:《电子政务:信息时代的政府再造》,社会科学出版社 2006 年版,第 21 页。

② Ramon J., Gil-Garcia, InduShobha Chengalur-Smith, Peter Duchessi, "Collaborative E-Government: Impediments and Benefits of Information-sharing Projects in the Public Sector", *European Journal of Information Systems*, No. 16, 2007.

③ Hui G., Hayllar M. R., "Creating Public Value in E-Government: A Public-Private-Citizen Collaboration Framework in Web 2.0", *The Australian Journal of Public Administration*, No. 69, 2009.

④ 金江军:《政务也"协同"》,《中国计算机用户》2004 年第 5 期。

⑤ 冯宏卫:《协同政务:应对电子政务新拐点》(http://www.amteam.org/static/61/61241.html)。

⑥ 李漫波:《协同:电子政务的未来》,《软件世界》2005 年第 1 期。

⑦ 杨冰之:《协同政务:中国电子政务的趋势与实现之道》,《信息化建设》2005 年第 6 期。

⑧ 张建:《跨部门协同电子政务的协作模式研究》,《东岳论丛》2006 年第 4 期。

与其他社会组织之间也能够借助于各种电子渠道进行信息沟通与互动，政府部门依据公众的需求在合适的时间、地点，以合适的形式，为公众提供各种不同类型的政府电子信息及服务。与传统电子政务相比，协同政务的协作模式具有以下优势：政府组织边界宽泛、政府部门间以及政府与公众之间的协调和信息沟通简便和快捷、政府公务人员之间具有较低的集中度和较高的协同度。跨部门协同政务是一个涉及众多政府部门的复杂协作过程，政府公务人员是协同工作的主体，信息资源是协同工作的基础，提高协同工作效率的关键是政务流程的优化。跨部门协同政务的协作模式有跨部门成员协作、跨部门信息协作、跨部门流程协作。

贺佐成认为，电子政务协同以政府部门和工作人员的协作为核心，通过营造政务协同的组织文化，加强技术、组织、制度等方面的协同来强化政务信息资源的共享、优化政府业务流程、提高政府效率的一种方法，目的是为公众提供更好的服务。他认为应从以下几个方面来理解协同政务：协同政务体现了以"政务"为重的电子政务建设思路，协同政务是一个系统工程，而且，协同政务与"一站式"公共服务是一种包含关系。[①] 这一结论提供了对协同政务的认识基础。

赵建凯提出电子政务的目标是协同政务，由政府内部的协同带动政府之间的协同，最终上升到政府与公众协同的层面。[②] 梁孟华认为，协同政务是基于电子政务环境建立的以政府内部协同为核心的服务体系，强化政务信息资源共享、政务工作流程的优化及电子政务系统的应用集成。[③]

尽管协同政务还没有公认的定义，但多数学者都强调了"以公众需求为中心"、"信息资源共享"、"政府业务流程重组"、"政府部门之间协同"等要素，我们认为，协同政务是以满足公众个性化

---

① 贺佐成：《试论电子政务协同的内涵与特征》，《现代情报》2006年第7期。
② 赵建凯：《电子政务的终极目标是"协同政务"》，《信息系统工程》2009年第12期。
③ 梁孟华：《创新型国家电子政务知识协同服务研究》，《情报理论与实践》2009年第2期。

需求为中心，以政府内部和政府之间的信息与知识协同为核心，运用现代信息技术，加强技术与制度、组织等因素的协同，实现政务信息整合及知识共享，进而优化政务流程的新型政府工作模式，其目标是构建虚拟政府。

二 协同政务的外延

针对协同政务外延存在着不同的划分标准：一种是依据不同的协同主体进行划分，另一种是依据不同的协同要素进行划分。

林（Ling）认为，从协同主体的角度可以将"协同政府"的合作概括为"内、外、上、下"四个方面：

（1）"内"，是指政府组织内部的合作，通过新型的组织文化、价值观念、信息管理、人员培训等合作途径形成新型的组织形式；

（2）"外"，是指组织间的合作，通过领导权的分享、捆绑式预算、组织的整合、项目组等合作途径来实现组织之间新型的工作方式；

（3）"上"，是指自上而下的目标设定以及对上的责任承担，通过结果导向的目标分享、绩效评估等合作途径形成新型的责任和激励机制；

（4）"下"，是指以用户需要为服务宗旨以及让服务对象参与服务过程，通过"一站式服务"、用户参与、设立非执行董事等合作途径实现新型的服务方式。[1]

新型的组织形式、工作方式、服务方式、政府责任和激励机制的有机结合代表了一种新型的政府管理趋势，它既不同于传统的官僚制又不同于市场化。杜治洲、汪玉凯认为，电子政务催生了协同管理模式，包括政府内部纵向分权协同管理、政府部门横向整合协同管理、政府与其他管理主体之间的协同管理。[2]

从协同要素的角度，贺佐成把协同政务体系划分为技术协同、

---

[1] Ling T., "Joint-up Government in the UK: Dimensions, Issues and Problems", *Public Administration*, No. 4, 2002.

[2] 杜治洲、汪玉凯：《电子政务与政府协同管理模式的发展》，《中共天津市委党校学报》2006年第2期。

组织协同、文化协同、制度协同、资源协同等方面。① 杨冰之认为，协同政务通常包括制度协同、流程协同、技术协同和资源协同等几方面。从制度设计层面促进两个或多个独立的政府部门之间进行高效的业务协作就是制度协同；从信息技术应用视角上保证两个政务信息系统之间能够进行安全、快捷的信息交流互动就是技术协同；遵循高效、便捷、有效性等原则在业务处理逻辑上实现政务流程的整合就是流程协同；在信息资源的采集、获取、处理、开发和利用等方面保持一致，最大限度地避免信息资源采集的重复操作就是资源协同。国家信息中心"中国电子政务发展评估研究课题组"提出了"电子政务发展评估六维理论"，认为国家电子政务系统是由各行各业构成的，是各级政府及其组成部门的电子政务总和，它的基本构成就是政府与政府、政府与企业、政府与居民的三大互动系统。②

实际上，上述两种角度的划分方式都是合理的，只是依据不同的标准而已。以协同主体进行划分，便于从整体上把握协同政务体系的构成，而从协同涉及的具体要素进行划分，则便于从相对微观的层面上去构建协同政务体系。

三 各国协同政务体系框架

由于前期建设中缺乏统一规划和部署，我国电子政务的建设逐步陷入困境。"信息孤岛"现象、重复建设问题都极大地困扰着我国的电子政务建设工作的深入。尤其是当前各个系统之间异构的问题，使得部门之间的信息共享和协同出现了严重的阻塞，部门业务系统之间无法实现互操作。同样的问题在世界各国的政府信息化中也都曾经出现过。针对这一问题，欧美等发达国家从20世纪90年代开始，纷纷从各个角度出发，构建国家电子政务总体框架，总体框架设计对电子政务实施效益非常重要，是实现资源共享、业务协

---

① 贺佐成：《试论电子政务协同的内涵与特征》，《现代情报》2006年第7期。
② 杨冰之：《协同政务：中国电子政务的趋势与实现之道》，《信息化建设》2005年第6期。

同、提高政府 IT 投资的有效途径。因此，很多电子政务比较发达的国家，都将总体设计作为实施电子政务的一项重要的前期准备工作。在这方面，美国、英国和德国等国家有关电子政务总体框架的设计值得我们借鉴。

（一）发达国家电子政务体系框架模型

1. 美国联邦政府组织架构（FEA）

为了加强美国联邦政府、州政府、地方政府之间的信息共享和业务协同，并以此提高美国政府的运营整合，美国管理和预算办公室（Office of Management and Budget，OMB）推出联邦政府组织架构（Federal Enterprise Architecture，FEA）。[①] FEA 作为美国电子政务系统架构的技术规范与实施标准，旨在改进联邦政府内部的互操作性，促进联邦政府的电子政务转型，建立一个以公民为中心的、面向顾客的政府，使技术投资的产出最大化。FEA 主要包括绩效参考模型（PRM）、业务参考模型（BRM）、服务组件参考模型（SRM）、数据参考模型（DRM）、技术参考模型（TRM）。

FEA 的目的是：①借鉴私有部门的实践经验，通过应用一系列的共同参考模型（如业务及数据参考模型），对联邦政府的业务流程和 IT 结构予以定义和统一部署；②对联邦政府开展的电子政务项目予以重新评估，减少重复投资，实现低投入、高产出；③促进横向（联邦政府各部门之间）和纵向（联邦政府与州政府和地方政府之间）的 IT 资源整合。[②]

FEA 的主要特点是以业务和绩效为驱动，也就是说电子政务的"电子化"过程不是单纯地以技术为中心，而是以业务需求为中心，以绩效评估为导向；FEA 架构详细描述了联邦政府与公民互动的过程、政府履行的各种功能与各类业务以及关键的业务流程；FEA 以业务为中心，跨部门整合资源，对政府进行整体改进，以期形成一体化电子政府的结构框架；FEA 为美国联邦政府的电子政务实施提

---

① OMB: "E-Government Strategy: Simplified Delivery of Services to Citizens" (http://www.whitehouse.gov/omb/Inforeg/egovstrategy.do).

② 侯宇、谢黎文、王谦:《美国电子政务 FEA 架构初探》,《中美公共管理杂志》2006 年第 3 期。

供了一个通用的参考模型,为各部门合作和协调提供了一个统一的参考语言。FEA本身并不是一个具体的信息系统架构,它是一个用于沟通交流的基础,也是政府设计、实施各类电子政务项目的参考基础。

2. 英国电子政务互操作框架(e-GIF)

英国的电子政务建设——"英国在线"战略的首要目标是满足公民和企业的需求,提供更好的公众服务。为了达到这样的要求,政府信息要在政府部门间顺畅流通。于是,英国政府制定了"电子政务互操作框架"(e-Government Interoperability Framework,e-GIF),并保证6个月更新一次,以确保各政府部门在统一标准下能够协同运作,而且使信息在公共部门之间实现自由传递和共享。

英国政府的电子政务互操作框架(e-GIF)侧重于数据交换,主要是定义跨政府和公共领域信息流的技术政策和规范,体现互通性、数据集成性、电子服务访问和内容管理等。其中的GCL规定了统一的目录体系以帮助用户快速找到他们所需要的信息,网站管理者可以直接用它们作为自己的目录结构。电子政务互操作框架通过发布政府的技术政策和规范,在全国范围内统一制定和实施恰当的标准,以达到互操作的目的和公众部门间信息系统的一致性。e-GIF详细说明了构建联合的、面向Web的政府所需要的先决条件,它是英国整个电子政府战略的基石,对它的遵守也是强制的。

e-GIF的核心思想是将因特网和万维网的规范标准引入所有政府系统之中。采用XML和XSL作为数据集成和管理的核心标准是一项具有战略意义的决定。它将XML Schema模式的定义和主要条款引入了各个公共部门的使用中。e-GIF就是英国政府通过提供不断演变的技术规范体系来保证其电子政府战略得以实施的纲要,保证了各部门间的纵向应用之间以及新旧系统之间的互操作性。

e-GIF的主要特点在于:①e-GIF是英国所有政府公共服务机构必须遵守的电子政务建设规范;②e-GIF只定义了最基本的技术规范和技术标准;③采用XML和XSL作为数据集成的核心标准;④采用元数据标准描述政府信息资源;⑤e-GIF只采用在市场上获得良好应用支持的技术标准;⑥e-Envoy委员会和内阁办公室是e-

GIF 实施和维持的领导机构；⑦建立了一套管理流程，以保障 e-GIF 的实施；⑧为 e-GIF 制定了一套变化的管理流程，以随时适应技术的变革和管理的更新。① 英国的电子政务互操作框架是最成功的电子政务总体框架之一，在实际的电子政务建设中取得了巨大成功。它保证了电子政务建设中不同信息系统间的互操作性，是整个英国电子政务建设的核心和总体框架。英国是电子政务建设的支持理论——新公共管理理论的发源地之一，对于电子政务建设目的和原则的把握是相当成熟和准确的。

3. 德国政府应用标准与系统结构（SAGA）

政府应用标准与系统结构（Standard and Architecture for Government Applications，SAGA）的愿景是建设以服务为中心的现代德国政府。德国政府的电子政务应用标准与架构（SAGA）主要是针对电子政务应用软件的技术标准、规范、开发过程以及数据结构等进行系统的规定，从软件工程角度对电子政务软件系统的开发和应用方面进行规范。它应用国际标准化组织所发布的"开放式分布处理参考模型"作为基础来描述复杂的、分布式的电子政务应用软件设计和开发过程。SAGA 强调过程化的管理和设计，整个电子政务应用体系架构模型由组织视图、信息视图、计算视图、工程视图和技术视图组成。

SAGA 的主要目标包括：①确保公众、联邦政府及其合作者之间的信息畅通；②建立一系列标准服务应用和标准数据模型，以确保数据重用；③向公众提供可以访问的标准文本格式，以保证政府信息的公开性；④在政府电子政务实施过程中，将科技的市场发展因素和标准化规范结合起来，尽可能减少费用，降低风险；⑤确保电子政务系统的灵活性和可扩展性，避免因为服务项目的变更和政府机构的调整而影响电子政务系统的性能。

SAGA 是德国电子政务建设必须遵循的基本规范，在 SAGA 的数据模型定义中，其关注的基本原则是：重用性、简单性、数据模

---

① UK, "Office of the e-Envoy. e-Government Interoperability Framework (Version 6.0)", April 30, 2004.

型尽可能采用现行的数据定义。SAGA 的数据标准采用 XSD（Extensible Markup Language Schema Definition）和 XML Schema。在集成不同的应用服务需求时所涉及的中间件全部采用 J2EE 标准。服务器之间的连接采用 RMI（Remote Method Invocation）和 SOAP（Simple Object Application Protocol），数据交换采用 XML 标准。Web 应用标准采用 WSDL（Web Services Description Language）。在原有系统之间的程序集成上，SAGA 建议将应用先转移到 XML 接口标准或者采用 Web 服务。

4. 韩国政府组织框架（EA）

韩国电子政务的实施方略主要包括三大目标和 11 项基本措施。三大目标是为公民和企业提供更优质的政府服务、提升政府行政的效益、建立电子政务的基础应用。11 项基本措施的共同特点就是需要将各种不同的系统和数据库整合成一个完整的统一的信息服务网络平台，这需要政府各相关部门的全力支持和协同配合。为此，韩国根据自身情况和电子政务建设的目标，提出了包括业务架构（BA）、数据架构（DA）、应用架构（AA）和技术架构（TA）的政府组织框架（Enterprise Architecture，EA）。在全国总体架构的规划和指导下，韩国已经采用 EA 的政府包括首尔市政府、国防部、信息和通信部以及行政自治部等。

5. 欧盟一站式电子政务集成化平台架构（eGOV）

eGOV 项目是欧盟 IST（Information Society Technologies）计划中的子计划之一。eGOV 项目中，电子政务平台架构可分为门户网站、前台作业及后台系统三部分。以用户为中心的跨机构、跨系统信息整合是通过用户在门户网站所启动的公共服务来完成的。

欧盟的 eGOV 项目旨在实施、部署并评估面向一站式服务的电子政务整合服务平台。eGOV 电子政务整合架构的主要模块包括门户网站、内容和服务储存库以及 GovML。eGOV 平台架构，以生活事件（Life Events）和业务情况（Business Situations）的服务需求为基础，为公众提供一站式的电子政务服务，提高公众的服务满意度。eGOV 作业平台设置统一的集成化入口，为每个公共行政机关设置适当的服务作业平台，以便其处理生活事件、业务情况所触发的公共服务。

6. 新加坡的政府服务技术框架（SWTA）

为了实现电子政务建设的"多个机构，一个门户"的在线网络政府的战略目标，新加坡政府构建了一个政府服务技术框架（Service-Wide Technical Architecture，SWTA）。SWTA 是一个融合了标准、规则的技术框架，用来帮助政务机构进行信息通信系统的设计、实施和管理，方便政府机构之间的协同工作和信息共享。[①] 该框架强调承担公共服务的信息通信系统应能够支持电子协作，更好地促进跨越部门界限的信息共享。SWTA 包括四个方面的内容：应用框架（Framework），主要用来描述政府业务交易组件，确保政府交易流程的统一和标准化；体系结构原则，重点建立一个引导电子交易发展的业务描述规范，兼容政府业务流程中的关键动作、制度和环境，明晰电子政务工程的战略目标，为电子政务应用领域的发展提供规划指南；应用领域体系结构和管理制度及流程。

（二）我国国家电子政务总体框架及相关研究

由于信息化发展水平的差异，国外进行电子政务总体框架设计的方法显然不能直接应用于我国电子政务总体框架设计，但为我们提供了总体框架设计的基本思路，而且其中一些具体的过程、工具和手段，可以直接应用到我国的总体框架设计中。根据对国外有关国家电子政务总体框架设计的分析，结合我国行政管理体制特点及电子政务发展实际，李广乾就为地方政府电子政务业务系统设计了一套结构模型，并将其称为"电子政务前台—后台服务体系模型"。[②] 该模型包含两部分。第一部分是基本模型（如图 1—5 所示），主要包括模型骨干架构，基本内容可以概括为四个流程主体、三项基本业务要求。四个流程主体为各政府部门（以及由其业务网络所构成的内部网）、行政服务中心、政府门户网站、公众（及服务界面）；三项基本业务要求为集中、流程整合以及互动。

[①] 苏新宁、吴鹏：《电子政务案例分析》，国防工业出版社 2005 年版，第 164 页。
[②] 李广乾：《电子政务前台—后台服务体系与地方电子政务顶层设计》，《信息化建设》2006 年第 1—2 期。

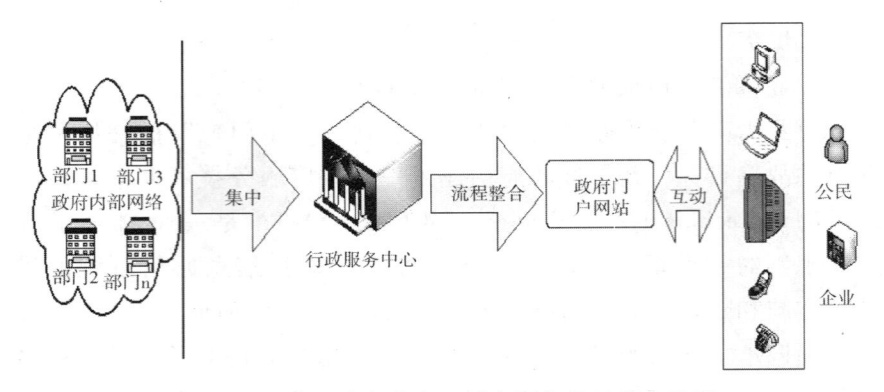

图 1—5 电子政务前台—后台服务体系基本模型

第二部分是扩展模型（如图 1—6 所示），是在基本模型基础之上的业务扩展。从图 1—6 中可以看出，该模型本身就是一个系统流程，电子政务建设的几乎全部内容均能涵盖其中。

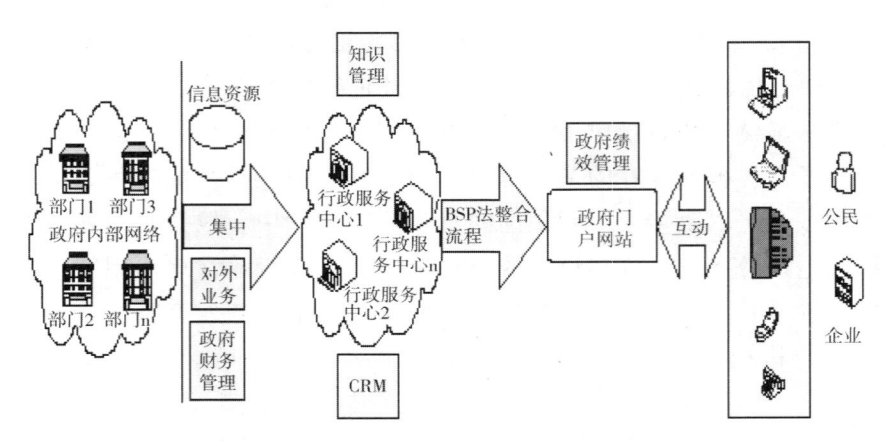

图 1—6 电子政务前台—后台服务体系扩展模型

李广乾提出，比较美国的 FEA 和英国的 e-GIF 可以发现，两种方法各有特点。前者注重业务流程整合及共享，后者则注重从技术上保证电子政务的互操作性。实际上，在对业务系统进行充分的分析后，采用英国电子政府互操作模型将对实现政府跨部门操作更有针对性。因此，就地方电子政务总体框架而言，最佳的做法是结合

FEA 和 e-GIF 两种模型的有益成分,以构成一个更加合理有效的电子政务体系结构。从内容上来看,就是以 e-GIF 来取代 FEA 的 TRM 和 DRM。

总体看来,发达国家对电子政务总体框架模型的研究比较系统、深入,从方法论、信息模型、功能模型、业务流程和组织架构等多个角度描述了电子政务中的政府模型,对我国电子政务的建设方向很有启示。国际经验为我们提出了有益的借鉴,但是并不完全适应我国电子政务发展实际,我国必须根据自己的实际情况,设计自身的电子政务总体架构。总体架构设计的基本内容应该是就电子政务建设的基本问题进行总体的、全面的设计,不仅应该包括网络建设、安全管理、信息资源建设等诸多技术层面的内容,也应该包括行政管理体制、政府职能、绩效管理及具体业务类型之间的关系。

协同政务研究是各国在开展电子政务和提供公共服务过程中的一个新课题,相关研究主要是对现有实践成果的总结与归纳,并未形成科学、完整的理论体系。该研究在概念的深化、协同政务的实现方法与步骤、技术的成熟等诸方面都有待进一步完善。不过,无论是从知识发展的逻辑还是从实践验证的逻辑来看,协同政务已成为电子政务的发展趋势。

自 2002 年我国电子政务进入快速发展阶段,《国家信息化领导小组关于我国电子政务建设指导意见》(中办发〔2002〕17 号文)确定了"一站、两网、四库、十二金"的中国电子政务主体推进框架。2006 年 3 月,国务院信息化工作办公室印发了《国家电子政务总体框架》,各地方和行业在这个文件指导下细化本地区的电子政务总体框架和相应的应用支撑体系,如北京市电子政务总体技术框架、上海市区县电子政务总体框架、福建省电子政务总体框架、金土工程电子政务总体框架等。[①]

构建国家电子政务总体框架的目标是:到 2010 年,覆盖全国的统一的电子政务网络基本建成,目录体系与交换体系、信息安全

---

① 《我国电子政务云框架服务体系研究与实践》(http://www.powereasy.net/HelpYou/Knowledge/eGov/10868.html)。

基础设施初步建立，重点应用系统实现互联互通，政务信息资源公开和共享机制初步建立，法律法规体系初步形成，标准化体系基本满足业务发展需求，管理体制进一步完善，政府门户网站成为政府信息公开的重要渠道，50%以上的行政许可项目能够实现在线处理，电子政务公众认知度和公众满意度进一步提高，有效降低行政成本，提高监管能力和公共服务水平。①

国家电子政务总体框架的构成包括：服务与应用系统、信息资源、基础设施、法律法规与标准化体系、管理体制。推进国家电子政务建设，服务是宗旨，应用是关键，信息资源开发利用是主线，基础设施是支撑，法律法规、标准化体系、管理体制是保障。框架是一个统一的整体，在一定时期内相对稳定，具体内涵将随着经济社会发展而动态变化。各地区、各部门按照中央和地方事权划分，在国家电子政务总体框架指导下，结合实际，突出重点，分工协作，共同推进电子政务建设。

四 基于 Web 服务技术的协同政务研究

基于过程的理念建设的大多数电子政务应用系统，通常是由结构化的功能模块构建形成的，基于消息中间件或采用点对点的技术方法实现各功能模块之间的集成，缺乏统一的框架体系结构，导致各政府部门的电子政务应用系统各自为政，没有统一的技术标准，形成了电子政务应用系统的相对孤立和相互封闭状态，产生了大量的异构电子政务系统，致使政府知识资源无法得到有效的重用和共享。于是，如何建立一个既能系统整合现有电子政务系统又能全面支持信息资源和服务动态扩展的基于语义技术的电子政务系统架构，已经成为电子政务协同化发展过程中迫切需要解决的问题。近年来，Web 服务作为协同技术的主流技术，已经被广泛地应用于异构电子政务系统互操作及集成等相关研究领域。

从国外相关研究文献来看，基于 Web 服务技术的协同政务研究

---

① 《国家电子政务总体框架》（http://www.miit.gov.cn/n11293472/n11295327/n11297127/11741734.html）。

已经取得了一些成果。麦德詹（Medjahed）等开发了电子政务应用系统 WebDG，该系统以印第安纳州家庭和社会服务管理局（FSSA）为实际案例，主要为低收入者、儿童、老人等社会公众提供一站式（One-stop）电子服务；① 哥伦比亚（Columbia）等研究设计了一个专门为中小企业提供政府服务的以人为中心的电子政务系统；② 贡萨洛·派瓦·迪亚斯（Gonçalo Paiva Dias）等提出一个基于 Web 服务的一站式电子政务通用模型和分布式体系结构及实施模型。该模型的基本范式是：公共行政是一个由非结构化的实体网络组成的，它们彼此之间或与数据库之间进行信息交互，目的是提供以客户为本的服务。该架构面向 HTTP、SSL、XML 和 PKI 等广泛使用的技术，支持生活事件的实施，提供单一的检索入口，并行提供集成化的服务渠道。③

国内代表性的研究成果有：管强等构建了基于 Web 服务的电子政务应用集成系统；④ 谭龙江、龚睿、刘元等将 Web 服务技术与工作流技术相结合构建了基于 Web 服务的电子政务工作流模型；⑤⑥⑦ 金竹青等提出一种基于 Web Service 的政务系统集成方案模型等等。⑧

依据开放分布式处理参考模型及对电子政务的主要业务形态分

---

① Medjahed B., Rezgui A., Bouguettaya A., et al., "WebDG-An Infrastructure for E-government Services", *IEEE Internet Computing*, No. 1, 2003 (1).

② Columbia B. L., Cheng W. C., Chou C. F., "BISTRO: A Scalable and Secure Data Transfer Service for Digital Government Applications", *Communications of the ACM*, Vol. 46, No. 1, 2003.

③ Dias G. P., Rafael J. A., "A Simple Model and a Distributed Architecture for Realizing One-Stop E-Government", *Electronic Commerce Research and Applications*, Vol. 6, No. 1, 2007.

④ 管强、张申生、杜涛：《基于 Web 服务的电子政务应用集成研究》，《计算机工程》2005 年第 6 期。

⑤ 谭龙江：《基于 Web Services 的协同政务工作流环节集成模式研究》，《技术创新》2006 年第 12 期。

⑥ 龚睿、杨贯中、陈莉：《面向 Web 服务的电子政务工作流模型研究》，《计算机工程与应用》2005 年第 12 期。

⑦ 刘元、李灿丽、邢子涯：《Web 服务下的电子政务模型的研究》，《网络安全技术与应用》2007 年第 4 期。

⑧ 金竹青、刘玉秀、周伟：《基于面向服务架构的电子政务系统集成》，《大连海事大学学报》2007 年第 6 期。

析，何文娟等构架了电子政务体系结构及其网络平台结构，分为表示层、应用层、网络基础平台、电子政务安全支撑体系、电子政务标准支撑体系。[①]

刘元等认为，电子政务的工作流模型和 Web 服务器架构可以用不同的模型来进行描述和研究。他们提出了一种基于 Web 服务的电子政务工作流模型。[②] 参照数据库系统模型的分析方法，可以将 Web Service 架构划分成基础概念层、逻辑分析层和应用物理层三个层次的模型。基础概念层模型指出了参与 Web 服务架构的各个实体间的关系及其基本活动，逻辑分析层模型描述了每一个 Web 服务具有的标准协议栈，而应用物理层模型则涉及 Web 服务架构中各个协议的具体实现。同时又提出了电子政务是一套复杂的系统，进一步完善电子政务还需要其他相关技术的服务与支持。

管强等构建的基于 Web 服务的电子政务应用集成系统，将电子政务集成系统从逻辑上分为网络通信层、综合资源库层、应用平台层、应用业务层和对外服务层等五个层次，每一层的应用都要受到信息安全保障平台的支持。以此为基础，构建政务系统 Web 服务集成，将组成电子政务的各种政务服务在 UDDI 上注册，在开发阶段并没有将各种政务服务进行物理连接，而是在运行时根据政务业务的需要，动态地将不同部门的政务服务进行匹配和组合，构成一个柔性的政务服务链，以提高政府部门的工作效率和业务处理的透明度。[③]

龚睿等针对电子政务发展要求，运用 Web 服务技术与工作流技术构建了基于 Web 服务的电子政务工作流模型，以此实现各政府部门异构信息系统的高效整合以及跨系统的协同工作。模型的体系结构包括政府一站式服务门户、政务服务驱动引擎、政务服务注册中

---

① 何文娟、张景、李西宁：《电子政务平台模型与体系结构研究及应用》，《计算机工程》2005 年第 10 期。
② 刘元、李灿丽、邢子涯：《Web 服务下的电子政务模型的研究》，《网络安全技术与应用》2007 年第 4 期。
③ 管强、张申生、杜涛：《基于 Web 服务的电子政务应用集成研究》，《计算机工程》2005 年第 6 期。

心、消息总线、信息资源库、Web 服务组件、过程定义工具以及服务流程管理工具等组成部分。①

谭龙江提出，Web Service 是一种可编写的应用程序逻辑，可通过标准的 Internet 协议进行访问，政府部门间可以实现异构系统中的政务信息资源交流和共享，通过 Web Service 技术，政府部门可以实现跨区域、跨部门的工作流环节的集成，实现协同政务。② 针对电子政务发展要求，运用 Web 服务技术与工作流技术构建了基于 Web 服务的电子政务工作流模型，以此实现各政府部门异构信息系统的高效整合以及跨系统的协同工作。

金竹青等认为，基于 Web 服务的 SOA 能够实现异构平台的信息集成，支持跨政府部门内部和各部门之间端到端的集成，而且通过服务的重新组合形成新的服务，使得电子政务系统在日后的升级和维护中更为简单和便利，为电子政务发展提供新的契机。通过对 SOA 软件架构的设计优点分析入手，提出一种基于 Web Service 的电子政务系统集成方案模型，并分析该方案各个环节所涉及的关键技术，证明利用 SOA 架构和 Web Service 技术对电子政务的协同发展能起到一定积极的作用。③

胡庆成等针对服务性电子政府的建设目标，提出了一种面向公民的电子政务服务框架（CCeSF），该框架采用 SOA 理念把任何应用系统都看成服务，并应用业务流程管理（BPM）技术把服务编排成用户需要的有序的业务流程，符合通用性、标准化和柔性的设计要求，具有结构耦合性松、灵活性大、资源共享性强、可重用性和可扩展性强等优点，能按用户需求快速地产生应用服务流程，最终实现以公民为核心的服务性电子政府。④

根据现代社会协同政务的需求特点，苏芳荔构建了基于 Web

---

① 龚睿、杨贯中、陈莉：《面向 Web 服务的电子政务工作流模型研究》，《计算机工程与应用》2005 年第 12 期。
② 谭龙江：《基于 Web Services 的协同政务工作流环节集成模式研究》，《技术创新》2006 年第 12 期。
③ 金竹青、刘玉秀、周伟：《基于面向服务架构的电子政务系统集成》，《大连海事大学学报》2007 年第 6 期。
④ 胡庆成：《面向公民的电子政务服务框架》，《计算机科学》2007 年第 11 期。

Service 的协同政务系统。① 此框架在 Web Application Server 中集成多个内部电子政务的应用软件,并提供一个跨越这些应用的业务处理的入口点。通过使用私有 UDDI 注册中心来获得可提供的 Web 服务的电子政务技术信息,并且在政府内部网上调用这些服务。通过此框架结构,可以将政府公文交换系统、综合办公系统、政府对外办公软件等松散地集成在一起,解决政府"信息孤岛"的问题。

通过对国内外基于 Web 服务技术的协同政务研究进行综合分析发现,上述基于中间件、Web 服务等技术的政务流程集成模型及框架虽然能够为协同政务提供一定程度的技术支持,但中间件技术要求服务客户端与系统提供的服务之间必须紧密耦合,Web 服务技术尽管能够为 Internet 上异构应用的松耦合集成提供技术手段,但传统的 Web 服务技术只是提供了语法层次的解决办法并没有解决语义问题。如 Web 服务接口描述语言(WSDL)只是给出了消息、操作、传输协议绑定等的语法层次的描述,不能描述操作之间的协调关系等语义特征,使 Web 服务之间不能真正地理解交互的内容,不能进行自动化处理。而对于基于 Web 服务的集成来说,需要服务组件能够相互协同,并且要求根据业务流程的变化动态地绑定和调整服务组件,仅依靠 WSDL 描述的物理信息,还不能完全实现这些目标。这就要求在 WSDL 之外提供服务的语义描述信息和性能信息,使得 Web 服务成为计算机可理解的实体,从而更好地实现服务的发现、调用、集成等。

综上所述,国内外学者对协同政务的内涵及技术实现等方面的研究,为协同政务理论与实践提供了重要指导,同时也为电子政务知识协同研究奠定了坚实的基础,但现有研究也存在不足:未能从更本质、更深层次的角度——知识要素来思考协同政务。目前主要从信息共享的角度研究协同政务,在协同政务与知识相结合方面的研究还处在起步阶段,并且大多从概念层面上探讨,从整体上对电子政务知识协同模式及实现方式的系统研究尚处于空白。不过,无论是从知识发展逻辑还是从实践验证的逻辑来看,协同政务已成为电子政务发展的趋势。

---

① 苏芳荔:《电子政务系统的协同智能化探讨》,《现代情报》2007年第8期。

第二章

电子政务知识协同的理论基础

根据总体研究思路，本章在综合分析电子政务知识协同研究进展的基础上，分析了电子政务知识协同的动因及机理，从技术和组织两方面分析了电子政务知识协同的障碍，构建了电子政务知识协同体系框架。后续各章的研究将依据这个体系框架，立足于解决电子政务知识协同的障碍与问题。

第一节 电子政务知识协同研究综述

为了全面了解和掌握"电子政务知识协同"的研究现状，首先确定 Elsevier-Science Direct、EBSCO-Academic Search Premier、Emeraid Fulltext、Kluwer Online Journal、IEEE、OCLC Wilson Select Plus、PQDD、SDOS、ebay、Netlibrary 等学术数据库为检索工具，检索词为"Knowledge Collaboration"、"Knowledge Sharing"、"Collaboration E-Government（或 Collaboration Electronic Government）"进行检索，同时，选择中国学术期刊数据库、中国优秀硕士学位论文全文数据库、中国博士学位论文全文数据库、人大报刊资料全文数据库及国家图书馆数据库和 Google 等搜索引擎进行检索，检索词为"知识协同"、"知识共享"、"协同政务"，检索结果发现，没有与本书选题完全相同的研究，只是在进行全文检索时，通过阅读相关文献发现，与"电子政务知识协同"的相关研究领域已经取得了一些研究成果。与本书主题相关的研究成果主要集中于基于语义技术的电子政务研究等方面。

一 语义技术及其在电子政务中的应用

W3C 提出的语义网（Semantic Web，也称语义 Web）是下一代的互联网，它能够克服互联网上信息在语义表达方面存在的不足。语义网（语义 Web）的目标是让计算机能够理解互联网上的信息的语义，让智能软件代理（Agent）能够访问互联网上大量异构、分布式的信息，并对所需要的信息进行有效检索，在语义层面上实现互联网信息资源的全面互联和语义互操作，这是让互联网实现更高层的语义理解和基于知识的智能检索与应用。

（一）人类之间的语义交互

当人与人之间进行信息交流与语义交互时，通常是采用特定的语词或符号来表达具体事物，但语词或符号和事物之间不能进行直接映射，必须借助于概念作为两者之间的桥梁，因此，可以用一个语义三角形来表示具体事物和特定概念、词语之间的关系，如图 2—1 所示。

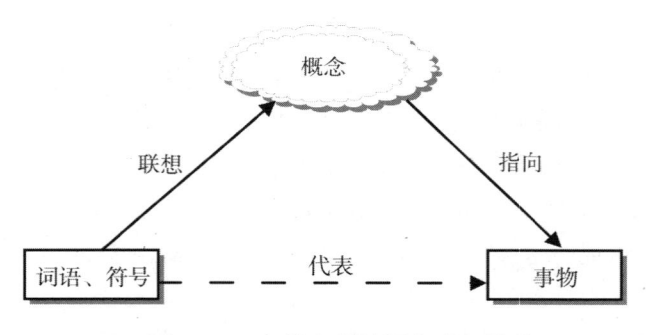

图 2—1　人类之间的语义交互模式

当人类接触到特定语境中具体的语词或符号时，要想迅速地理解特定语词及符号和某一事物之间的映射关系，就必须以概念作为中介。当前的万维网是借助于浏览器对网页上的信息进行解析，由于计算机不能理解网页上的各种具体信息内容，而只能够按照指定的表示形式进行显示，因此，从其实质来看，仍然是人与人之间的通信。万维网环境下的计算机很难理解人类交互所使用的语词和符号，更无法理解人类自然语言中的同义词、近义词、多义词、反义词以及词性、语法等诸多复杂的语言现象。只有通过构建人类和计算机都可以理解的概念体系——本体，才能让计算机更好地理解语词和符号所蕴含的具体语义，这种具有了语义信息的万维网网页才能够被机器所理解，进而实现互联网强大的智能检索及各种应用功能，如图2—2所示。

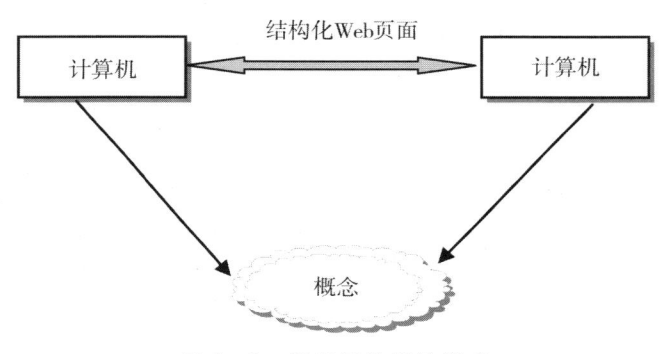

图2—2 语义网的通信模式

语义 Web 是 Web 的扩展，它不仅能够理解人类交互使用的语言，而且还可以让人类与计算机之间的交互变得像人与人之间沟通交流那样轻松自如，因此，语义 Web 是一种能够理解人类语言并具有语义判断能力的智能网络。

（二）语义 Web 及其层次结构

语义网（语义 Web）需要一个统一的体系框架来满足其知识创建和表示方面所要求的分散性和应用上的通用性以及由分散性所带来的安全性，这一体系框架还需要满足知识的跨应用、跨领域的可互操作等要求。为此，蒂姆·伯纳斯·李（Tim Berners-Lee）提出了语义网层次结构，如图2—3所示。

XML、RDF 和 Ontology 是语义网的核心内容，这三层是语义网的层次结构中实现 Web 信息语义表示的关键所在。

XML 即可扩展的标记语言（eXtensible Markup Language）。XML 的出现实现了语义层面的知识交换，在此前的万维网上，计算机之间的信息交换仅仅局限于数据层面，计算机之间不能准确理解数据的确切含义。让计算机与计算机之间彼此理解对方所传输数据的含义是 XML 最大优势所在，一旦所传输的数据被负载了一定的语义，这种数据传输就转化为知识传输与知识共享。

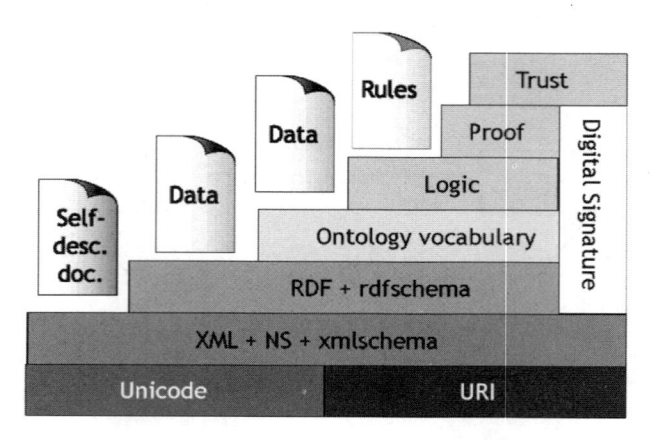

图 2—3　语义 Web 的层次结构[①]

从其本质看，RDF 是 XML 在处理元数据方面的一种具体应用，在语法层面完全遵循 XML 的各种技术规范。元数据一般是通过比较简单的数据和资料来描述资源内容，提供数据的相关背景信息和数据的具体特征，而 RDF 通常可以同时定义多个元数据，再基于所定义的多个元数据来对资源状况进行具体描述。

Ontology 在哲学中译为"本体论"，流行的定义是"本体是领域概念模型的显式表示"。概念是事物的本质，是事物的内部联系。本体是语义网的核心技术，被应用于知识表示、自然语言处理、知识系统工程、信息与知识检索和知识组织及管理等诸多领域。本体能够实现交互双方对知识理解的一致性，运用本体通常是为了达到以下主要目的：①实现人和计算机对某一特定领域的结构化知识的共享。例如，电子政务中的"企业注册审批"信息，本体的运用可

---

① W3C, "A Semantic Web Architecture" (http://www.dajobe.org/talks/sw-vienna/slide10.html).

以保证服务提供者和服务消费者对这一协同活动中领域知识理解的一致性，保证他们之间共享同一领域知识描述服务，避免歧义的产生。②实现领域知识的明晰化。使用本体描述的领域知识具有概念清晰、易于理解、方便维护以及较强的可扩展性等优势。③实现领域知识的可重用性。不同领域经常会用到一些相同的概念，通过引入已定义好的领域知识，可以减少重复劳动，提高工作效率。④可以实现知识推理，进而可以有效地实现计算机的自动化处理。

语义 Web 的重点是把信息表示为计算机可以理解并能进行自动化处理的形式，即赋予信息语义，其目标是提高互联网的智能化程度，关键是实现计算机之间对所传输数据及信息的"可理解"，是有限制地实现计算机之间对资源描述的共识。语义 Web 是基于知识的 Web，是 Web 的延伸与拓展，克服了当前 Web 在语义信息方面的缺陷和所提供服务的不足，更方便人类与计算机之间的知识交流以及协同工作，普通用户就可以使用具有语义标记功能的软件来编写语义网页并增加新的定义规则，从而使计算机能够解读并自动化处理所传输信息的语义，使得当前网络的功能大大扩展。

（三）本体及其特征与种类

本体是对共享概念的形式化表示，当前语义 Web 研究者都认为本体层为语义 Web 提供语义级的共享，是当前语义网研究的热点问题，也是语义 Web 实现的关键所在。

本体是用于描述或表达某一领域知识的一组概念或术语，它可以用来组织知识库较高层次的知识抽象，也可以用来描述特定领域的知识。从本质上说，本体反映了一个对给定领域的通用观点，是该领域中的概念以及这些概念间关系的集合。关系反映了概念间的约束和联系，也可以将它看成一种特殊的概念，关系之间还可以存在新的关系。本体具有以下特征：

（1）概念模型（Conceptualization）：是指通过对某个客观现象的相关概念进行辨析和提取而获得的关于该现象的抽象模型，其表示的含义独立于具体的环境状态。

（2）显性（Explicit）：是指对所使用的概念的类型，以及这些概念在应用上的约束都给予明确的说明。

（3）形式化（Formal）：表示本体以计算机可读的形式存在。

（4）共享（Share）：本体中体现的是共同认可的知识，反映的是相关领域中公认的概念集，它所针对的是团体而不是个体。

总之，本体是某一领域共识型概念的形式化描述，以某种分类标准来概念化知识，同时对该领域的知识表示达到一致的认识。本体能使通信双方对知识达到一致的理解，通常使用本体达到如下主要目的：

（1）人和机器对某一领域的结构化知识实现共享。例如，假设服务提供者和服务消费者共享同一领域知识描述服务"政务在线审批"信息；保证他们对统一服务达到一致的理解，否则，可能发生歧义。

（2）领域知识明确化。采用本体描述的领域知识，概念清晰，便于理解，方便维护，并具有可扩展性。

（3）领域知识的可重用性。不同的领域可能会用到同一个概念，可以引入已定义的知识，减少重复劳动。

（4）用于知识推理，可有效地实现自动化处理。

本体具有良好的概念层次结构和知识及语义表达能力，在知识的共享和重用方面发挥了重要的作用。在支持 Web 服务集成的分布系统中，本体充当中介的作用，负责服务之间的信息交流。对于本体来说，其主要目的就是实现知识的共享与重用，其核心作用就在于它定义了某一领域、领域之间的一系列概念和它们之间的关系。在这一系列概念的支持下，知识定位和发现、知识积累、知识共享的效率将大大提高，真正意义上的知识重用和知识共享成为可能。

本体可分为四种类型：领域本体、通用或常识性的本体、应用本体、表示本体。

（1）领域本体（Domain Ontology）：针对特定的应用领域抽象领域知识的结构和内容，包括各种领域知识的类型、术语和概念，并对领域知识的结构和内容加以约束，形成描述特定领域中具体知识的基础。

（2）通用或常识性本体（Generic Ontology）：针对获取关于世界的通用性知识，提供基本的观念和概念，如时间、空间、状态、事件、过程、行为、部件等。通用本体覆盖了若干个领域，通常也被称为核心本体（Core Ontology）。

（3）应用本体（Application Ontology）：针对特定应用领域知识建模的抽象定义。通常，应用本体是一种概念的混合，这些概念来自领域本体和通用本体，不过，应用本体可能包括特定方法和特定任务的扩展。

（4）表示本体（Representational Ontology）：主要描述在知识表示形式化背后的概念化，而不致力于任何特定的领域，这种本体提供表示性的中性实体，即它们提供的是表示框架，而不描述什么应该被表示以及怎样表示。这样，领域本体和通用本体可以使用表示本体提供的原语进行描述。

（四）语义 Web 服务技术的主流框架

语义 Web 服务（Semantic Web Service，SWS）技术是语义 Web 技术和 Web 服务技术的结合，通过对服务进行语义封装可便于实现服务的自动化发现、调用、互操作、组合、执行、监控等。[①] 语义 Web 服务是用标记语言（如 OWL-S）增强语义描述的 Web 服务。语义描述使外部代理和程序能发现、组合和调用语义 Web 服务。语义 Web 服务的根本任务就是对 Web 服务进行标记，使 Web 服务成为计算机可理解的、对用户透明的和易处理的实体。

在 Web 服务中利用了语义信息，服务的执行就更能体现用户预期的目标和限制条件，能够得到更精确的结果，从而提高 Web 服务执行结果的准确性；从合成 Web 服务的角度来看，基于语义信息进行 Web 服务的合成能够有效地利用知识表示及推理来指导和监督服务的合成，使 Web 实现从自动化到智能化的转变成为可能。

目前这个领域的研究最有成效的是 OWL-S 和 WSMO（Web Service Modeling Ontology），这两者都是 W3C 的成员报告，OWL-S 在 2004 年 11 月发表了最后版本 1.1 的报告，而 WSMO 是 2005 年 4 月向 W3C 提交 6 月正式发表的。两者都是为 Web 服务描述语义信

---

① 杨欣、沈建京：《语义 Web 服务研究方法概述》，《计算机应用与软件》2008 年第 4 期。

息，以使服务能够自动发现、调用、组合并执行。

OWL-S 是 W3C 推荐的语义 Web 中本体描述语言的标准，它的前身是 DAML-S（DARPA Agent Markup Language for Service），它是 OWL-S 的应用，是 DAML+OIL 本体中专用来描述 Web 服务的高层本体语言。① OWL-S 规范了一组用来描述服务的知识本体，使用语义标记使得 Web 服务具备机器可理解性和易用性。OWL-S 的知识本体由三部分组成，分别描述服务是做什么的，服务是如何工作的，以及如何被访问的，如图 2—4 所示。

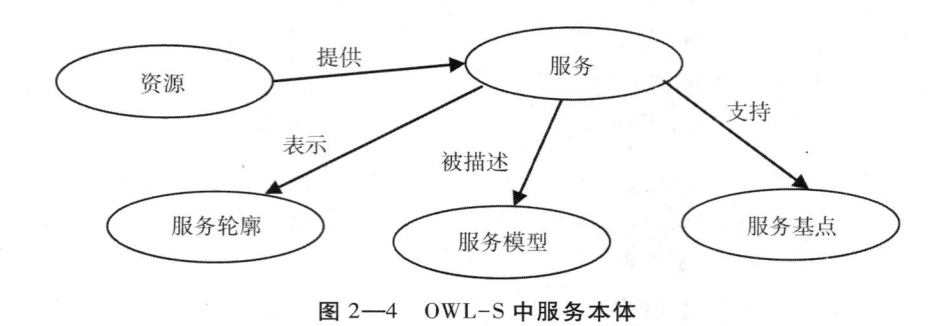

图 2—4　OWL-S 中服务本体

服务轮廓描述了服务是做什么的，提供了搜索服务主体所必需的信息和服务能力的描述。在 OWL-S 语言中表示为类 Service Profile。它提供了搜索服务主体所必需的信息和服务的能力描述，从而使智能主体能够决定这个服务是不是所需要的。

服务模型描述了服务是如何工作的。在 OWL-S 语言中表示为类 Service Model。它描述了服务是如何运作的。对于简单的服务，它描述服务的输入输出和执行的前提以及执行后产生的效果；对于复杂的服务，它还要描述服务的过程模型。

服务基点描述了服务是如何被访问的。在 OWL-S 语言中表示为类 Service Grounding。它说明了如何访问服务的细节，包括通信协议，消息格式及一些其他细节，比如通信时用的端口等。另外，服

---

①　郭立帆、苏志军：《语义 Web 服务概念及主流框架研究》，《江西图书馆学刊》2008 年第 1 期。

务基点必须详细说明在服务模型中所阐述的每一个抽象类型。

WSMO（Web Service Modeling Ontology）是描述语义网络服务的一个概念模型。[①] 它通过形式化描述语言对 WSMF（Web Service Modeling Framework）进行了扩展，并细化了 WSMF 中描述语义 Web 服务的四个要素：本体（Ontologies）、目标（Goal）、Web 服务（Web Service）描述以及中介器（Mediators），其目的是通过为语义 Web 服务的核心元素提供本体化说明，从而更好地支持 Web 服务的发现、组合及交互。WSMO 定义了语义 Web 服务不同方面的概念模型，使得基于 Web 服务的电子商务及电子政务系统具有充分的灵活性和可扩展性，将在第三章进行详细介绍。

语义 Web 服务比传统 Web 服务存在着明显的优势，如表 2—1 所示。

表 2—1　　　传统 Web 服务与语义 Web 服务的比较

比较项	"传统"的 Web 服务	语义 Web 服务
服务	简单的	复合的
服务请求者	人	计算机（程序或 Agent）
服务描述	基于词汇	基于 Ontology
数据交换	基于语法的	基于语义的

现有的 Web 服务缺少明显的语义，Web 服务之间不能很好地理解其相互传递的消息，因而不能实行 Web 服务的发现、执行和组合自动化，从而不能很好地实现政务门户服务的集成。语义 Web 服务在传统的 Web 服务基础上结合了语义 Web 技术，弥补了其不足，可以做到：

（1）使 Web 服务成为机器可解释的、用户明了的、能够使用智能主体进行相关操作的服务；

[①] 徐宝祥、刘春艳、刘妹宏：《两种典型语义 Web 服务方法的比较研究》，《情报科学》2006 年第 2 期。

(2) 支持自动的 Web 服务发现、执行、组成和互操作等。①

总之,语义 Web 服务技术可以为基于语义的协同政务系统集成及政府知识门户构建提供技术保障,可以实现政府门户知识的共享、重用以及互操作,因此,语义 Web 服务技术可以为电子政务知识协同提供技术保障。

二 电子政务知识协同的技术支撑研究

国外一些电子政务项目涉及语义技术。OntoGov 项目②正在开发一个有助于电子政务构成的一致性、重构和演变的技术平台。e-POWER 项目③使用知识建模技术推理,像一致性检查、协调或一致的执法案例等。SmartGov 项目④开发了一个面向知识的平台,协助公共部门成员实现网上交互服务。ICTE-PAN 项目⑤开发了一种方法论,为政府部门操作建模和将这些模型转变成政府门户网站设计规范的工具。这些项目论证了在电子政务中应用语义技术的可行性,但是没有探索使用语义 Web 服务基础设施实现异构政府业务系统互操作性和对不同政府部门服务集成的可能性。

(一) 国外研究现状

斯托扬诺维奇 (Stojanovic) 等认为,随着电子政府服务的日趋复杂,需要更加有效管理,他们提出在电子政府服务中运用语义技术才能带来变革管理的改善。文章对本体演化方面的前期工作进行了扩展。⑥

乌塞罗 (Usero) 和奥伦 (Orenes) 研究了基于 Web 的本体标记语言实现电子政务信息互操作问题,认为在超文本环境中,基于 Web 的本体标记语言,如 DAML+OIL、OWL and OML 等有助于知识的表示和组织,进一步研究了一些在电子化公共服务中本体应用的

---

① 毛海波:《基于语义 Web 的信息门户建设》,《晋图学刊》2007 年第 4 期。
② "OntoGov Project" (http://www.ontogov.com).
③ "e-POWER Project" (http://lri.jur.uva.nl/epower/).
④ "SmartGov Project" (http://www.smartgov-project.org).
⑤ "ICTE-PAN Project" (http://www.eurodyn.com/icte-pan).
⑥ Ljiljana Stojanovic, et al., "On Managing Changes in the Ontology-Based E-Government", *CoopIS/DOA/ODBASE*, LNCS, 2004.

实例。①

拉克希米（Lakshmi）等研究了如何应用语义 Web 技术实现 G2G 流程协同中的知识管理设想，认为由于电子政务服务跨越了不同组织的界限和异构的基础设施，迫切需要管理储存在异构系统中的知识和信息资源。语义技术能够管理这些知识和协调政府对政府（G2G）的流程。基于本体论、知识表示、多 Agent 系统和 Web 服务以及知识管理和 G2G 进程等技术和方法，提出了 G2G 流程协同中的知识管理设想。语义 G2G 整合能支持透明的知识转移与流动，实现政府部门内部和不同政府部门之间的 G2G 流程协同。②

古格里奥塔（Gugliotta）等研究了基于语义 Web 服务的可重用政务系统框架，认为一体化电子政务的实现要求共享分散的异构数据。语义 Web 服务（SWS）技术，可以帮助整合、中介和在这些数据集之间进行推理。通过分析动机、需求和预期的结果，提出一个可重用的基于语义 Web 服务的框架，该框架有助于不断提高对电子政府共同体潜在效益的认识。通过合作和多视角的方法论证了如何应用这一框架进行整合和互操作的方法，并通过对两个案例的研究，说明有待解决的关键问题。③

乌斯曼（Usman）等研究了基于 OWL 语言的 Web 服务架构解决政府知识共享问题，认为在电子政务中最重要的工作就是实现跨部门的无缝隙整合。④ 目前 Web 服务虽然能够解决一些跨平台的问题，但存在一些局限性。为了克服 Web 服务的局限，作者提出一种多客户端的 Web 服务架构并使用 OWL-S 语言对语义进行描述，用

---

① Usero J. A. M., Orenes M. P. B., "Ontologies in the Context of Knowledge Organization and Interoperability in e-Government Services", IRFD World Forum 2005 Conferece on Digital Divide, Tunisia: Global Development and the Information Society (http://www.irfd.org/events/wf2005).

② Lakshmi S. Iyer, Rahul Singh, et al., "Knowledge Management for Government-to-Government (G2G) Process Coordination", Electronic Government, Vol. 3, No. 1, 2006.

③ Gugliotta A., Domingue J., Cabra L., "Deploying Semantic Web Services-Based Applications in the e-Government Domain", Journal on Data Semantics, No. 10, 2008.

④ Usman M. A., Nadeem M., Ansari M. Z. A., "Multi-agent Based Semantic E-Government Web Service Architecture Using Extended WSDL", Web Intelligence and Intelligent Agent Technology Workshops, IEEE/WIC/ACM International Conference on. Dec., 2006.

UDDI 协议来注册和发现服务,能够解决多客户端环境下的一些知识共享问题,从而实现无缝隙政府服务的目的。

巴尼克(Barnickel)等认为,可以基于本体和语义 Web 服务组件实现电子政务语义互操作,他们提出基于语义连接(Semantic Bridges)的概念实现语义互操作,这种方法不仅能描述不同概念之间的关系,还能实现相关概念之间的转换。[1]

国外基于语义的电子政务研究有代表性的是欧盟,其研究成果相对系统完善。以下进行简要综述。

派瑞斯特瑞斯(Peristeras)等认为,现有的公共管理领域存在集成缺陷,电子政务的一个重要内容就是对现有公共部门进行再造,可以借助语义技术和政府领域本体再造政府公共管理,实施并开发新的政府业务模型。为了达到这一目的,就需要进行深入的领域分析与建模,为整个电子政务领域创建一个可高度重用的模型,这个模型就是公共管理服务模型(GEA)。[2] 派瑞斯特瑞斯等借助语义网技术,运用公共部门和公共政策理论及语言行为理论等跨学科方法,在 GEA 总体结构的基础上建立了一套完整的模型对公共部门进行再造。

在此基础上,派瑞斯特瑞斯还对语义 Web 服务进行了研究,认为许多模型都提供了形式化描述,例如 WSMO、OWL-S、WSDL-S 和 METEOR-S 等,这些描述的目的是提出标准化的服务描述。[3] 其中,WSMO 是语义 Web 服务的一个概念模型,其目的是通过语义 Web 服务的核心元素提供本体化说明。另一方面,在公共管理领域,也出现一些强调服务和过程的模型,试图对领域内的主要方面和普遍特征进行建模,这些就是 GEA。到目前为止,这两种工作模

---

[1] Barnickel N., Fluegge M., Schmidt K., "Interoperability in e-Government through Cross-Ontology Semantic Web Service Composition" (http://www.docin.com/p-406892224.html).

[2] Peristeras V., Tarabanis K., "Reengineering Public Administration through Semantic Technologies and the GEA Domain Ontology" (http://www.aaai.org/Library/Symposia/Spring/2006/ss06-06-017.php).

[3] Peristeras V., Mocan A., Vitvar T., et al., "Towards Semantic Web Services for Public Administration Based on the Web Service Modeling Ontology (WSMO) and the Governance Enterprise Architecture (GEA)" (http://www.researchgate.net/publication/233421234_Towards_Semantic_Web_Services_for_Public_Administration_based_on_the_Web_Service_Modeling_Ontology_(WSMO)_and_the_Governance_Enterprise_Architecture_(GEA)).

型还没有完全连接，也没有出现为了在网络服务技术环境中呈现丰富的公共管理服务描述而把服务本体与公共管理领域的特殊模型进行结合的研究。换言之，没有领域内的特殊服务本体。在公共管理领域，为了能在复杂的和分布式的环境中解决这些语义互操作问题，这些详细的服务描述是非常有用的。派瑞斯特瑞斯等在另一篇文章中把由 WSMO 提供的服务模型本体与由 GEA 提供的公共管理领域的描述、模型和概念进行结合。文章呈现的是 WSMO 与 GEA 相结合的公共服务模型。在这里，"连接"的意思是两种服务模型中的概念映射。其研究的目的是提供由 WSMO 表示的公共管理服务模型，它能展现 GEA 中的公共管理服务模型。他们最后得出结论，WSMO 与 GEA 模型是可以兼容的。由于 GEA 更加具体，因此不是所有的 WSMO 中的实体都会直接对应。所以，有些映射是直接的，有些需要几个 WSMO 概念的结合才能实现。不是与 WSMO 有直接联系的概念才能被建模，因为 WSMO 能捕捉到公共管理领域的特殊语义。

还有一些研究提出，公共管理模型还可以与 WSMO 进行结合，进行形式化描述。① 为了在 WSMO 的基础上对通用公共管理服务模型进行形式化描述，由 GEA 提出的通用公众服务对象模型用来提供公共行政领域相关的语义。文章调查了公共管理（PA）实体和 WSMO 元素间的概念映射，并呈现把公共管理服务模型转化为 WSMO 服务模型的细节。目标是建立一个对任何 WSMO-PA 服务模型都适用的一般方法。该文以在希腊办理驾驶执照为实际案例，利用 Web 服务描述建模语言对其进行描述。

在电子政务中，还有一个重要方面就是提供公民所需要的信息。为了满足人们更快、更有效地获取有用信息的需求，许多国家都为此付出了努力，例如，电子欧洲制定的成熟电子政务模型的第一步就是从网上获取公共管理部门有用的信息服务。但是，这样的信息系统的建立不是一项容易的工作，因为在公共管理领域，有许多复杂的服务和大量的执行路径、许多参与的组织。很多文章指出

---

① WSMO-PA, "Formal Specification of Public Administration Service Model on Semantic Web Service Ontology" (http://www.researchgate.net/publication/224686841_WSMO-PA_Formal_Specification_of_Public_Administration_Service_Model_on_Semantic_Web_Service_Ontology).

在公民与政府的信息交流中，通常会产生这样一个问题：公民首先会产生一个需求，但他并不知道目前哪个公共管理部门提供的公共服务可以满足他的需求。这个公民清楚自己的需求，但不清楚能满足他需求的是哪种服务。相反，公共管理领域清楚自己能提供哪些服务，但不知道公民的需求是哪些。这些需求会随着各种原因而产生，例如，由于外部事件（如生活中出现的事件或公司中的事件），或由于用户自己的原因（例如，需要照顾五个孩子而找不到工作）。

高德斯（Goudos）等对这一问题进行了研究。① 他们认为，当公民自身出现问题而产生需求时，他们会根据经验采取行动，这种方法费时费力，所以，就需要在需求—服务之间建立映射机制，引入被称为"需求—服务转换器"的概念组件，这种概念组件能把接收到的公民需求作为输入数据，把满足这种需求的公共部门服务作为输出结果。

要实现这种功能，就要引入语义技术和公共管理服务模型，即GEA。在这里，GEA的目的是引入一系列的模型，这些模型构成了电子政务领域本体的参考依据，用于公共服务的GEA目标模型可以作为构成电子政务领域本体的参考依据。在该模型的基础上，高德斯等创建了GEA、OWL、DL的本体，这个本体可以作为需求服务语义应用基础上的知识。用户可以根据自己的需求和推理出的应用程序找到匹配的公共服务。

另外，高德斯等提出，在欧洲国家中，会存在法规上的分歧与斗争，这使得公民要进行复杂的检索活动。② 然而，当公民通过法规寻找所有正式文件和程序中的相关信息时会很困难。该文章以一个希腊公务员寻找被赋予的福利作为案例进行研究，由于赋予福利

---

① Goudos S., Peristeras V., Tarabanis K., "A Semantic Web Application for Matching a Citizen's Profile to Entitled Public Services"（http：//www.researchgate.net/publication/233421239_A_Semantic_Web_Application_for_Matching_a_Citizens_Profile_to_Entitled_Public_Services）.

② Goudos S., Peristeras V., Tarabanis K., "Mapping Citizen Profiles to Public Administration Services Using Ontology Implementations of the Governance Enterprise Architecture（GEA）models"（http：//www.researchgate.net/publication/233421211_Mapping_Citizen_Profiles_to_Public_Administration_Services_Using_Ontology_Implementations_of_the_Governance_Enterprise_Architecture_（GEA）_models）.

的法规经常改变，文章的目的是在提供这样一项服务的信息系统中，寻找一个可变通、可扩展的框架。为了解决这个问题，选择使用语义 Web 技术，并建立了一个系统，该系统由 Web 服务、推理机制和被用作知识库的 OWL 文件构成，用户可以通过一个普通的网页浏览器进入。系统把用户的请求提交到推理器，推理器向知识库提出各种各样的询问。返回的答案通过语法分析显示在页面上，这个结果就可以包含用户所拥有的各种福利信息。这个系统能从本质上简化整个过程，它帮助人们在更加广泛的领域内，能使用更加简单的检索程序寻找自己拥有的福利信息。W3C 网络本体语言（OWL）在对复杂的电子政务案例建模的使用上拥有很大的潜力。在这篇文章中，由于 OWL 具有灵活性和可扩展性，能提高系统的执行能力，降低开发时间。该系统的另外一个优点是更快、更简单地更新。

目前，欧洲各国在电子政务的实施上已经取得了一定的成绩。而且，欧洲不仅是在各个国家建立电子政务，还要在整个欧盟地区实现电子政务服务。例如，欧盟地区已经建立了相关的模型、框架和互操作系统实现更加广泛的电子政务，并取得了一定的经验，这是因为参加泛欧电子政务服务的成员国是很多的。由于自主性的原则，欧盟给予成员国一定的自主权，成员国可以自由地决定参与泛欧电子政务服务的时间表。每一个公共部门在互操作性上都有自己的遗留系统。另外，多语言的使用使得它们变得更加复杂。

由此可以看出，目前，公共管理机构和研究机构都在为电子政务提供支持，有很多项目都致力于创建一个完整的交换平台，但这些项目存在互操作性和可用性的问题。针对此问题，有的学者提出了电子政务领域服务规范的整体语义框架。语义是解决互操作性的重要工具，其中，生活事件（Life Event）和公共服务（Administration Service）都是由语义技术衍生的。利用这些技术和软件平台，可以建立一个完整的软件架构。他们的研究目的是构建一个本体论的框架，以互操作的方式支持电子政务服务。借助生活事件，可以用一种更加友好的方式定义服务，用简单有效的方法建立软件架构，用统一的机制对它们进行描述，由于提供了新的语义标注工具，可以使定位更加容易。另外，奥弗里姆（Overeem）等也提出了要建立一种全欧电子政务服务的互操作框架。在电子政务中有许多方法都是选择特殊的、点对点的解决方案，但这种方法并不是很理想，因为当增加新的成员、新的服务或对现有服务进行修改时，会影响整体的互操作性。

欧盟的上述研究有的利用案例进行分析，有的是在已有模型的基础上进行改进和加工。通过文献分析，我们总结出基于语义技术的电子政务主要有以下研究热点：①"需求—服务转换器"，在公民的需求与政府部门能提供的服务之间建立映射。只要按照公民的自身特点，把他们的需求作为输入数据，系统就可以返回所有符合该需求的政府服务。②基于 WSMO 和 GEA 对现有公共部门重组，利用语义 Web 技术和本体建立电子政务领域服务规范的整体语义框架。③关注语义互操作问题。

（二）国内研究现状

欧毓毅等认为，当前各级政府部门中独立异构的系统使它们间的信息共享和业务过程无法进行，因此他们建立了一个能在政府部门代理间进行异构信息共享的平台。[①] 它以标准的电子公文形式为载体，利用 Web 服务让加入其中的政府部门能共享平台中的资源。用知识库来查询和索引业务服务，并使用 DAML 以增加 UDDI 的语义，提高信息查询的精度和效率。最后，实现了该结构的原型，并在实际项目中获得成功。

吴鹏等认为，信息资源语义互操作正成为语义网环境下电子政务新的研究课题。[②] 在对语义互操作模型研究与应用现状进行分析的基础上，基于元数据注册系统和元模型互操作框架，以政务异构信息资源的语义解析和整合为核心，提出电子政务信息资源语义互操作模型，设计语义解析和语义整合模型，并应用于国土管理信息资源的语义互操作。

[①] 欧毓毅、郭荷清、许伯桐：《基于 Web 服务的电子政务信息共享平台研究》，《计算机应用与软件》2007 年第 5 期。

[②] 吴鹏、高升、甘利人：《电子政务信息资源语义互操作模型研究》，《中国图书馆学报》2010 年第 2 期。

国内基于语义的电子政务有代表性的研究主要有：万常选、郭艳阳提出了电子政务语义信息交换的参考模型，[①] 叶艳等研究了基于本体的电子政务流程知识的建模和集成方法，[②] 赵龙文、黄小慧研究了基于本体的电子政务知识共享机制等。[③]

从上述文献的研究情况看，研究者已经意识到，Web 服务虽然能够解决一些电子政务跨平台的信息共享问题，但只实现了语法层面的信息共享，无法实现语义层面的知识共享。为了克服 Web 服务的局限，将语义 Web 技术与 Web 服务技术结合对于协同政务的发展是非常重要的。将语义 Web 与 Web 服务技术结合对电子政务知识协同问题进行研究，一方面使协同政务参与者能够方便地共享异构知识、实现互操作，为协同政务奠定语义基础；另一方面使基于语义 Web 与 Web 服务的协同政务框架具有可扩展性和灵活性，满足协同政务中政府部门动态变化需求，最终实现政府部门相互之间的互操作，发挥各自知识与资源优势，以期获得协同政务的应有价值。

目前国内这方面的研究成果还很有限，研究基本处于起步阶段，并且大多从概念层面上探讨，而从整体上对电子政务知识协同模式及实现方式的系统研究尚处于空白。

三 电子政务知识协同的组织保障研究

（一）国外研究现状

静（Jing）及莎伦（Sharon）等认为政府优化决策提高服务质量不能完全依赖技术的进步，现有的组织因素也会严重阻碍跨组织知识共享和电子政务的成功实施。[④] 组织和个人会因为不适应组织

[①] 万常选、郭艳阳：《电子政务语义互操作初探》，《电子政务》2006 年第 9 期。

[②] 叶艳等：《基于 Ontology 的电子政务流程知识建模与集成管理》，《上海交通大学学报》2006 年第 9 期。

[③] 赵龙文、黄小慧：《基于本体的电子政务知识共享机制研究》，《科技管理研究》2010 年第 11 期。

[④] Zhang J., Dawes S. S., Sarkis J., "Exploring Stakeholders' Expectations of the Benefits and Barriers of E-Government Knowledge Sharing", *The Journal of Enterprise Information Management*, No. 5, 2005.

结构、管理方法和评价系统的改变阻碍知识共享，此外，不同领域专业人员之间缺乏有效沟通交流、组织成员对目标认同的不一致性也会影响知识共享的开展。跨组织的知识共享不需要集中大量的资源在组织信任因素上，因为组织之间一定程度上的信任关系是存在的。

赛托恩（Zaidoun）等认为，知识管理在电子政务知识活动中起到一种杠杆作用，政府应充分认识到知识对发展其与公众的关系、部门内部以及各部门之间协同关系的重要性。[1] 政府需要利用信息技术手段，如内部网络、虚拟社区、互联网以及面向人文机制共同促进电子政务的发展。在知识协同中心部门的协助下，利用面向人文和电子的机制描述各种知识实施过程的模式，知识协同部门在知识实施（Knowledge Enablement）活动和各部门知识活动参与者之间起到一种中心的作用。提出在基于知识的电子政务系统中，基于人文的机制可以通过技术手段作为补充来发挥知识的重要作用。

苏赫·吉姆（Soonhee Kim）和海格苏·李（Hyangsoo Lee）运用实证方法探讨了影响公共组织知识共享能力的三个因素——组织文化、组织结构、信息技术。[2] 组织文化包括清晰的组织愿景、信任机制和社会网络三个要素；组织结构应灵活设计，实行层级结构和非层次结构的组合，建立绩效激励机制；信息技术包括商务智能、协作分布式学习系统、知识发现映射技术等。政府部门应注重非正式网络、绩效激励机制的建构，鼓励员工的知识共享行为，促进团队之间、部门之间的知识流动。最后文献旨在令政府领导者、公共管理者、电子政务的管理者充分认识到这些因素对知识共享能力的影响，以便通过有效的知识管理做出较科学的决策，为公众提供完善的服务。

---

[1] Zaidoun A. Z., Mouhib A. N., "Human and Electronic-Based Knowledge Enablement in E-Government", *Information and Communication Technologies: From Theory to Applications*, ICTTA 2008. Soonhee K., Hyangsoo L., "Organizational Factors Affecting Knowledge Sharing Capabilities in E-Government: An Empirical Study" (http://www.docin.com/p-375971125.html).

[2] Soonhee K., Hyangsoo L., "Organizational Factors Affecting Knowledge Sharing Capabilities in E-Government: An Empirical Study" (http://www.springerlink.com/content/hm4fbpbnceu21y8e/).

(二) 国内研究现状

目前国内尚未有专门研究协同政务知识共享组织保障的文献，但是已有的对政府内部知识共享的模式、障碍因素及其对策有所论述。夏爱民研究了政府知识共享的障碍与对策，提出建立灵活开放、扁平化、网络化的组织结构，通过建立跨部门、跨组织的动态知识共享团队，促进部门之间和政府之间的知识互补共享。[①] 毛宇晖认为信任是知识共享顺利实现的核心要素，强调协作和团队精神在政府知识共享中的重要性，建议设计激励机制，使成员在集体协作中个人目标与组织目标一致，提高组织协作学习的能力。[②] 徐云鹏、韩静娴则认为先在小范围内建立信任，如实践社区、工作团队等，认为共同愿景的建立是实现知识文化的首要步骤。[③]

我们认为，协同政务知识共享是建立在政府内部知识共享基础上的，上述相关研究尽管侧重于政府内部知识共享，但为我们进一步研究跨政府部门的协同政务知识共享模式及组织保障因素提供了有益的借鉴。

第二节 电子政务知识协同的动机与障碍

一 电子政务知识协同的动机

电子政务知识协同的根本动力和原因来自于其完成协作任务的知识需求和政府部门及成员之间知识的互补性。

(一) 源自于政府部门及成员在完成协同任务时存在的知识缺口

参与协同政务的政府部门及成员为了完成共同的协同政务目标（如突发事件应急管理任务），需要对协同政务目标进行分解，分解

[①] 夏爱民：《政府内部知识共享影响因素及模式研究》，硕士学位论文，天津大学，2005年。

[②] 毛宇晖：《我国地方政府的知识共享研究》，硕士学位论文，上海交通大学，2008年。

[③] 徐云鹏、韩静娴：《政府知识共享机制构建各因素辨析》，《现代情报》2009年第10期。

成一系列具有知识相关性的协作任务，如图 2—5 所示。

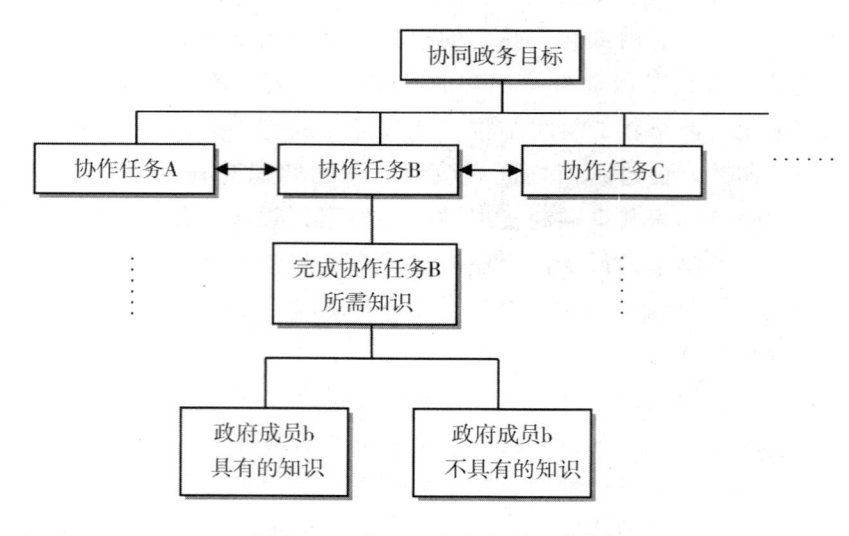

图 2—5　电子政务知识协同的动机

每一项协同任务的完成都需要特定的专业知识组合。在协同政务中，通常会按照完成任务所需的专业知识背景将协同任务分配给一个参与协同政务的政府组织或成员，但是部门或个人的知识毕竟有限，通常不具备完成该协同任务所需的全部专业知识，而且因为协同任务之间具有不同程度的相关性，在完成每一项协同任务的过程中，不可避免地要考虑其他协同任务的相关情况，所以每一个政府成员在完成协同任务的过程中势必会向其他政府成员寻求专业知识和实践经验上的帮助，同时向其他政府成员提供自己的专业知识和实践经验来帮助其他政府成员解决其完成任务过程中所遇到的各种障碍与困难。所以协同政务对知识共享的需求是源自每个政府成员在完成自身协同任务时都会或多或少地遇到知识缺口，这种知识缺口与成员自身的专业知识背景、知识积累及实践经验有关，也与协同任务间的相关度有关，为了完成协同任务，每个政府部门或成员必须弥补在完成协同任务过程中所遇到的知识缺口，必须向其他政府部门或成员寻求专业知识和实践经验的援助。

（二）政府部门及成员间的知识互补性是协同政务的特征，也是产生电子政务知识协同需求的动因之一

因为虚拟政府（政府知识协同网）是建立在高度信任基础上的，共同的目标将政府部门及成员的利益捆绑在一起，使得电子政务知识协同具有经济利益的支持。在协同政务中政府部门及成员间通过知识共享可以获得一些从传统学习方式中难以得到的跨职能部门的新知识。综合看来，协同政务中政府部门及成员间进行知识共享既是政府部门及成员完成自身协同任务的客观要求，也是其提高自身知识能力的内在需求。从另一个角度看，政府部门由于其业务流程的紧密关联，成员为了完成各自所承担的协同任务而进行的知识共享及协同，实际是因为其所拥有的知识具有很强的互补性，因此也可以认为，政府部门间的知识互补性是电子政务知识协同的特征，也是电子政务知识协同需求产生的动因之一。

二 电子政务知识协同的机理

电子政务知识协同的动因是电子政务知识协同机理的重要组成部分，政府成员在协同政务共同目标导向下，为了完成各自分配的任务，在工作中向其他政府成员寻求专业知识帮助，以解决自己所遇到的各种困难和障碍，并向其他政府成员提供自己的专业知识。[①] 在完成协同任务过程中，除了政府成员之间因工作需要进行知识共享活动外，政府成员也会向自己所在的职能部门寻求知识帮助，来弥补完成任务所需而自身又不具备的知识。这就是电子政务知识协同的内在机理的主要内容，它是建立在充分信任的基础上的。用图形来描述电子政务知识协同过程与内在机理如图2—6所示。

共同目标是协同政务存在的根本原因，也是政府成员间知识协同产生的根源。由共同的协同政务目标分解出一系列具有知识相关性的任务，分配给不同的政府成员，通常政府部门承担的是知识密集型活动，分配给成员的任务具有一定的难度，同时任务间具有知识

---

① 王广宇：《知识管理——冲击与改进战略研究》，清华大学出版社2004年版，第13页。

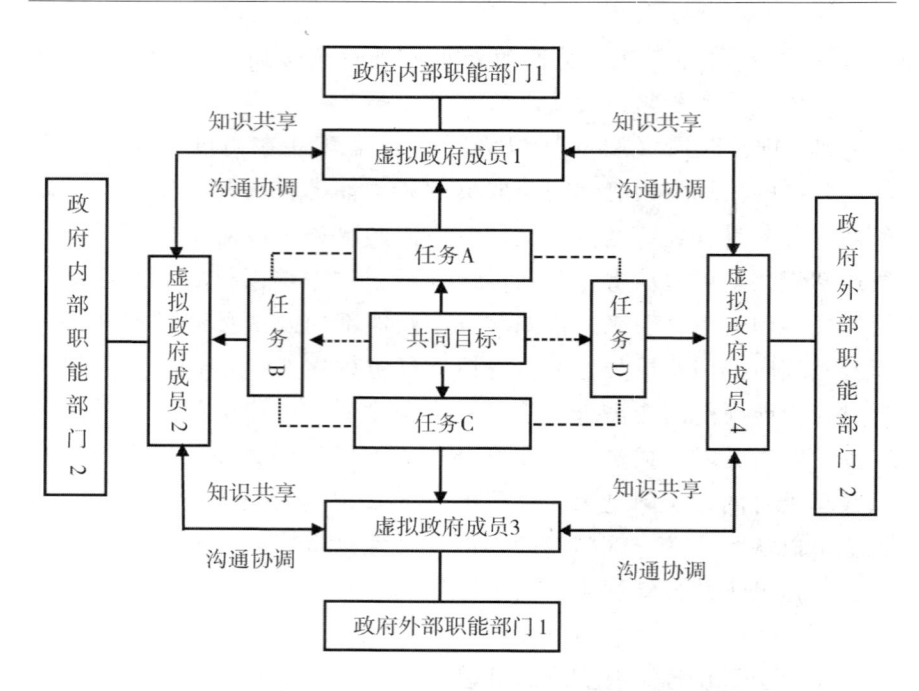

图 2—6　电子政务知识协同的过程与机理

相关性，政府成员在完成各自任务的过程中不可避免地要向其他政府成员寻求知识帮助，进行知识交流与探讨。每一个政府成员都有这种需求，所有政府部门之间就有了强烈的知识协同需求，政府成员不仅可以和虚拟政府内其他成员进行知识协同，还可以向其所在的政府部门寻求知识援助。其中，政府成员可以是来自同一政府部门的不同职能部门，也可以是来自不同政府部门的不同（或相同）职能部门。图中概括了这两种情况，其中政府成员的数量也是不确定的，图中为简单起见只画出了四个政府成员。虚拟政府的三要素："人员"、"联系"、"目标"，在电子政务知识协同的机理中得到了重要的体现。

从知识弥补的角度分析，特定的协同政务共同目标可以看作是一项独特的知识需求，满足这项独特的知识需求需要完成若干步骤，即目标可以分解成一系列的任务。协同政务中，在分解目标和分配协同任务时主要考虑的是任务和政府成员的知识背景和工作经验的匹配性，即每一项任务的完成都需要具备一整套特定的知识组合，协同政务中选择政府成员和分配任务的依据正是这种特定的知识组合。

由协同政务共同目标分解出来的一系列任务通常具有一定的知识相关度，所以不同的知识组合之间也具有不同程度的相关性（一般与任务的相关度成正比），虽然任务是参照每个政府成员的背景知识来进行分配的，但是由于个人知识的有限性，绝大多数情况下不具有完成任务所需的知识组合中的全部知识，而且在不同的环境下完成特定的任务所要考虑的因素也不同，对这些因素产生的影响做出正确的判断需要更加丰富的相关专业知识和经验，所以政府成员在工作过程中随时需要从其他政府成员那里获取专业知识、技术和经验来帮助自己进行判断、决策，为解决遇到的问题提供方法和思路。

此外，虚拟政府成员由于自身原因对本职能部门的知识掌握不够，或是在新的环境下无法做出决策时，还会求助于自身所在的职能部门成员，从他们那里获得所需的知识、技术和经验。可以看出电子政务知识协同活动是虚拟政府中第三大要素"联系"的主要内容，此外，"联系"还包括政府组织工作的协调，政府成员间一般的信息或知识沟通。

三 电子政务知识协同的障碍

电子政务知识协同与政府部门内部知识共享具有显著的不同，在电子政务环境下的知识共享与协同，较政府部门内部的知识共享具有更多的障碍。盖玲、罗贤春认为电子政务知识协同中的障碍因素有政府部门内部知识的表示、政府部门间知识的转换等技术问题，也有政府部门间组织结构和文化建设、部门间利益分配和诚信机制的建立等管理上的问题。[1] 借鉴企业联盟及虚拟团队知识共享障碍的相关研究，考虑协同政务知识共享的特点，我们可以将协同

---

[1] 盖玲、罗贤春：《面向电子政务服务的知识协同障碍及对策分析》，《图书馆学研究》2008年第11期。

政务知识共享的障碍概括为技术障碍与组织障碍。对实现技术和协同工作系统的研究为协同政务知识共享提供了一个工作平台和技术环境,是开展协同政务知识共享的技术基础;而协同政务知识共享的组织保障研究可以为参与协同政务的政府部门提供相应的行为规范,为面向知识共享的协同政务正常、有序运作提供了组织环境。

(一)技术障碍

1. 知识表示、存储、交流的障碍

与传统的组织知识共享相比,电子政务知识协同要复杂得多,尽管单个组织(或部门)中的知识表示通常容易实现一致性,并做到每个人对于共同的概念使用完全一样的定义,但在协同政务环境下,电子政务知识协同的协作基础是共享信息的内容理解,实现协作过程中知识的共享和重用,不仅仅是知识内容的静态共享和重用,还包括知识的动态共享和重用,参与协作的政府部门内部知识的表达和应用背景各不相同,而政府部门间应用系统的差别也会造成信息和知识交流的困难。因此,不同领域、不同协作个体的知识表达、交流需要有一个统一的、标准的知识组织框架,形成协作群体内部共享概念的协议,方便协作个体获取、共享和使用不同来源的知识,以促进相互之间知识的理解和交流。

协同政务涉及的内容广泛,从政务流程设计、政务信息资源组织到政府公共服务,所涉及的政府组织具有不同的背景,知识的存在形式和表现形式也各不相同。在这种情况下,知识共享具有一定困难。要形成协同政务环境下有效的知识共享机制,必须能够支持多样性政务知识的表示、存储、交流和增值,使不同的政府部门能够在统一的规则指导下,建立一个自由、开放的电子政务知识协同平台,不仅为政府部门以及公众提供协同所需的知识资源和知识共享环境,而且为政府之间的知识交流活动提供支持。

本体已经成为人工智能、知识表示、语义网、数据集成、信息检索等研究领域的热门课题。本体能实现电子政务知识协同和重用,可以用来解决语义层次上协同政务知识的共享和交换。在分布式的协同政务环境中,同一种业务流程知识或公众服务知识由不同的本体表示而导致差异性,因此本体在政府之间的知识集成、协同政务的知识共享等方面具有十分重要的作用。本书把语义技术引入协同政务环境下的知识共享，建立电子政务知识协同本体模型，对协同政务运作中所涉及的对象、规则、任务、目标以及过程进行概念化描述，刻画协同政务中政府部门间的知识性联系，并用一定的概念框架和描述语言表示，利用本体实现对具有不同组织背景的知识的转化和交流；通过综合利用语义网相关技术完成协同政务中面向语义的知识搜索、知识共享和知识利用。

2. 异构政府业务系统间的语义互操作问题

实现异构、分布式、自治的政府业务系统间语义互操作是电子政务知识协同的前提。传统的数据库关系模式已远远不能表达协同政务领域的复杂关系，因此迫切需要一个能够准确地表示概念以及概念间关系的知识模型，来支持电子政务知识协同的政府业务流程集成。如前所述，Web 服务作为新一代分布式计算技术，为解决异构系统的互操作和政府部门间的业务流程集成提供了良好的机制。尽管 Web 服务有很多优点，但传统的 Web 服务技术只为 Internet 上异构应用的松散耦合集成提供了技术手段，语法层次的解决办法并没有强调语义上的问题。如 Web 服务接口描述语言 WSDL 着重于服务的基础，只是给出了消息、操作、传输协议绑定等的语法层次的描述，不能描述操作之间的协调关系等语义特征。同样，目前用于发布、管理的注册中心 UDDI 也不支持语义的处理。这样使得 Web 服务之间不能真正地理解相互交互的内容。而对于基于 Web 服务的业务流程集成来说，需要服务组件能够相互协同，并且要求根据业务流程的变化动态地绑定和调整服务组件，仅仅依靠 WSDL 描述的物理信息，还不能完全实现这些目标。这就要求在 WSDL 之外提供服务的语义描述信息和性能信息使 Web 服务成为计算机可理解的实体，从而更好地实现服务的发现、调用、互操作、集成等。

语义 Web 服务技术克服了以上解决方案的不足，为业务流程集成提供了很好的技术支撑。它不仅保持了 Web 服务原有的完好的封装性、松散耦合、高度可集成能力等特点，而且将语义技术的研究成果引入 Web 服务中，通过定义良好的语义信息，使得服务可以理解相互之间互操作的信息，能够自动发现、执行和集成 Web 服务，从而更好地实现政府部门间业务流程集成。因此，本书从协同政务环境下知识共享的特征与需求出发，将语义 Web 服务技术应用到政府业务流程集成中，利用语义 Web 服务的 Web 服务本体描述语言（OWL）进行 Web 服务语义描述及业务流程建模，把 Web 服务和业务流程有机地结合起来完成业务流程集成。这样不仅支持跨政府部门的业务合作，而且在协同政务领域内形成共同的语义基础及业务流程规范，增强了政府部门间业务集成能力和协调能力，提高了政府部门间流程集成的自动化程度。

本书的第四章和第五章着重研究了如何通过信息语义与内涵的共性理解来消除协同政务中各政府部门异构业务系统之间以及政府部门与公众及企业之间知识协同的障碍，构建了电子政务知识协同的政务集成系统框架和政务知识门户，为协同政务中前台和后台各层次的知识协同提供了必要的技术平台。这个技术平台是借助于先进的语义 Web 服务技术、本体技术等建立的网络支持环境，为电子政务知识协同提供"硬"环境。

（二）组织障碍

本书认为，协同政务的组织形式是虚拟政府，影响虚拟政府知识共享的障碍因素是来自多方面的，表现在知识主体、知识共享的对象（知识）、知识共享渠道、组织环境（知识共享环境）等多方面，我们重点分析影响电子政务知识协同的组织障碍的表现及产生原因。在虚拟政府中，组织环境（知识共享环境）方面的障碍主要表现在：缺乏良好的文化氛围和成员组织间的相互信任、组织制度对知识共享激励不足、对知识共享的管理乏力等方面。

电子政务知识协同要克服的最大障碍是组织障碍。对于政府部门间组织结构和文化建设、部门间利益分配和诚信机制的建立等管理上的问题盖玲等[1]进行了分析。此外，由于缺乏相互信任、政府部门间的合作关系存在问题、组织学习能力及学习机制不健全等也会形成电子政务知识协同的组织障碍。

---

[1] 盖玲、罗贤春：《面向电子政务服务的知识协同障碍及对策分析》，《图书馆学研究》2008 年第 11 期。

1. 由于缺乏相互信任而形成的障碍

信任是合作的前提和基础，缺乏基本的信任，良好的合作关系很难达成，更不要说实现相互默契的协同状态，信任是实现有效的电子政务知识协同的前提。协同政务中，一方面各参与方可以在协同过程中吸收和学习对方的重要知识和能力，另一方面也增加了失去自己的核心能力而无法得到补偿的风险。于是，组织面临的挑战是，设法在"努力学习"与"尽力保护"之间寻求平衡，信任关系则是这种平衡的基础。如果双方互不信任，怀疑对方在获取知识后，出现机会主义行为的可能性加大，为了保护自身利益不受损害，将自己的知识保护起来，不分享给对方，对知识的保护程度就越高，对方获得知识的可能性就越小。当各参与方之间具有高度的信任时，双方都相信能够从对方学到有用的东西，同时又能保护自己的核心能力，此时出现机会主义行为的可能性就比较小，各参与方保护知识的程度就越小，知识的可获得性就越高。

协同政务中的信任是实现协同合作效果进而保证顺利完成协同任务的重要因素，信任程度越高，协同政务各参与方会越愿意从双方合作的角度考虑问题，而不仅仅着眼于局部利益，也会更加乐于共享彼此的信息与知识。缺乏基本的相互信任不利于电子政务知识协同效果的实现，进而影响协同任务的完成；缺乏基本的相互信任，协同政务各参与方之间知识交流的准确性、可理解性和时效性将会降低，而成本将会提高。只有在协同政务各参与方之间建立相互信任的组织文化，创建组织之间的信任机制，才能减少各参与方之间的不信任感，建立稳定的互信关系。

2. 由于成员间的组织文化差异形成的障碍

多诺霍（Donoghue）、哈里斯（Harris）和韦茨曼（Weitzman）认为联盟内不同的组织成员由于工作流程与组织文化的不同，其知识管理的模式也会有所差别。[①] 也就是说，联盟内的成员组织间文化的相容性是影响联盟内的知识共享效果的重要因素。梅周恩

---

① Donoghue L. P., Harris J. G., Weitzman B. A., "Knowledge Management Stategies that Create Value", *Outlook*, No. 1, 1999.

(Mjoen) 和托尔曼 (Tallman) 也指出文化差异可能会给联盟带来毁灭性的结果。[①] 多种文化之间的合作谈判失败、许多合资项目的失败，都充分证明了这一点。

　　虚拟政府每个组织成员都有各自的历史、经历、观点与信仰，有其独特的管理传统和实践，独特的行政系统和经营管理风格。组织文化的差异引起的知识共享障碍使得联盟兼容较为困难。组织文化的差异主要来源于社会环境、国家政策、组织性质以及个人本身等诸方面的综合作用。具体地，社会环境中的伦理规范道德约束、国家政策法规对于组织及个人行为规范的制约，组织及员工的自身追求和整体素质等等，最终影响组织成员的目标追求并导致组织及个人价值观、事业取向的多元化，因此，这使得政府组织极易产生文化方面的差异和冲突。虚拟政府中成员组织内部的文化基调与外部环境的文化准则相抵触而产生的摩擦与矛盾，会影响协同政务动态联盟运行的顺利进行，因此，文化差异已成为各成员组织联盟时产生界面协调问题的一个重要来源，处理文化摩擦也成为协同政务动态联盟管理中的一项日益重要的任务。一般认为，合作伙伴间的文化差异越大，通过合作在组织间共享知识的难度就越大。虚拟政府的知识共享有赖于一个开放的、信任的文化，一个学习备受推崇，一个经验、专家和知识被认为比层级更重要的文化。在一个高度动态的组织里建立起这样的文化显然不是容易的。

　　文化差异给虚拟政府知识共享带来的障碍主要表现在：第一，文化差异使虚拟政府知识共享活动的管理变得更为复杂。由于文化差异，虚拟政府的各成员组织有着不同的价值观和信念，由此决定了在知识共享过程中，他们有着不同的需要和期望，以及与此相一致的为满足需要和期望的不同行为规范和行为表现，从而要求虚拟政府的知识共享管理活动能够针对不同文化的特点进行沟通、激励、领导和控制，这也使管理活动变得更加复杂，甚至会导致管理中的混乱和冲突。第二，文化差异使虚拟政府的知识共享决策活动

---

① Mjoen H., Tallman S., "Control and Performance in International Joint Ventures", *Organization Science*, No. 5, 1997.

变得更为困难。由于文化差异,虚拟政府中往往会出现沟通和交流的失误和误解,这就使得虚拟政府难以达成一致的、能为大家所接受的协议和决策,从而增加了虚拟政府知识共享决策活动的难度。

对虚拟政府知识共享而言,组织文化的组成要素,如价值观、规范以及行为等,都是影响知识共享能否成功的决定性因素。由于组织文化代表一个组织的价值观,而这种价值观会成为员工活动的行为规范,因此虚拟政府内不同成员组织间文化上所存在的差异,必然导致政府组织成员在行为规范上差异的存在,这种差异性会导致对待同一事物的观点产生分歧,从而影响知识共享的效率。规范和文化差异是指虚拟政府中,知识互动的各方之间组织文化和规范(价值体系、惯例及认知模式等)的差异程度。有关技术转移的研究表明,职业价值观和组织文化的不同会显著削弱组织间知识共享和转移的进程。类似的文化和规范能使虚拟政府各方之间的工作关系更为融洽,使各协同伙伴能相互理解,并在知识互动过程中会采用相同的方法,这促进了更进一步的知识学习。有效的知识转移是一种知识发出者与接收者间的有关他们自身情景和知识实体的对话,它包含于组织和规范中,能引导人的认知和知识学习。另外,相对于组织人员来说,由于文化和规范的不同,来自不同组织的管理者对合作、目标和绩效会有不同的认识,当一个成员组织试图向虚拟政府学习时,规范和文化的冲突就会发生,学习也将受挫。因此,规范和文化的差异不利于政府组织间的知识互动。

此外,实践表明,如果组织文化支持组织内和组织间的知识共享,文化可能产生一种能动力,使得虚拟政府通过共享知识来获得信任和力量,组织结构或者组织行为方面的障碍可能会获得克服,组织学习、团队合作等新的组织活动也有可能产生。如果文化不支持知识共享,那么即使存在强大的激励因素,它也可能发挥不了作用。文化的竞争力是一种隐藏在核心竞争力中的无形的无法被模仿的能力,这种力量对每一个员工都有着无形的影响,渗透于他们的日常工作和生活之中,影响着员工个人能力的发挥和员工之间的人际氛围,也同样影响着员工对知识共享的认识,影响着组织知识创新的成败。

3. 由于组织间合作关系而形成的障碍

组织间合作关系会影响电子政务知识协同的实现。协同政务参与方为传递知识所采用的适当的制度机制将会影响跨政府部门知识共享的有效性。一方面，协同政务中的协同合作关系的紧密程度影响了其知识共享的难易程度。紧密的合作关系有利于成员间获得更多的机会去共享知识和经验，并发展政府部门间的相互信任及合作关系。另一方面是合作范围的广泛性，协同政务中宽泛的合作范围能大大增加所传递知识的丰富程度，增加不同思想及其相互碰撞的机会，可激发新知识、新思想。另外，习惯于与不同社会群体保持接触的组织，将会比仅接触一个知识体的组织有更多的机会去学习如何传递复杂的思想和知识。所以协同政务中协同合作范围的宽泛性可以通过增加人们在不同知识领域传递复杂知识的能力来促进知识的共享和转移。

针对以上影响虚拟政府知识共享的各种障碍因素，我们进行了专家访谈。在对有关政府部门专家访谈结果进行分析后，我们发现影响电子政务知识协同的主要障碍是：政府组织结构、政府成员间的信任程度、政府组织学习的有效性、政府组织文化、政府部门间的合作关系等。实际上，电子政务知识协同的最大阻力不是技术，而是政府成员不愿分享自己的知识。因此，先进的技术平台还必须有相应的软环境的支持。缺乏信任方面的规则或心理契约和有效的合作原则、利益分配原则，没有支持知识共享的政府组织文化和政府组织结构，再好的技术平台也难以实现电子政务知识协同。因此，必须围绕协同政务的特点建立有利于知识共享的政府组织结构、政府组织信任机制、政府组织学习机制和政府组织文化，构建电子政务知识协同的软环境。第五章分析了电子政务知识协同的组织保障，对如何克服电子政务知识协同的软环境方面的障碍进行了阐述。

第三节　电子政务知识协同体系

电子政务知识协同是复杂自适应系统的活动过程，行为和机理具有很强的复杂性,对于电子政务知识协同问题的研究,不仅需要从技术角度研究其实现技术和实现方法,也需要从组织角度研究其组织保障。对实现技术和协同工作系统的研究为电子政务知识协同提供了一个工作平台和技术环境,是开展电子政务知识协同的技术基础;而电子政务知识协同的组织模式与组织保障研究可以为参与协同政务的政府部门提供相应的行为规范,为电子政务知识协同正常、有序运作提供组织基础。

一　电子政务知识协同体系构建

（一）电子政务知识协同的特征

（1）以政府管理与服务创新为目标。电子政务知识协同的主要目标是共同开发政府部门或公众所需要的某种新的业务或新的公众服务。其协作过程是围绕该目标的实现而在各政府成员组织之间进行的一种双向互动过程。组织成员经常同时扮演知识提供者和知识接受者双重角色。面向知识的协同政务是一种知识的运作活动,它是通过挖掘知识资源之间的联系,进行资源的重构、整合,在此过程中知识被重用、新知识被创造出来。电子政务知识协同的最终目标就是实现政府管理与服务创新,构建虚拟政府或知识型政府。

（2）以网络技术平台为支撑。电子政务知识协同是在政府统一的网络技术平台上进行的。这个协同平台是一个统一、完整的系统平台,它包括了 Internet 和 Intranet 环境、协同工作系统、知识库、交互界面和支撑技术（协同工作技术、群件技术、知识网络技术、语义网技术、本体技术等）。它不但支持政府成员之间的协作、知识交流和业务流程协调,而且还能方便地支持成员间的知识共享,从而使组织成员可以真正高效地协同工作,并极大地释放了通信、协作与协调的力量,成为政府知识管理的一个基础平台。

（3）协同政务成员具有松散耦合性。电子政务知识协同常发生在政府部门的不同业务单元、业务流程之间,或者虚拟政府的不同政府部门之间,或者虚拟政府的不同合作成员之间,协同的参与者通常属于不同的政府组织,分布在不同地域。协同政务成员不是靠硬性的、严格的管理制度和规章聚合起来的,而是靠契约、道德规范、隐性管理来约束的，呈现出了既松散又耦合的特性。

（4）组织模式具有柔性和动态性。一方面，电子政务知识协同要求能够充分利用网络技术平台进行信息、知识的转移、共享和交互。各协同成员可以根据协同的总体目标和任务自治性，利用网络技术平台安排协同工作，政府成员间的管理是松散的，具有较高的灵活性和自由度。另一方面，由于协同成员常常来自不同的政府部门，成员之间的协同活动使得政府部门边界模糊、相互渗透。政府部门间的频繁知识联系和知识流动要求组织结构扁平化，这种打破规范化、没有层级权限的政府组织结构具有很强的柔性，使电子政务知识协同活动更加灵活、高效，提高了政府管理创新的效率和效果。同时，电子政务知识协同是一个动态的过程。协同成员必须依据外部环境的变化及运行中存在的问题，及时调整虚拟政府的成员构成及协同的组织模式，以提高协同的运作成效，根据协同成员的协同情况进行管理上的调整，实现协同效应的最大化。

（5）互补性与互动性。参与协同政务的政府部门或知识个体之间具有知识互补性，这是政府部门之间进行电子政务知识协同的基础。电子政务知识协同中的知识资源分别附属于不同的知识个体，这些知识个体既是知识的提供者，也是知识的接收者。他们往往是因为自身缺少某一方面的知识或能力，为减少学习成本和知识运用成本，因而参加到电子政务知识协同中。一方面，参与协同政务的政府部门或知识个体之间由于知识互补性而进行知识互动，另一方面，知识个体之间由于能力的差异需要进行能力上的互动，目标是为公众提供协同知识服务，实现无缝隙政府。

（6）知识协同效应。在协同政务过程中，存在着知识的共享与转移，使各协同成员从中获得收益。通过协同政务过程中的知识共享，新知识被创造出来或得到应用，每个协作成员的效益和政府整体效益都得到了增加。因此，协同政务的动力来源于知识协同效应，知识体系推动着协同政务的产生和发展。为实现协同政务整体利益最大化、提升政府竞争力，协同政务中的政府部门或组织成员需要按照整体性和系统性原则，扮演好各自在协同政务中的角色，并在协同政务整体策略的指导下，规划各自的业务策略。

（二）电子政务知识协同的体系结构

电子政务知识协同的运作及其协同效应的体现需要一个适合的知识运营环境，即需要以一种新的组织模式为基础进行知识协同，因为其通常是一个由很多协同成员组成的网络型政府组织结构，所以称之为政府知识协同网。这种网络实际是一个在政府部门、公务员、用户和政务信息系统之间形成的联系网络，可以使知识在该网络的各个节点上进行流动，从而实现知识共享和转移。其中的节点可以是政府部门、公务员、用户和政务信息系统等实体形式，也可以是人脑中的知识单元、计算机中的智能知识单元等虚体形式，我们将它们统称为智能体（或知识体）。这样，由这些智能体及其之间的关联构成了政府知识协同网，知识协同网与协同环境共同构成了电子政务知识协同体系，如图2—7所示。[①]

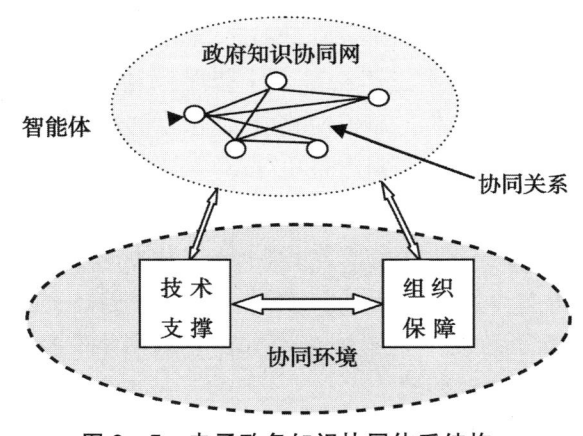

图2—7 电子政务知识协同体系结构

二 电子政务知识协同的协同环境

协同环境是政府部门开展电子政务知识协同的知识协同平台，是实现协同政务知识共享必不可少的重要支撑环境，不仅为参与电子政务知识协同的政府部门提供协同所需的知识资源和知识共享环境，而且也为政府部门之间协同关系的建立和发展提供交互工具和

---

① 高洁等：《协同政务知识共享体系构建》，《情报资料工作》2012年第6期。

协同手段。

协同环境的建设和开发主要涉及以下运作环节：利用组织关系网络环境或计算机网络环境传递每个参与协同政务的政府部门提供的知识；通过知识协同平台内部各功能子系统的有效运作，实现知识的加工、处理、检索、传递及应用；最终通过相应的人工传输或网络传输，直接指导虚拟政府的实践活动。各项运作环节能否顺利进行，很大程度上取决于信息技术、知识管理工具、协同支持技术的设计与应用。建立成熟完善的技术支撑环境是知识共享平台在建设和开发过程中必须关注的环节。协同环境主要由技术支撑环境和组织保障环境两大部分组成。

（一）技术支撑环境

技术支撑环境是政府部门利用信息技术建立的网络支持环境，是政府进行电子政务知识协同的技术基础。其中涉及相关硬件、软件的开发与运用，还需要网络管理技术的相应支持，目前多采用面向 Web 服务的网络技术、语义技术、智能代理技术等分布式管理技术，以及协同工作技术、知识网格技术等。网络系统是电子政务知识协同的技术环境，可以看作是电子政务知识协同的硬环境。针对协同环境中的技术支撑环境，本书将构建基于语义 Web 服务的协同政务流程集成系统框架和政府知识门户，为协同政务中前台和后台各层次的知识共享提供必要的技术平台。这个技术平台是借助于先进的语义 Web 服务技术、本体技术等建立的网络支持环境，为电子政务知识协同提供硬环境。

（二）组织保障环境

组织保障环境是指政府部门实现知识优势互补和集成创新必须共同遵守的一些规则、契约和制度，是电子政务知识协同正常、有序运作的组织保障，其中包括信任方面的心理契约、组织文化、组织结构、组织制度、法律制度、合作原则、利益分配原则等有形或无形的约束条件。上述规则、契约和制度等也构成了电子政务知识协同的"协议"环境，这些协议可以为各政府部门参与电子政务知识协同提供相应的行为规范，形成对单个政府部门的约束力量。组织环境可以看作知识协同平台的"软"环境。针对协同环境中的组织环境，本书将重点研究有利于电子政务知识协同的政府组织结构、政府组织信任机制、政府组织学习机制、政府知识共享文化等，构建电子政务知识协同的软环境。

三 电子政务知识协同的组织模式

电子政务知识协同主要以知识协同网为组织载体开展知识协同活动。知识协同网的组织形式主要有政府知识协同团队、政府知识联盟（知识型虚拟政府）、政府知识社区等。其中，政府知识协同团队是电子政务知识协同最主要的组织形式，它常常是构成知识型虚拟政府、政府知识社区的基本单元。

（一）政府知识协同团队

政府知识协同团队是指在一定时期内为完成一项特定的协同任务而开展知识协同的团队，是由一些跨地区、跨组织、通过信息和通信技术联结的政府知识员工组成的。政府知识协同团队是协同政务的核心组织形式，通常由具备不同专业知识背景的政府知识员工组成，为电子政务知识协同共同目标的实现而进行互动的知识协同活动。政府知识协同团队可以视为以下几方面的结合体：协同政务成员、协同观念、知识协同的需求、信息技术。政府知识协同团队具有以下特征：①参与电子政务知识协同的政府知识协同团队成员应该拥有一定的知识存量，并具备专业素质、信任等协同基础条件；②参与电子政务知识协同的政府知识协同团队成员有较明确的共同任务和目标；③在电子政务知识协同中，参与电子政务知识协同的政府知识协同团队成员之间应该拥有较好的知识交流渠道、知识共享平台和其他知识沟通手段；④由于电子政务知识协同本身具有的结构复杂性，政府知识协同团队往往是一个网络型组织。

（二）知识型虚拟政府

电子政务知识协同中理想的组织形式是知识型虚拟政府，它是一种动态的知识创新型网络组织。知识型虚拟政府是在电子政务知识协同中形成的一种虚拟的政府组织形式，它借助于计算机网络和组织关系网络等联结了多个政府部门，可以实现政府之间的知识协同与创新，并由协同政务各参与方的政府公务员组成多个知识协同团队，实现真正意义的电子政务知识协同，图2—8是知识型虚拟政府的概念模型（图中只显示了一个知识协同团队）。①

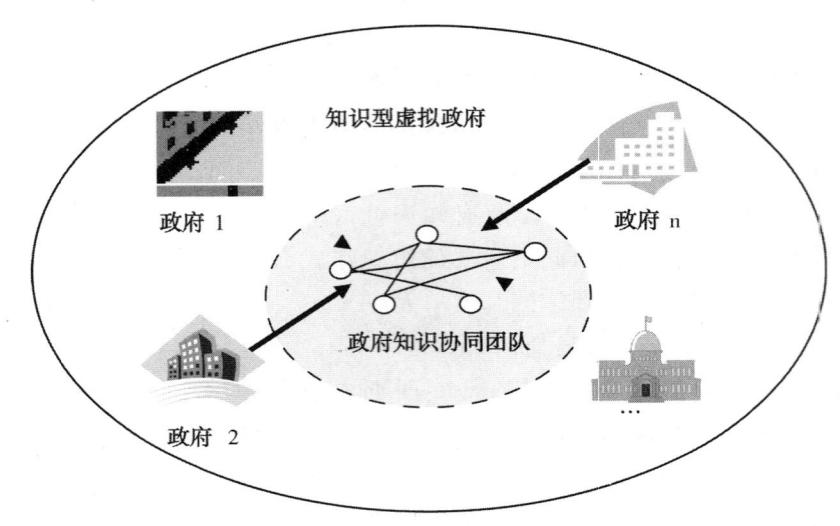

图2—8 知识型虚拟政府的概念模型

因此，知识型虚拟政府是跨政府部门知识协同的基本组织形式。例如突发事件应急管理知识协同网络的组织形式就可以视为知识型虚拟政府。通常知识型虚拟政府是根据政府组织之间预先达成的协议建立起来的，一般有契约的约束，而其中形成的知识协同团队虽然也会在协议中有所规定，但其中的人员往往会随着不同阶段的协同任务而有所调整，因此，其中的政府知识协同团队有一个动态的、虚拟的、边界不固定的组织结构。知识型虚拟政府以需求、任务、项目为核心，改革传统的政府组织和管理模式，打破科层制的组织结构，增强政府的适应性和可塑性。

（三）政府知识社区

知识社区是具有相同的工作经历或共同的兴趣、目标的人们所组成的一种非正式的群体，通过一定的基础设施建立知识人性化、

---

① 高洁、罗南：《协同政务知识共享的组织模式及保障因素研究》，《图书情报工作》2012年第21期。

技术化的社区环境,使组织内部、组织内部与外界同时达到信息交流、知识共享的目的。政府知识社区是政府成员之间及其与公众间进行信息交流、知识共享的一种非正式组织形式。

政府知识社区是政府知识协同团队学习的有效场所,是政府部门成员之间及其与公众间进行知识共享与交流的平台。其特点如下:①鼓励团队成员进行非正式学习,提供了一个开放、共享、自由的空间,实现跨越时空、阶层、级别的无障碍知识交流,快速将有价值的隐性知识转化为显性知识。②提供了知识学习的最佳场所,任何知识主体都源源不断地从社区获取需要的知识,由于知识的扩散性和可转移性,知识主体之间的学习行为得以产生。知识主体向更先进或更专业的知识主体学习,或者将自身积累的经验和知识予以共享和传播,增加自身的知识存量,实现知识的静态积累和动态积累,即知识的储备和维持、重构和使用。③可以挖掘政府组织中存在的大量隐性知识,通过知识社区成员的非正式交流,将复杂的隐性知识显性化,在知识传输过程中随其传输大量解释性的知识,使知识在整体上易于被结合起来,被大多数员工所理解。

与知识社区类似的还有虚拟社区、虚拟学习社区、实践社区等概念。虚拟社区是通过既定领域内的不断联系,在虚拟空间中形成的社会关系。虚拟学习社区是将虚拟社区应用到学习领域,利用虚拟社区的交互特性促使正式学习的展开。这个概念本质上是以学习为主,具有知识共享和知识转移功能,只是虚拟社区的一个特例而已。实践社区是在某个问题上有共同兴趣和热情的人所组成的群体,他们在一起相互交流和探讨,以深化他们在这个问题上的理解、知识和技能。实践社区可以是在组织内部也可以是在组织之间建立,规模大小不受限制。由于实践社区对参与人员进行了"过滤",只有有兴趣参与知识共享的人被留下来,这样促使知识社区得到"纯化",使其中的参与者更容易在一起交流知识,比前面的虚拟社区、虚拟学习社区等方式在知识共享上显得更加有效。实践社区将极有可能孕育"知识协同",实践社区中的人在面对一个共同感兴趣的问题时,很有可能自发地形成一种临时性的知识协同团队,一直到问题得以解决才有可能自动解散。这说明实践社区可以为知识协同团队提供一个非常有效的场所。政府知识社区与其他几个概念之间的关系如图 2—9 所示。

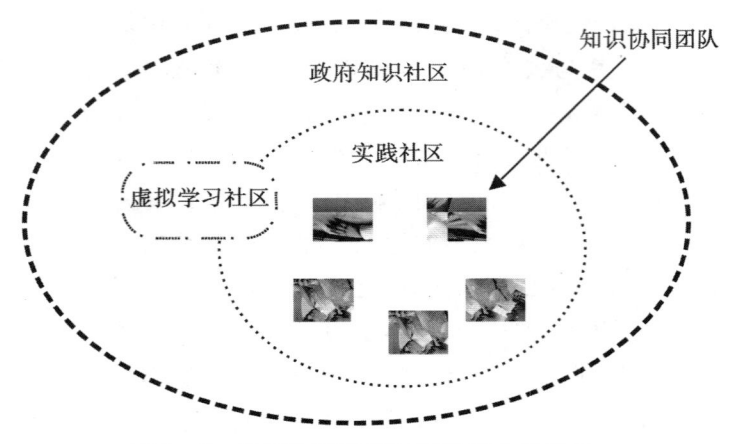

图 2—9　政府知识社区与相关概念的关系

政府知识社区（虚拟社区）是一个没有实际组织边界的网上社交场所，且进入社区的人员之间基本没有强制的约束关系，是一个松散型关系网，用粗虚线表示；虚拟学习社区相对虚拟社区要封闭一些，用点画线表示；而实践社区显得更为紧密，但也没有严格的机制约束。但对于实践社区中的知识协同团队则不一样，知识协同团队的成员往往是为了解决某方面问题而走到一起，在问题（协同任务）得到解决之前他们将形成相对稳定的组织。在实践社区中，某一时间点上可能会有大量的这种自发的知识协同团队存在。

以突发事件应急管理知识协同网络为例，政府知识协同网的上述三种组织形式随着应急协同任务的变化而有不同的表现形式。常态下，政府知识协同团队成员以知识社区为交流平台进行团队学习，分享实践经验，同时了解其他专业知识，拓展知识结构，进行深度知识挖掘，促进团队知识创新。当有特定应急协同任务时，知识协同团队迅速集合，形成知识型虚拟政府，充分调动团队相关专业知识的积淀，根据协同任务的性质，实现知识共享与转移，为公众提供全方位、多角度的知识服务。应急协同任务完成后，团队成员即可解散，回归各自政府部门，但是执行协同任务中的知识并没有随之消散，团队成员可将整个过程中的经验整理总结，存储沉淀到知识库中，以备类似事件发生时随时调用借鉴。

在上述电子政务知识协同体系框架的基础上，后续章节将展开对电子政务知识协同的技术支撑环境和组织保障环境的研究。

第三章

面向电子政务知识协同的
政务集成系统设计

政府机构间业务流程知识的无缝交换是实现电子政务知识协同的关键，然而不同政府部门的政务服务系统并没有对流程知识的概念和术语提供明确一致的语义。概念的定义不清晰以及概念间的解释重叠会导致解释和使用流程知识的不一致，也使得不同政府部门之间难以自动交换和共享流程知识，最终导致电子政务的效率低下。语义 Web 服务技术为知识交流和交换提供了语义基础，能有效促进人们对知识的共同理解以及异构系统的语义互操作，可增强政务流程知识的语义互操作、重用以及共享和协同，从而提高电子政务的服务效率和质量。因此，针对上述问题，本章提出了基于语义 Web 服务的政务集成系统框架，设计了基于 WSMO 的政务集成系统模型，目的是促进异构政务系统无歧义地理解并有效地交换和集成政务流程知识，为协同政务中后台的异构政务系统实现语义互通和知识协同提供必要的技术平台。

第一节 基于语义技术的电子政务系统的发展

电子政务语义互操作技术是实现电子政务知识协同的关键，互操作性不仅包括技术方面，也包括语义方面以及最终的组织方面。目前，国内电子政务互操作研究主要侧重于语法方面，而语义方面研究则较少。通过检索及研读国外文献发现，国外对于电子政务语义互操作的研究多集中在对各国（主要是欧洲以及美国）电子政务互操作框架的建立问题；其次是语义互操作的具体实现方法研究。由于欧盟成员国的逐渐扩大，跨境活动增多，泛欧洲公共服务的语义互操作领域也成为研究热点。①

一 国外基于语义技术的电子政务系统及框架

（一）各国电子政务语义互操作框架及其比较

欧洲已经建立的电子政务语义互操作框架主要有英国、法国、丹麦以及欧盟等，② 这些电子政务语义互操作框架不仅关注政府组织内部数据的共享、知识的重用，还特别注重对跨组织边界的语义互操作研究。

英国电子政务互操作框架（e-GIF）提出要建立以技术标准体系为核心的电子政务建设的标准化，确立了一系列基于网络的规范和政策，并为此实施了一系列技术性政策，包括四个方面：互联互通、数据集成、电子商务服务接入和内容管理。e-GIF 包含一个技术标准目录，2000 年第一次颁布，每六个月修订和更新一次，并在 2005 年 3 月升级到 6.1 版本。e-GIF 框架侧重于数据交换，定义了跨政府和公共领域信息流的技术政策和规范，体现了互通性、数据继承性、电子服务访问和内容管理等。

法国的电子政务互操作框架（CCI）包括加强公共电子系统连贯性和促进多机构的公共服务电子化的建议，在 2002 年 1 月颁布，并在 2003 年 9 月升级到 2.1 版本。

丹麦电子政务互操作框架（DIF）作为公共机构的指导方针来制订 IT 计划以及项目，在 2004 年制订且在 2006 年升级到最新的版本 1.2.14。丹麦制定了一个名为"InfoStructureBase"的基于 XML 模式的共享库，它不仅强调对领域本体的定义，更强调对已有的数

---

① Vassilios Peristeras, Konstantinos Tarabanis, Nikos Loutas, "Cross-Border Public Services: Analysis and Modeling"（http://www.computer.org/csdl/proceedings/hicss/2007/2755/00/27550101b-abs.html）.

② Luis Guijarro, "Semantic Interoperability in E-Government Initiatives"（http://www.doc88.com/p-740821427249.html）.

据库和数据交换模式的重用。① 为了实现互操作，提供了一系列标准的网络服务接口，例如 OSCL/XMeld，注重组织内部的数据交换，还有 OSCL/XJustiz，注重组织内部的 XML 模式交换标准。

e-GIF 的强制力要高于 CCI 和 DIF，CCI 和 DIF 仅仅是一个指导和建议，而 e-GIF 则是强制执行的。欧盟在 2004 年 9 月提出了一个围绕互操作性的总体框架，指出了哪些互操作性问题应该被处理以及什么时间完成泛欧洲电子政府服务，但它避免了规定任何具体的架构或标准目录。

美国联邦政府组织架构（FEA）与欧洲不同，其互操作性的方法是基于企业架构的有效方法。美国的联邦组织架构包括五个参考模型：性能参考模型、业务参考模型、服务组件参考模型、技术参考模型以及数据参考模型。美国总统管理和预算办公室（OMB）旨在分别通过商业手段，服务组件、技术和数据参考模型，消除冗余，在不同的政府部门之间确定共同的业务流程、通用部件、共性技术和普通数据资产。这是一个比欧洲正在寻找的电子政务互操作性的举措更加综合的目标。

在欧洲，不论是在国家层次还是欧盟层次，互操作框架已经成为在电子政务服务中实现互操作的重要工具。他们最初专注于技术的互操作性，但最近开始纳入语义互操作框架，这种纳入仍然处在一个初级阶段：互操作框架主要处理语法问题，但正出现越来越多的基于本体处理语义方面的具体问题。而美国的方法更加综合，因为其在电子政务上采用通过语义技术的重点不仅是便利提供信息时的互操作，也为了实现跨机构的数据和信息的重复使用。

（二）泛欧洲电子政务语义互操作框架

由于欧盟成员国不断增加，当加入新的成员、新的服务或修改现有的服务时，就会产生新的互操作问题，所以异构现象最为严重，对互操作的要求也最高。泛欧洲电子政务服务，不仅要为公民、企业等政府客户提供无缝互操作性电子政府服务，还要在不同

---

① Barnickle N., Fluegge M., Schmidt K., "Interoperability in e-Government through Cross-Ontology Semantic Web Service Composition" (http://www.docin.com/p-406892224.html).

国家联合组成的欧洲联盟公共行政系统之间实现互操作。这种跨组织边界的电子政务服务会涉及许多领域的互操作问题，它需要进行更多的资源整合，进而实现互操作。

许多互操作的方法都是只针对某一特定方面而缺少灵活性，欧盟互操作框架（EIF）则不同，它包含四种电子政务互操作类型：技术互操作、语义互操作、组织互操作和管理互操作。[①] 技术互操作包括涉及计算机系统和服务的技术性问题；语义互操作确保交换的信息能够被其他任何应用所采用，即使信息最初并不是为这些应用所准备，语义互操作使系统将接收到的信息与其他信息资源联合，并以特定方式进行处理；组织互操作关注业务流程的界定、交流信息协作管理的实现，以及用户群体需求等相关方面；欧洲公共管理网络（EPAN）电子政府工作组提出了管理互操作这一类型，它关注与互操作应用开发和利用相关的政治、法律和结构条件。四种互操作类型的关系如图3—1所示。

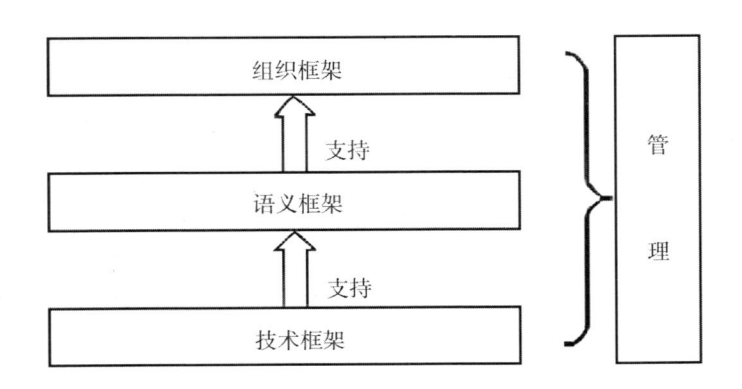

图3—1　欧盟互操作框架的4种类型及其关系[②]

这四种互操作类型适用于不同的情况：组织互操作适用于两个

[①] Overeem A., Witters J., Peristeras V., "Semantic Interoperability in pan-European eGovernment Services" (http://www.semantic-gov.org).

[②] 曹雪：《欧洲电子政府互操作发展情况》，《北京档案》2007年第8期。

成员国间没有可以互相兼容的业务流程，但有协同工作的需求，可以通过创建一个能满足双方业务流程的程序实现互操作；语义互操作用于成员国间虽然有可以兼容的业务流程，但是双方描述业务流程的术语不同。语义互操作系统能将接收到的信息与其他信息资源进行联合，将需要共享的信息转换成能被其他组织接受的表示形式。由于组织双方有不同的协议、语言、制度和货币政策，虽然组织有可以互相兼容的业务流程，描述业务流程的术语也可以进行转换，但是仍然不能有效地进行电子数据的交换。这时可以采用技术互操作提供的技术转换实现协同工作。另外，与互操作应用开发和利用相关的政治、法律和结构条件也是很重要的一部分内容，它可以对以上三方面的互操作提供支持，有关内容要依靠管理互操作实现。

研究者针对泛欧洲公众服务的语义互操作领域进行了深入研究。在引入分层的互操作模型之后，一个泛欧洲的公共服务的类型学产生了。该类型学介绍了对跨境服务的看法并分析了被大量使用的"跨边境服务"一词。此外，研究者还确定了一些语义互操作在提供公共服务时冲突的重复模式。[①] 为了解决成员国之间的互操作问题，研究者进行了细致的分类和比较。

（1）泛欧洲的公共服务（PEPS）与泛欧洲的电子政府服务（PEGS）的区别。PEGS 和 PEPS 之间的基本区别是 PEPS 是典型的"跨界"设置的 PA 服务。PEPS 是跨境的公共服务，其中来自不同成员国的大量公共管理机构应进行合作以保证服务的实现。PEPS 是独立技术，显然，PEPS 可以在他们的工作流程中包括任何数量（或零）的 PEGS。

（2）泛欧洲公共服务的类型。从成员国 1 的客户端执行由成员国 2 的公共行政机构提供的服务；在成员国 1 中执行服务的输入/输出来自或将发往成员国 2；来自不同成员国的公共管理机构参与一个共同的工作流程；在成员国 1 中执行的服务的结果应传达给成员

---

① Vassilios Peristeras, Konstantinos Tarabanis, Nikos Loutas, "Cross-Border public services: Analysis and Modeling" (http://www.computer.org/csdl/proceedings/hicss/2007/2755/00/27550101b-abs.html).

国2。每一种情况研究者都列举出与公民日常生活相关的实例，以更深刻地理解泛欧洲公共服务的类型。

（3）需要解决的语义问题的类型包括证据方面的语义差异、占位符方面的语义差异、先决条件方面的语义差异、服务提供者方面的语义差异、用户方面的语义差异、效果方面的语义差异。①

针对不同类型的问题研究者提出了具体解决方法，例如，一种方法是基于语义 Web 服务环境的，这种方法假定一些用户与服务交互作用，但对完全的 G2G 交互有限制；另一种方法是基于知识管理工具、本体服务器以及本体编码机制的结合。

二　国内基于语义技术的电子政务系统研究进展

通过对国外基于语义技术的电子政务系统及框架的综述，可以看出，语义 Web 服务（Semantic Web Services，SWS）技术可以改善目前协同政务中利用传统 Web 服务技术难以解决的问题，为协同政务流程集成提供良好的技术支持。它不仅保持了 Web 服务原有的完好封装性、松散耦合、高度可集成能力等特点，而且将语义网研究成果引入 Web 服务中，通过定义良好的语义信息，使得服务可以理解相互之间互操作的信息，能够自动发现、执行和集成 Web 服务，从而更好地实现政府业务流程集成。近年来，国内也有相关研究成果。万常选、郭艳阳从元数据、知识本体和语义 Web 的角度初步讨论了如何解决电子政务领域的语义互操作问题，并提出了一种电子政务语义信息交换的参考模型，提出依据语义 Web 所提供的理念和技术框架，结合元数据和知识本体后，电子政务的语义互操作可以从以下几个方面展开。

（1）基于 RDFS 的元数据互操作。RDF 提供了一个"三元组"的数学模型来描述元数据，该模型通过资源（Resource）、属性（Properties）、值（Values）来表示资源之间的关系和资源内部的关系。RDFS 对 RDF 进行了扩展以表示语义，从而可以实现元数据层

---

① Arnold Van Overeem, Johan Witters, Vassilios Peristeras, "Semantic Interoperability in pan-European eGovernment Services"（http://www.researchgate.net/publication/221409799_Semantic_Interoperability_Conflicts_in_Pan-European_Public_Services）.

次上的互操作。

（2）基于本体的语义互操作。在语义 Web 的体系结构中，本体层能够通过推理机（Reasoner）对不同的电子政务本体进行自动推理和匹配，从而实现语义层次的互操作。

基于上述分析，提出一种电子政务语义信息交换的参考模型，如图 3—2 所示。[①]

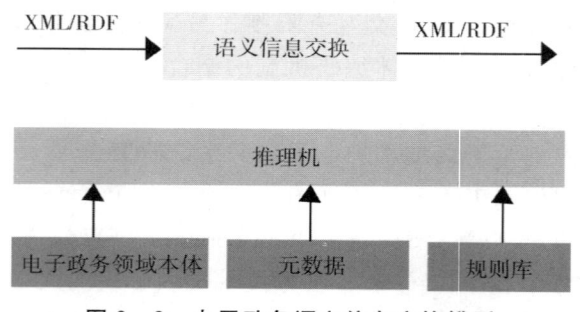

图 3—2　电子政务语义信息交换模型

吴鹏、高升、甘利人在基于韩国学者 Doo-Kwon Baik 等建立的元数据注册/元模型互操作协作模型，结合国土管理信息资源的实际情况，分析电子政务信息资源存在的语义异构以及语义互操作应用需求，提出电子政务信息资源语义互操作模型，设计语义解析和语义整合模型，并应用于国土管理信息资源的语义互操作。[②]

第二节　面向电子政务知识协同的政务集成系统框架

语义 Web 服务是结合语义 Web 技术的 Web 服务，为面向电子政务知识协同的政务集成系统提供了很好的技术支持。本节在分析基于语义互操作的电子政务的实现方法的基础上，结合语义 Web 服

[①] 万常选、郭艳阳：《电子政务语义互操作初探》，《电子政务》2006 年第 9 期。
[②] 吴鹏、高升、甘利人：《电子政务信息资源语义互操作模型研究》，《中国图书馆学报》2010 年第 2 期。

务技术架构和业务流程集成原理设计了面向电子政务知识协同的政务集成系统框架，并对其功能模块进行了分析。

一 基于语义互操作的电子政务的实现方法

通过对欧盟等电子政务语义互操作的研究，可以总结出几种解决语义互操作问题的方法，这些国家电子政务语义互操作框架通过SOA、语义、本体、Choreography、语义连接、需求—服务转换器等技术的结合，不仅为公民、企业等提供优质、及时的信息，更从不同国家联合组成的欧洲联盟的整体角度考虑，实现公共管理系统的语义互操作。

（一）利用 SOA、语义和本体的结合实现语义互操作

由于各政府部门之间政务系统存在异构性，而且，随着欧盟的发展，会随时增加新的服务，所以需要一种开放的封装机制。电子政务系统应用了基于服务的框架，即 SOA。这种方法的重点在于服务本身，注重从服务发现、服务组合和服务实现的角度进行定义与建模，而不强调诸如网络、格式设计等细节问题。[1] 在这种观点下，服务被看成一种可以利用的软件资源，被封装在一个模块中，其中包含一些关键概念，例如概念、关联、语义、服务、数据模型、政策等。封装之后，该模块将作为整体被使用。当组织流程变化时，它可以很容易地适应环境的变化；在协同工作环境下，可以增加安全性，最终可以实现跨平台、低耦合度与不同业务流程之间的互操作。

语义技术也是解决互操作性的重要工具，Luis Alvaren Sabucedo 等提出建立电子政务领域服务规范的整体语义框架，即采用语义的方法实现领域内的整体服务。其中，生活事件（Life Event）和公共管理服务（Administration Service）都是由语义技术衍生的。利用这些技术和软件平台，可以建立一个完整的软件架构。借助 Life Event 可以用一种更加友好的方式定义服务，用简单有效的方法建立软件

---

[1] Luis Alvaren Sabucedo, et al., "A Holistic Semantic Framework for the Provision of Services in the Domain of E‑Government", *International Journal of Software Engineering and Knowledge Engineering*, Vol. 19, No. 7, 2009.

架构,用统一的机制进行描述。由于提供了新的语义标注工具,可以使定位更加容易。

在 SOA 的基础上,可以引入语义和本体的思想形成基于语义 Web 服务的架构,即 SSOA。在 SOA 基础上提取服务可以实现松散耦合的服务聚合。本体是一种动态模型,能够捕捉到语义的变化,实现领域知识的共享与重用,因此,利用本体对服务和功能进行语义描述,可以实现不同部门和系统间的互操作。SOA 还能通过标准的、支持 Internet 的、与操作系统无关的 SOAP 协议实现语义互操作,而且服务的封装是采用 HTML 协议,具有自解析和自定义的特征,这样,基于 SOA 的中间件就可以实现语义互操作。

(二) WSMO 中 Choreography、Orchestration 和中介器

WSMO 是最有成效的语义 Web 服务的建模框架,为语义 Web 服务建立统一的体系结构和共同的平台。它的顶层组成单元包括本体、目标、Web 服务和中介器。特别要指出的是,WSMO 还提供了中介器、Choreography 和 Orchestration,用于实现异构服务的互操作。Choreography 和 Orchestration,用于说明语义 Web 服务的接口;中介器可以解决互操作的各项顶层要素之间发生的不匹配问题。[①]

Choreography 和 Orchestration 原意为与舞蹈和编排有关的词汇。近年来,这些词汇被应用于计算机领域,实现互操作。它们主要关注服务的行为,其概念模型由状态信号、状态、转换规则和非功能属性四种元素组成。[②] 利用该概念模型可以为服务请求者和服务提供者的交互提供形式化的语义,从而提高语义 Web 服务的互操作能力。

中介器可以分为精炼器和桥接器两种,桥接器可以将组件整合

[①] Peristeras V., Mocan A., Vitvar T. et al., "Towards Semantic Web Services for Public Administration based on the Web Service Modeling Ontology (WSMO) and the Governance Enterprise Architecture (GEA)" (http://www.researchgate.net/publication/233421234_Towards_ Semantic_ Web_ Services_ for_ Public_ Administration_ based_ on_ the_ Web_ Service_ Modeling_ Ontology_ (WSMO)_ and_ the_ Governance_ Enterprise_ Architecture_ (GEA)).

[②] 盛星、黄映辉、李冠宇:《服务兼容性:Choreography 与中介器的解决方案》,《计算机技术与发展》2009 年第 2 期。

起来,实现不同组件间的互操作。① 中介器的调节技术可以分为三种,第一种是利用本体整合技术,将数据句法层次提升至本体层,在本体层解决了这种不匹配问题后再将其降至句法层的表现形式。② 第二种是利用 WSMO 过程调解,使中介器从两个公开的过程中合并提取出某种功能。当双方进行通信时,可以根据对知识背景的分析,产生一条可以被双方理解的消息。第三种是目的层次调节技术,通过揭示功能描述之间的逻辑关系从而显著提高匹配速度的技术。

在网络服务技术背景下,必须把 WSMO 与通用的服务本体和公共管理部门特定模型(GEA)结合起来,呈现出公共管理部门丰富的服务描述与执行特点,解决公共部门在复杂、分布的环境中产生的语义互操作问题。

(三) 语义连接

为了使来自不同粒度需求的数据之间能够进行交换,可以借助语义连接(semantic bridges,也称语义桥)的概念实现语义互操作。语义桥可以用来描述由不同本体定义的概念之间的关系。这些本体虽然有着相同的含义,但由于描述的术语不同,彼此却不能共享。语义连接正是为这些概念提供的一种转换、一种映射。由于语义桥不能直接由 OWL 这种本体语义来表述,所以可以采用规则语言来定义它。这种做法可以避免技术改造的代码,增加语义桥的可维护性,更重要的是,这种方法不仅能描述不同概念之间的关系,还能实现相关概念之间的转换。③

(四) 需求—服务转换器

"需求—服务转换器"是指在公民的需求与政府部门能提供的服务之间建立映射。电子政务的一个重要方面就是提供公民所需要

---

① 高巾、姜赢、郭立帆:《语义 Web 服务异构性解决方法——WSMO 中介器深入探讨》,《现代图书情报技术》2007 年第 6 期。
② Alexiev V., Breu M., Bruijn J. et al., "Information Integration with Ontologies: Experiencesfrom an Industrial Showcase", *WestSussex*, UK: Wiley, 2005.
③ Barnickel N., Fluegge M., Schmidt K., "Interoperability in E-Government through Cross-Ontology Semantic Web Service Composition" (http://www.docin.com/p-406892224.html)。

的信息，但是在公共管理领域，有许多复杂的服务和大量的执行路径、许多参与的组织，所以在公民与政府的信息交流中，通常会产生这样一个问题：公民首先会产生一个需求，但他并不知道目前哪个公共管理部门提供的公共服务可以满足他的需求。相反，公共管理领域清楚自己能提供哪些服务，但不知道公民需求是哪些。这样，就需要在需求—服务之间建立映射机制，引入被称为"需求—服务转换器"的概念组件。这种概念组件能把接收到的公民需求作为输入数据，把满足这种需求的公共部门服务作为输出结果。只要按照公民的自身特点，把他们的需求作为输入数据，系统就可以反馈所有符合该需求的政府服务。[①]

通过对上述方法的分析可以看出，这几种方法都是把相关的服务或本体进行封装、组合，再利用中间件实现连接，中间件在互操作中起到了关键的作用。现代中间件的发展重要趋势就是以服务为核心，通过服务或者服务组件来实现更高层次的复用、解耦和互操作。因为服务是通过标准封装、服务组件之间的组装、编排和重组来实现服务的复用，而且这种复用可以在不同组织之间进行复用，达到复用的最高级别，进而实现语义互操作。

二 WSMO对政务集成系统的适用性分析

语义Web服务通过对服务进行语义封装实现服务的自动化发现、调用、互操作、组合、执行、监控等。[②] WOL-S和WSMO是目前最为流行的两种典型的实现语义Web服务的方法。WOL-S是连接语义Web服务两大支撑技术的桥梁，用来帮助用户查询、发现、调用、组合和监控语义Web服务。它定义了Web服务三方面的内容：服务描述、服务模型和服务基础。服务描述是描述服务做了什么，

---

① Peristeras V., Tarabanis K., "Reengineering Public Administration through Semantic Technologies and the GEA Domain Ontology" (http://www.researchgate.net/publication/221250838_Reengineering_Public_Administration_through_Semantic_Technologies_and_a_Reference_Domain_Ontology).

② 杨欣、沈建京：《语义Web服务研究方法概述》，《计算机应用与软件》2008年第4期。

服务模型是描述服务是怎样工作的，服务基础是描述如何访问服务。①

WSMO 是描述语义 Web 服务各相关元素的本体，其目的是解决 Web 服务的发现、整合及交互问题。WSMO 是对 WSMF（Web Services Modeling Framework，Web 服务建模框架）的扩展，WSMF 是欧洲语义研究组织提出的语义 Web 服务建模框架，WSMO 是在 WSMF 的基础上提出的一个 Web 服务的本体模型。WSMO 提供了四个顶层元素：Web 服务、目标（Goal）、本体（Ontology）以及中介器（Mediators），其中 Web 服务描述了网络服务在 Internet 上的业务接口；目标描述了当客户请求服务时可能持有的目的；本体提供了对某一领域的正式描述和共享概念；中介器可解决多个 Web 服务联合作业时产生的误匹配问题，是 WSMO 中最有价值的贡献，分为本体—本体中介器（OO 中介器）、目标—目标中介器（GG 中介器）、服务—目标中介器（WG 中介器）、服务—服务中介器（WW 中介器）。② WSMO 通过 WSML（Web Services Modeling Language，Web 服务建模语言）来描述其所定义的全部元素，完成对 WSMO 底层要素的代码实现。③

由于 WSMO 使用的 WSML 语言比 WOL-S 使用的 WOL 语言在整体运用上更具有灵活性，更能清晰地描述 Web 服务，此外，由于 WSMO 使用了中介器较之 OWL-S 能够将外部的本体引入，解决了语义网络服务互操作中的误匹配问题，④ 因而我们选用 WSMO 框架用以实现基于语义 Web 服务的政务流程集成模型的构建。

语义 Web 服务可实现 Web 服务的语义标注和服务重组。WSMO 通过构建领域知识本体库，对政务 Web 服务、目标和中介器进行语义标注，使其数据定义和链接方式有利于政务服务在各个系统之间

---

① 徐宝祥、刘春艳、刘妹宏：《两种典型语义 Web 服务方法的比较研究》，《情报科学》2006 年第 2 期。
② 魏来、王雪莲：《WSMO 理论框架与应用研究》，《现代情报》2010 年第 8 期。
③ 黄映辉、李冠宇：《要素细化与代码实现——WSMF 模型》，《计算机应用》2008 年第 8 期。
④ 郭立帆、苏志军：《语义 Web 服务概念及主流框架研究》，《江西图书馆学刊》2008 年第 1 期。

进知识交换共享和知识的深度挖掘。

WSMO 通过中介器支持 Web 服务和目标的重用。如政务服务提供者曾发布过的 Web 服务有 w_1, w_2, $\cdots$, w_n；政务服务请求者曾提出过的目标有 g_1, g_2, $\cdots$, g_n；当政务服务请求者根据自身的需求提出目标 G 时，它是从 g_1, g_2, $\cdots$, g_n 中选择若干个 g 经 GG 中介器组合而成的。同样能满足目标 G 的 Web 服务 W 也是从 w_1, w_2, $\cdots$, w_n 中选择若干个 g 经 WW 中介器组合而成。Web 服务 W 与需求目标 G 之间通过 WG 中介器连接，并完成 Web 服务 W 与需求目标 G 的匹配。WSMO 中 Web 服务 w_1, w_2, $\cdots$, w_n 和目标 g_1, g_2, $\cdots$, g_n 的重用性，实现了政务服务的自由重组，满足了用户多种多样的政务需求。

WSMO 的语义标注和服务重组将政府内部不同层次、不同业务、不同标准的各个 Web 服务系统整合起来，实现了知识的自动发现、处理、集成、共享和重用，弥补现有互联网技术的不足。[①]

鉴于语义 Web 服务为政务流程集成提供的良好技术支持，因此本章根据我国国情并借鉴国外电子政务语义互操作的实践经验，设计面向电子政务知识协同的政务集成系统框架，运用 WSMO 技术把语义 Web 服务和政府部门的业务流程有机结合起来，使政府各部门之间可以根据业务需求自动地进行匹配、发现和调用 Web 服务，快速、灵活地集成各种业务应用系统。

三 面向电子政务知识协同的政务集成系统框架构建

图 3—3 是面向电子政务知识协同的政务集成系统框架，包括三个层次：表现层主要面向政务服务提供者和政务服务请求者，设有内网和外网两个入口，用户可通过这唯一访问站点，一站式获取政府提供的各类服务；业务集成层是对政务服务的生成（即政务服务的描述与发布）和政务服务的处理（即政务服务的查找与调用）的实现；数据层保存各政府部门的 Web 服务资源和相关政务元数据库。其中业务集成层是实现电子政务知识协同的关键，下节将对其

---

① 席彩丽：《基于语义 Web 技术的知识管理系统研究》，《图书情报工作》2010 年第 8 期。

进行具体设计及详细说明。①

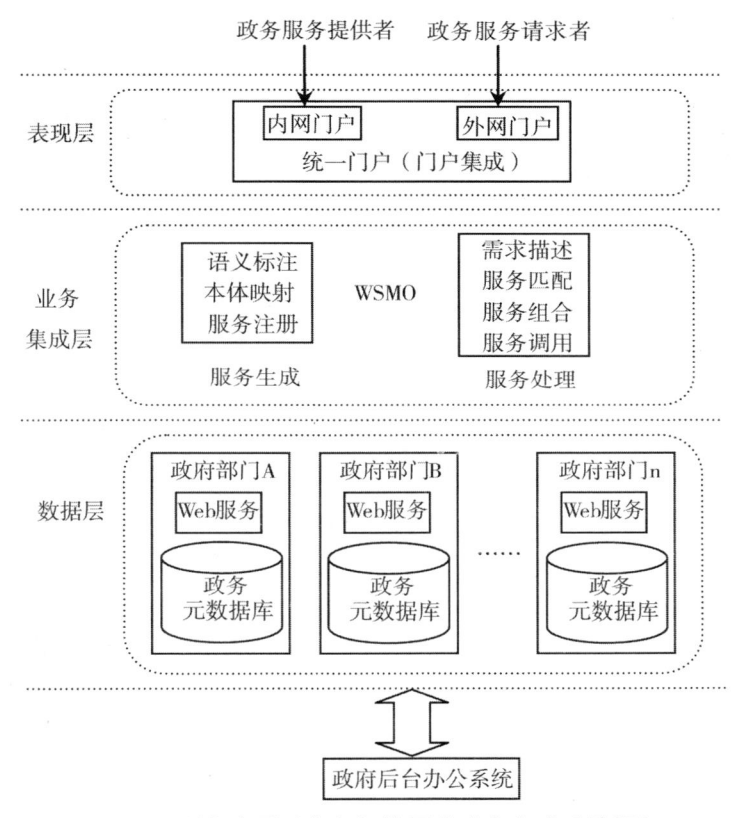

图 3—3 面向电子政务知识协同的政务集成系统框架

第三节 基于 WSMO 的政务集成系统模型设计

业务集成层是面向电子政务知识协同的政务集成框架的核心部分，我们设计了基于 WSMO 的政务集成系统模型，如图 3—4 所示。

---

① 于曦、高洁：《面向知识共享的协同政务流程集成模型研究》，《情报资料工作》2012 年第 6 期。

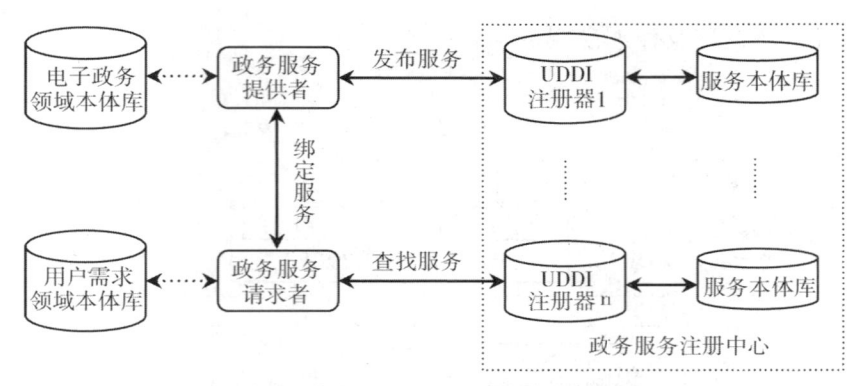

图 3—4 基于 WSMO 的政务集成系统模型

政务服务提供者即各政府职能机构，根据电子政务领域本体对政务服务从能力和接口两个方面进行描述，使原始的 Web 服务具有语义功能，并将语义 Web 服务发布到一个或若干个 UDDI 注册器上，形成具有语义标注的 UDDI（增强的 UDDI），所有这些 UDDI 注册器共同组成了政务服务注册中心，供公众、企业和其他政府部门查找使用。

政务服务请求者即公众、企业或其他政府部门，请求者使用用户需求领域本体库中的词汇规范化地描述需要的服务及其功能，形成请求服务目标，并发布到政务服务注册中心与提供方描述的服务资源进行匹配，选定服务后就可以进行组合、绑定和调用。

基于 WSMO 的政务集成系统模型主要实现了政务服务的描述和发布流程以及政务服务的查找和调用流程。

一 政务服务的描述和发布

政务服务的描述和发布流程如图 3—5 所示。

为达到政务流程集成的目的，需先将原有的应用系统需要暴露的业务逻辑转换成 Web 服务的形式。利用 WSDL 生成器组件根据已有的程序代码和一些辅助信息，生成描述这些政务服务功能和调用方法的 WSDL 文件。接着利用 Web 服务生成器组件生成服务器端的服务适配器，服务适配器可将政务服务请求转化为应用系统能够理解的数据格式。服务适配器可以连接到后台应用服务器，在应用服务器上配置、部署相应的 SOAP 交互框架，实现将来对 Web 服务的无缝调用。最后根据电子政务领域本体运用 WSML 语言对 Web 服务的能力和接口进行语义标注，将原始的 Web 服务进行基于 WSML 的形式化描述，使 Web 服务具有语义。Web 服务的能力描述了服务执行的前提条件及预期的执行效果，接口描述了 Web 服务的输入和输出，说明所提供的服务功能是如何实现的。对 Web 服务进行语义标注后利用服务发布组件将语义 Web 服务通过 UDDI API 发布到政务服务注册中心上。

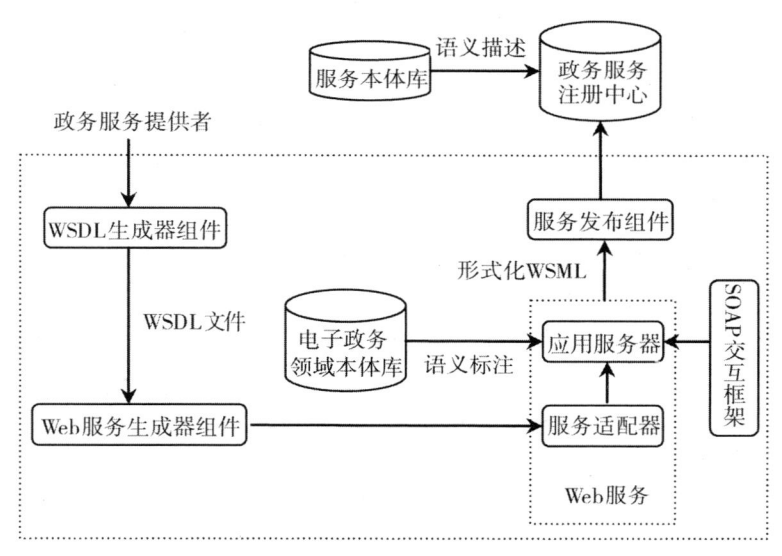

图 3—5 政务服务的描述和发布流程

以下以"新生儿出生登记"的政务服务为例，对该 Web 服务结构描述的 WSML 代码示意如下（限于篇幅，只对"Web 服务能力"的代码进行描述）：

```
Web service_ "http://emp.org/birth Registration"
…
capability
    shared Variables？child
    precondition
```

```
    annotations
        de#description has Value "在天津出生的新生儿"
    end Annotations
    defined By
        ? child member of Child
        and ? child [has Birthdate has Value ? birthdate]
        and ? child [has Birthplace has Value ? location]
        and ? location [located In has Value 天津]
        or (? child [has Parent has Value ? parent] and
? parent child [has Citizenship has Value 天津])
    effect
        annotations
            de# description has Value "新生儿已是天津市民"
        end Annotations
        defined by
        ? child member of Child
            and ? child [has Citizenship has Value 天津]
    …
```

以上代码表达的 Web 服务的能力为：若一个新生儿在天津出生或其父母为天津市民，则将该新生儿登记为天津市民身份。

二　政务服务的查找和调用

政务服务的查找和调用流程如图 3—6 所示。

政务服务请求者根据用户需求领域本体规范填写由工作流引擎生成的服务申请表格，包括政务服务名称和申请时间等政务服务请求信息。填写完毕后，工作流引擎会自动生成政务服务标识，每一个政务服务申请都会有一个唯一的政务服务标识。在收集服务请求者提交的数据后，工作流引擎会检查数据的正确性，生成具有语义标识的政务服务请求文件，然后向服务请求者返回一个确认信息。

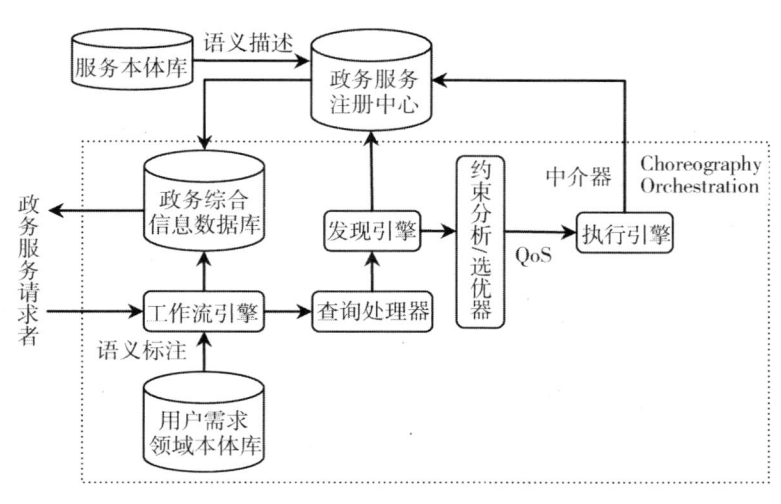

图 3—6 政务服务的查找和调用流程

通过工作流引擎进入查询处理器,根据电子政务领域本体库对用户输入的查询请求进行标准化和过滤,抽取出满足其需求的服务功能信息,形成标准的无语义冲突的用户需求目标。发现引擎利用基于语义的匹配算法对由查询处理器产生的用户需求目标与政务服务注册中心上描述的服务进行匹配,形成与用户需求目标相匹配的候选服务集。约束分析/选优器将用户需求目标模式化为约束条件,即 QoS(Quality of Service,服务质量)语义,并依据约束条件形成实现用户需求目标的从最优到基本适合排列的可实行的服务集合,然后交给执行引擎执行。执行引擎借助 Web 服务接口描述和中介器完成对 Web 服务的调用。由于客户端的接口模式通常和 Web 服务的接口模式不同,因此政务服务请求者和提供者之间不能直接沟通。为了调用 Web 服务,可通过 Choreography(基于编排的组合方法)和 Orchestration(基于编制的组合方法)来实现。Choreography 定义了 Web 服务的接口模式,并通过外部调解系统,在服务调用时分析客户端接口模式和 Web 服务接口模式。Orchestration 从政务服务提供者的角度定义了如何通过和更多的 Web 服务提供者进行交互合作来实现更加复杂的服务能力。

中介器对 Web 服务调用所起的作用是当用户需求目标需要多个

单一目标组合完成时，GG 中介器可以将这些单一目标组合在一起，实现对用户需求目标的精炼。OO 中介器可以解决不同领域知识本体间的误匹配问题。WG 中介器用来在用户需求目标与 Web 服务资源之间建立关联，完成 Web 服务的调用。当用户需求目标要多个 Web 服务资源组合完成时，WW 中介器可解决 Web 服务在互操作过程中产生的误匹配问题。

要实现对 Web 服务的调用，还要通过 WSML/XML 转换语法，将形式化的 WSML 转换为机器可执行的 XML 代码。还以"新生儿出生登记"为例，将该 Web 服务中"能力"的 WSML 代码转变为相应的 XML 代码的描述如下：

```
<wsml xml ns＝"http：//www.wsmo.org/wsml/syntax#">
  <Web Service name＝"http：//example.org/birth Registration">
  …
  <capability>
  <shared Variables name＝"?child"/>
  <precondition>
  …
  </precondition>
  <effect>
    <annotations>
      <attribute name＝"http：//purl org/de# description">
        <value type＝"http：//www.wsmo.org/wsml/syntax# string">
          新生儿已是天津市民
        </value>
      </attribute>
    <annotations>
    <defined by>
      <and>
        <shared Variables name＝"?child"/>
          <member of>
```

```
                    http://www.emp.org/exl#Child
                </member of>
            </shared Variables>
            < shared Variables name = "? child" />
                <attribute name = " http://www.emp.org/exl#hasCitizen-
ship ">
                    <value type = " http://www.wsmo.org/wsml/syntax#
string ">
                    天津
                    </value>
                </attribute>
            </shared Variables>
        </and>
    </defined by >
    </effect>
</capability>
</Web Service>
</wsml>
```

将政务服务申请者提交的政务服务请求信息和在政务服务办理过程中所生成的政务请求办理状况信息，如服务标识、服务办理机构名称、服务办理状态、服务办理时间和备注等，存储到政务综合信息数据库中，以备服务提供者和请求者查找。政务综合信息数据库对其每次处理的政务服务流程进行存档，以便下次有相同服务申请时，调用过程能更快、更便捷。工作流引擎通过在服务执行过程中进行语义检查、异常处理、服务补偿和执行反馈，实现对 Web 服务查找和调用的监督和管理。

三 领域知识本体库的构建

领域知识本体库是实现政务系统集成的重要基础，包括电子政务领域本体、用户需求领域本体和服务本体。电子政务领域本体是关于各政府职能机构的政务概念、术语和知识的描述。用户需求领域本体通常定义用户需求事件的种类以及这些种类可能涉及的服务。用户需求领域本体的目的就是如何更好地根据用户的特定需求来描述其想达到的目的。服务本体整合所有已经被定义的本体，是联系 WSMO 定义的目标、Web 服务、中介器的纽带，是本体概念的核心。它具有描述、组合、发现和调用由不同政府部门提供的服务的功能。

服务本体由四个本体组成：目标本体、WG 中介器本体、Web 服务本体、OO 中介器本体。通过这四个本体实现服务本体与电子政务领域本体和用户需求领域本体之间的联系，如图 3—7 所示。目标本体表现用户请求服务时所持有的目的，是用户需求本体和 Web 服务本体的语义接口。WG 中介器本体用来控制一个目标与所有符合该目标的 Web 服务的全部 WG 中介器，以便完成服务的发现和调用。Web 服务本体描述定义网络服务的各个方面，是目标本体和电子政务领域本体的语义接口。OO 中介器本体控制所有的 OO 中介器，通过调整、合并或转换引入的本体，实现不同领域概念之间的互联。

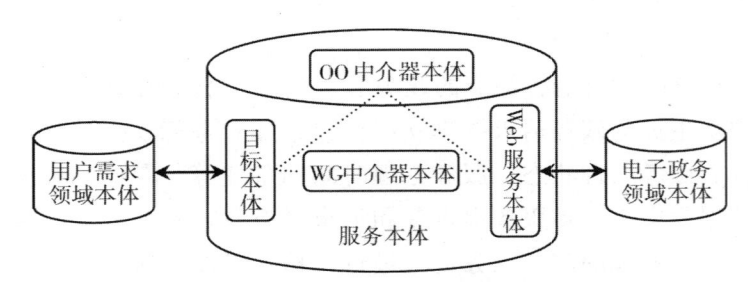

图 3—7　电子政务领域本体、用户需求领域本体与 Web 服务本体之间的联系

第四节　基于 WSMO 的政务集成系统案例分析

为了说明 WSMO 模型，我们将以希腊发行驾驶执照这一公共服

务作为案例。① 我们假设公共交通管理部门是服务提供者，它提供了一个 Web 服务是用来检查驾驶执照的申请和发行。申请驾驶执照的公民要提交所有被要求的证明和文件，来证明他有资格获得驾驶执照。例如通过驾驶考试的证明，具有较好的视力等等。其他部门需要提供服务合作，如驾驶学校需要提供驾驶考试证明。在这个场景中，我们假设有三个辅助服务需要提供：机构提供驾照考试、健康测试和住所登记证明。下面将对这个案例进行详细说明。

在本案例中，为了将在希腊发行驾驶执照这一公共管理服务应用到 WSMO 的概念模型中，我们将定义该案例的 WSMO 本体、WSMO Web 服务、WSMO 目标和 WSMO 中介器，并通过 WSML 语言进行描述。WSMO 概念实体还包括概念语法和逻辑表达语法。

一 政务集成框架（GEA）本体模型

用 WSML 本体语言表达政务集成框架（GEA）模型，图 3—8 是用 WSML 描述的一部分政务集成框架模型的层次结构。

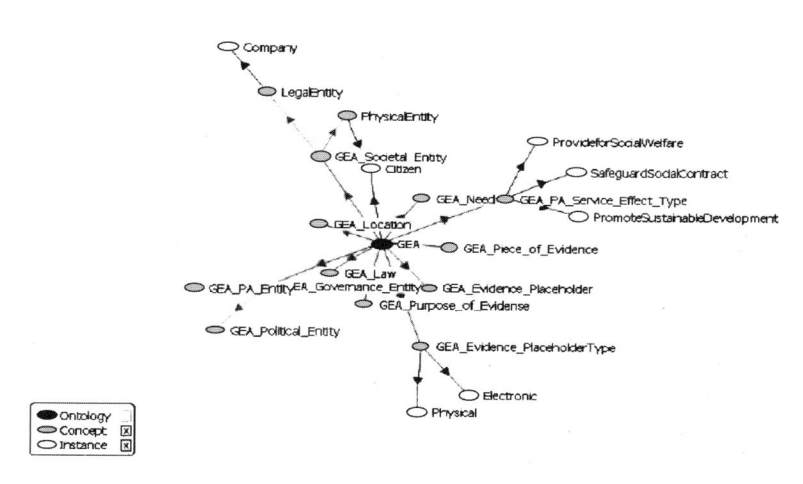

图 3—8 政务集成框架模型概念的层次结构

---

① Xia Wang, Vitvar, et al., "WSMO-PA: Formal Specification of Public Administration Service Model on Semantic Web Service Ontology" (http://www.researchgate.net/publication/224686841_WSMO-PA_Formal_Specification_of_Public_Administration_Service_Model_on_Semantic_Web_Service_Ontology).

通过公共服务生成的每一个文件都被称为政务集成框架的一个证据占位符（GEA-Evidence Placeholder），每个证据占位符既可以是电子形态又可以是实体形态。护照复印件被建模成证据占位符的一个子概念，这个子概念包括护照复印件的属性，如姓名、出生日期和护照号。

二　政务集成框架本体定义

我们遵循 WSMO 的规范来定义政务集成框架的本体。它通常提供一个标准的制定方法来定义任何公共管理服务本体。通过 WSML 来描述本体的底层要素：非功能属性、输入本体、概念、关系、实例和公理。

非功能属性主要用来描述非功能部分，如创建者、创建日期、自然语言描述等。非功能属性用来描述驾驶授权服务如下，以下是简化的描述：

namespace "http：//www. semantic-gov. org/services/DrivingLicense"

dc "http：//purl. org/dc/elements/1. 1# "

wsml "http：//www. wsmo. org/wsml/wsml-syntax#"

gk "http：//www. semantic-gov. org/ontologies/General Knowledge#"

dlo "http：//www. semantic-gov. org/Ontologies/Driving License Ontology#"

gea "http：//www. semantic-gov. org/Ontologies/GEA#"

foat "http：//www. semantic-gov. org/Ontologies/GEA#"

web Service "http：//www. examples. org/Driving License Web Service"

non Functional Properties

dc#contributor has Value " Sotiris Goudos"

dc#publisher has Value " CERTH"

wsml#version has Value " 0. 1"

dc#date has Value " 19/04/06"

end Non Functional Properties

概念是被公认的术语（如驾驶人执照）到应用领域（如驾驶证）的表示。定义一个概念，应该指定它的属性（属性名称和类

型)、实例和超级概念。举例说明,对于"驾驶证"的概念,证据占位符是这样描述的:

concept Driving License subConcept of GEA Evidence Place Holder
owner Name of Type foaf#name
owner Address of Type (1 1) gk#Address
owner Birth Date of Type (1 1) date
owner Birth Place of Type (1 1) gk#Location
issuing Place of Type (1 1) gk#Location
issuing Date of Type (1 1) date
issuing Authority of Type (1 1) Legal Entity
expiration Date of Type (1 1) date
driver License Unique Id of Type (1 1) string
category of Type (1) Category
notes of Type (1) string
is Valid of Type (1 1) boolean

关系是用来建立几个概念之间的相互依赖关系。例如,如果驾照是由被命名为交通和通信部门的权威官方政府提供的,这样的关系被描述如下:

relation driving License Issuance
(of Type issuance Authority, of Type applicant,
of Type applicant, of Type evidence Placeholder)
sub Relation of Issuance

实例是一个特定的概念,即针对每个属性的具体的值。实例要不就是被明确定义的,要不就是连接到一个实例存储库,即一个外部数据库的实例及其值。针对"驾照"概念的实例被定义如下:

instance Mary member of DriverLicense
driver License UniqueId hasValue "B072RRE2I52"

公理与非功能属性一起,被认为是一种逻辑表达式,被广泛地用于定义 WSMO 的其他元素。例如,对权威交通部门(MTA)提供的驾照的表达表示如下:

axiom Driving License Issuing Authority

defined By

? x member of Driving License

implies ? x * ［issuing Authority has Value MTA］.

［*这里的 x 是驾驶执照的一个免费的成员变量，即它的发行机构在权威交通部门的代码（数值）。］

此外，有三个共同的概念（非功能属性、输入本体、所需中介器）被 WSMO 的其他元素广泛应用。为了避免在本文的其余部分重复解释，在这里我们仅提供一个简单的概述：

非功能属性允许定义所有 WSMO 元素。

输入本体是为了避免迭代定义本体或充分利用可重用的本体，输入一个本体是一种最优的方法，并被广泛用于 WSMO 的规范。

所需中介器对于解决本体、Web 服务和目标之间的不匹配问题是必要的。当 WSMO 概念实体之间进行互操作时，必须使用中介器。

三　WSMO Web 服务

WSMO 中的 Web 服务元素提供了一个概念模型以统一的方式描述 Web 服务，包括 Web 服务的非功能属性、Web 服务的能力和获取 Web 服务的接口。

为描述 Web 服务，需给定其他服务或客户的能力和接口。下面给出了 WSMO 的一个 Web 服务配置的细节。

能力是指给定的 Web 服务所能提供的功能，通过能力被描述。WSMO 规范能力层级有几个属性，包括非功能属性、输入本体、所需中介器、共享变量、前置条件、假设、后置条件和效果。我们将详细地定义最后的五个属性。

共享变量被广泛地应用在前置条件、假设、后置条件和效果中。如果 ? v1；? v2；:::；? vn 是在能力中被定义的共享变量，那么认为：

for All ? v1；? v2；:::；? vn

(pre (? v1；? v2；:::；? vn) and ass (? v1；? v2；:::；? vn)

implies post (? v1；? v2；:::；? vn) and eff (? v1；? v2；

第三章 面向电子政务知识协同的政务集成系统设计

::::;? vn))

在驾驶执照的 Web 服务示例中,将使用到两个变量:

Share Variables {? applicant Signed Doc,? license}

前置条件是指在 Web 服务执行之前,指定信息空间所需的状态。我们继续驾驶执照的例子,前置条件被定义为:

precondition check Pass Drive Tests

defined by

? applicant Signed Doc [signedby has Value ? applicant]

member of dlo#Driving License Legally Signed Document

and ? applicant [has Passed Drive Test hasValue boolean ("true")]

and ? applicant [has Passed Drive Theory Exam hasValue boolean ("true")]

and ? applicant [has Good Health has Value boolean ("true")].

上述前置条件要求:如果一个申请人申请驾驶执照,他/她应该提交一份合法签署的申请,应该证明他/她通过了驾驶考试、驾驶理论考试、通过健康测试且结果为"好"。

假设描述的是世界的状态,是在 Web 服务执行之前的假设,否则不能保证 Web 服务的成功提供。与前置条件的差异是假设不是必须通过 Web 服务来检验的。

例如,我们假设一个驾驶证申请人是活着的,在执行之前不需要 Web 服务来检验。其定义看起来像:

assumption Driving License Application

definedby

? applicant member of dlo#Driver

and ? applicant [isAlive has Value boolean ("true")].

后置条件描述的是信息空间的状态,为的是在成功执行 Web 服务之后能保证需求实现。例如,下面的后置条件确保 Web 服务调用后,申请人在希腊能拥有自己的驾驶证:

postcondition Produce Driving License

definedby

exists ? x（? applicant ［has Driving License has Value ? x］
and ? x member of dlo#Driving License
and ? applicant ［has Name has Value? name］
and ? x ［owner Surname hasValue? name］
and ? applicant ［has Birthdate has Value? bd］
and ? x ［owner Birth Date has Value? bd］
and ? x ［issuing Place has Value? place］
and ? place ［country has Value "Greece" ］ ）.

效果描述的是成功执行 Web 服务后要达到的状态。例如，在服务执行后申请人会成为一名司机，也就是说他/她有开车的权利。

effect Becoming A Driver
definedby
? applicant member of dlo#Driver

WSMO 的 Web 服务的直观语义是：在执行 Web 服务之前，给定状态 S_0，执行 Web 服务之后完成服务 S_0，以下这些公式之间的关系是：

8? x1；? x2；:::；? xn holds（PRE（? x1；? x2；:::；? xn）^
ASS（? x1；? x2；:::；? xn）；s0）
! holds（POST（? x1；? x2；:::；? xn）^
EFF（? x1；? x2；:::；? xn）；do（service；s0））

Web 服务接口的主要目的是进行行为描述，在某种程度上适合软件代理来决定 Web 服务的行为和原因。它也可能有助于发现和选择一些现存的 Web 服务接口的目的、描述和连接，WSDL 也可以被指定。有两种类型的接口提供给最终用户或其他 Web 服务，分别是：

编排定义了如何联系一个 Web 服务以使用其功能和关注用户对服务的交互。基本上，它包括的属性有非功能属性、状态签名和转换规则。

在 WSMO 中编排是通过抽象状态机器（ASM）机制来描述的。状态签名的特征通过非功能属性、输入本体、输入、输出、共享、状态和控制被进一步定义。关于驾驶执照的 Web 服务的简化示例如下：

choreography WS Driving License Choreography
state Signature WS Driving License Statesignature
imports Ontology
"http：//www. semantic-gov. org/Ontologies/GEA#"
in
concept gea#Eye Health Certificate
concept gea#ID Card Photo Copy
concept gea#Public Payment Voucher
concept gea#Passport Photo Copy
out
concept gea#Driving License

为了简洁和节省文章版面，在这里转换规则被省略了。

编制定义了整体功能在其他服务提供者的实际合作中是如何实现的。例如，驾驶执照发行服务包括至少三个额外的 Web 服务，通过申请人验证发布信息，检查是否通过了驾驶考试和检查健康状况。一般来说，电子政务中的 WSMO Web 服务域有三例编制，都有不同的功能：

验证是一个接口，是用来处理验证的前置条件的正确性和在执行 Web 服务之前的对于假设的保证。

执行与编排的其他服务有关，它定义了目标信息。执行接口有责任通过输入和输出来实现服务。

结果与其他服务有关，通过结果业务可以联系其他服务。该接口使用执行服务的结果来更新其信息空间。

举个例子，如果驾驶执照的申请被批准，申请人的其他公共服务记录数据可以通过改变"是否获得驾照"的状态为"是的"来更新数据库。

四 WSMO 目标

目标在 WSMO 中用来描述用户的需求。WSMO 假设在 WSMO 环境中，需求在处理之前，非正式表达的需求会转化为正式的目标。

然而，这种假设超出了 WSMO 模型的范围。

在 WSMO 中的目标就是当咨询一个 Web 服务时，描述请求者要实现的一个具体的任务。同样，目标的定义是由非功能属性、输入本体、所需中介器（如，OO 中介器 GG 中介器）、请求能力和请求接口组成的。下面是获得驾驶执照这一目标的例子，要求申请人提交所有必需的文件和为申请人发放驾驶证。

goal Obtaining Driving License Goal
capability
share Variables ｛？ applicant，？ license｝
postcondition Needing A Document
definedby
exists ？ x （？ applicant ［has Driving License has Value ？ x］
and ？ x member of dlo#Driving License
and ？ applicant ［has Name has Value ？ name］
and ？ x ［owner Name has Value ？ name］ ）．
effect Need To Become A Driver
defined by
？ applicant member of dlo#Driver．

值得注意的是，该目标的定义具有与服务相同的结构。实际上通过 WSMO 对目标和服务进行描述是为了实现智能和自动发现技术。在我们的例子中，由于在目标中没有规定前置条件，所以我们认为请求者愿意履行（调整）被该服务所要求的任何前置条件（同样适用于请求接口）。

五　WSMO 中介器

中介器是 WSMO 中的另一个概念。中介器是用来解决互操作的问题，并没有概念上的"意义"。在不同的公共服务业务中，中介器是用于解决由于不同的本体和不同的通信模式造成的数据和过程的异构性问题。中介器在解决跨境公共服务时会特别重要。比如不同的格式（本体）和不同的公共服务通信图案（编排）是由不同国家的不同法律所制定的。

一般情况下，中介器涉及处理异质性，即解决资源之间可能发生的不匹配问题并使之互通。中介器可以作为一个 Web 服务，根据需要调节不同的资源。有四种类型的中介器：ooMediator, ggMediator, wwMediator 和 wgMediator。以下是关于 WSMO 中介器的定义：

Class mediator

imports Ontology type ontology

has Source type {ontology, goal, service, mediator}

has Target type {ontology, goal, service, mediator}

has Mediator Service type {goal, service, wwmediator}

还以驾驶执照为例，以下是对 WSMO 资源的定义：

五大领域本体，即公民本体（驾驶证申请人）O_{ci}，驾驶执照本体 O_{dl}，健康认证本体 O_{hc}，驾驶考试本体 O_{dt} 和申请人户籍本体 O_{rp}。

目标 G_0 规定"申请机动车驾驶证"被用作模板，以限定一个具体的目标 G_M，即"玛丽想申请驾驶执照"。

由权威交通部门提供的 Web 服务 WS_{MTA}，为公民申请驾驶执照的发放提供检查和服务。此服务还需使用其他服务来验证申请信息。所需要的服务是 Web 服务 WS_{DT}（提供驾驶考试），Web 服务 WS_{HC}（提供健康测试），以及 Web 服务 WS_{RP}（提供居住注册地）。

图 3—9 显示出 WSMO 中资源之间的连接。在图中，连接中介器的实线箭头表示资源（而连接目标或 Web 服务的实线箭头表示本体输入），连接中介器的虚线箭头表示中介器的使用。

有五个领域本体：O_{ci} 和 O_{dl} 通过目标 G_M 和 Web 服务 WS_{MTA} 输入；O_{rp}，O_{hc} 和 O_{dt} 分别在 Web 服务 WS_{RP}，WS_{HC} 和 WS_{DT} 中被使用。ooMediator（OOM）被用来解决 O_{ci}，O_{rp}，O_{hc} 和 O_{dt} 之间可能存在的不匹配问题。它与 wwMediator（WWM）一起用来连接 Web 服务，并解决在协议或进程级别上可能发生的不匹配问题。

在这个例子中，权威交通部门可以提供几个除了发放驾驶执照之外的发行服务，而 G_M 只是要求发放驾驶执照。因此，有一个 wgMediator（WGM）用于连接 G_M 和 WS_{MTA} 以解决术语不匹配的问题并说明它们之间的功能差异。此外，ggMediator（GGM）定义了 G_M，是

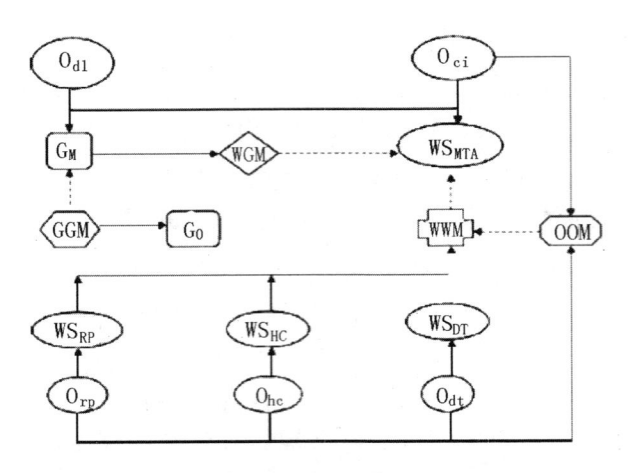

图 3—9　WSMO 中介器—使用举例

对 G_0 的细化，通过继承所有描述概念并细化对象说明来生成由玛丽提出的具体的驾驶执照的申请。另外，位于 WS_{MTA} 和 G_M 之间的 wg-Mediator（WGM）也是从 G_0 继承来的。

通过上面的案例可以看出，基于 WSMO 的语义 Web 服务更加关注实现自动和半自动的语义 Web 服务，强调 Web 服务的自动发现、中介器及组合服务等功能性的 Web 组合服务。

通过 WSMO 定义的本体和语言对目标和服务进行描述，服务需求方利用各种中介器发现服务、选择服务。服务提供方利用各种中介器描述服务、提供服务，并在需求方和服务方之间进行互操作，将需求和服务匹配起来，完成自动的 Web 整合服务。

第四章

面向电子政务知识协同的
政府知识门户构建

为了满足公众电子政务知识协同服务需求，在电子政务建设过程中应从服务的角度出发而不是仅仅根据政府职能部门的机构设置建立电子政务系统。随着语义网、Web 服务等技术的出现与不断完善，在构建电子政务系统时，基于语义 Web 服务技术将庞大的电子政务系统分解成一项一项的服务，即使在政务流程发生变化时，也可以迅速对服务进行重组以满足新的需求。此外，借助于语义 Web 服务技术能够屏蔽各部门间的业务实现，通过政府知识门户能够十分方便地集成各政府部门的业务处理系统，使政务信息资源及知识资源能够充分共享，从而实现政府部门之间协同工作与方便公众获取政务信息和实现知识共享的目标，为公众提供真正的"一站式"服务。鉴于此，本章结合实际案例，在分析基于万维网的政府信息门户的不足以及基于语义网的政府知识门户优势的基础上，构建了面向电子政务知识协同的移动互联网政务门户，提出将电子政务门户建立于移动互联网络之上，利用移动互联网的社会化、本地化和移动化属性，将人类的智慧与机器的自动化能力紧密结合，形成大规模人机协同，实现电子政务知识协同。

第一节 基于 Web 的政府信息
门户及其不足

政府信息门户是电子政务系统框架的核心，是政府在 Internet 上的窗口和服务平台，可以在互联网上实现政府组织结构和工作流程的优化重组，超越时间、空间与部门的限制，全方位地向社会提供优质、规范、透明、符合国际水准的管理和服务。当前电子政务已经成为改变政府管理方式的必然选择，其中的关键环节就是通过网络与公众之间进行双向的信息交流与知识共享。

一　基于万维网的政府信息门户案例分析

政府信息门户作为电子政务的服务终端，是政府提供公共服务的最主要窗口，它既是政府办公业务的互动交流平台，也是政府发布信息、公众获得信息的主要载体和渠道，是提供在线公共服务的重要工具。通过建立政府自身的门户网站，政府部门可以为社会公众提供优质的多元化信息服务，实现与企业以及公众之间的互动式沟通。1999 年 1 月 22 日，由中国电信和国家经贸委经济信息中心联合 40 多家委（办、局）信息主管部门共同倡议发起的"政府上网工程"正式启动。近年来，我国政府网站发展迅速，32 个省级政府均建立了政府门户网站，而作为我国的顶级门户网站——中国政府网（www.gov.cn）于 2005 年 10 月 1 日试运行，2006 年 1 月 1 日正式开通。中国政府网的开通，填补了我国国家门户网站的空白，成为我国政府网站建设的重要里程碑，标志着我国政府门户网站体系的初步建立。

上海市作为我国经济最为发达的城市，其信息化发展程度在国内首屈一指，门户网站——"中国上海"（http://www.shanghai.gov.cn）展现了上海市在中国经济和社会发展中的领先地位。2001 年 9 月 28 日，上海市政府门户网站"中国上海"试开通，网站设 8 个主栏目，首批公开 52 个市政府部门 1200 余项办事事项指南，4 个政务受理在线项目，7 个网上办事在线查询功能，同时链接 16 个市政府部门网上咨询渠道和 19 个市政府部门网上投诉窗口，提供 66 项便民服务事项，20 个市政府部门 235 张办事表格可供网上下载。2002 年 1 月 1 日，"中国上海"门户网站正式开通。建成后的门户网站先后于 2002 年、2004 年、2008 年以及 2011 年经历 4 次改版，最新改版的网站全面展现以"我"（用户）为中心的理念，围绕公众需求提供服务，展现政府网站的网络化、服务化、实用化、规范化和人性化。

按照国家关于政府网站功能定位的要求,"中国上海"在"政府信息公开"、"网上办事"、"便民服务"、"政民互动"等功能模块上体现出在政府门户网站建设方面的引导性和示范性。

(一)政府信息公开

"中国上海"的信息公开板块包含内容广泛,包括"要闻动态"以及"市政府新闻发布"、"政策解读"、"政府数据开放"、"政府黄页"、"回应关切"等40余个政府信息公开栏目,力求做到尽可能多地公开政府信息。如果用户通过"主动公开政府信息检索"进行查询后未能得到所需的政府信息,则可以选择负责的部门或区县提交政府信息公开申请,即"依申请公开"。"中国上海"政府门户网站目前共有45家市级委(办、局)和17家区县介入该平台。公众提交信息公开申请表后,还可查询处理状态和处理结果,能够提高个人或企业获取信息渠道的多样化及效率优化。

(二)网上办事

"中国上海"的办事平台主要包括"网上政务大厅"、"主题服务直通车"、"虚拟现实服务"、"热门服务"等栏目。门户网站开辟"审批直通车"一栏作为企业、市民向市政府部门或区县进行审批的快捷通道,以"自然人"生命周期(从生到死)和"法人"生命周期(从开业到歇业)为序,设立"市民办事"、"企业办事"。网站还在"两个周期"基础上,以"项目"为核心,整合办事规程、表格下载等10个服务要素,促进办事服务的制度化、流程化发展,并积极推行"一点受理、抄告相关、并联审批、限时反馈"在线办理模式,实现全市业务系统联网,方便公众全面获取信息和进行"一站式"办理,保证企业经政府网站办理业务后的实效性。

(三)便民服务

"便民服务"体现出上海政府网站整合信息资源为社会公众、企业提供便民服务的服务理念以及上海市政府建设"服务型"政府的执政理念。网站整合了市政府部门、区县和公用企事业单位各类信息服务资源,设立"查询平台"、"服务导航"、"便民回答"、"企业优惠扶持政策"、"投资上海"、"城市生活"、"城市明信片"

等栏目。以"查询平台"栏目为例,建立了"实用信息查询"、"生活地图查询"、"服务热线查询"、"公共设施查询"等具体栏目,提供与公众日常生活和工作密切相关的查询选项以及 39 个社会生活电子地图,汇集政府部门咨询投诉、常用便民服务热线电话以及上海市的图书馆、学校、公园等九大类公共设施的地址、网址等信息。

(四)政民互动

"中国上海"的政民互动平台主要包括"领导信箱"、"在线访谈"、"政民互动微博平台"以及"政府规章草案民意征询"、"公众参与"、"百姓评议"等栏目。"中国上海"是一个服务型平台,在"公众参与"方面其领导信箱渠道相对成熟,整合了各级领导的电子信箱,提供了统一的入口。除此之外,还提供了民意调查和公众评议的渠道,为上海市民积极参政议政创造了便利条件。"政民互动微博平台"则包含了"上海发布"和"部门、区县微博"两栏,"上海发布"是上海市政府新闻办公室实名认证的官方政务微博,于 2011 年 11 月 28 日上午 8 时 40 分在腾讯网、新浪网、东方网、新民网同时上线,旨在及时发布权威的上海政务信息,回应群众关切问题。

政府门户网站在发展过程中会遇到很多问题,有社会和体制层面的,也有技术层面的,其中一个重要的技术层面问题是政府门户网站信息的智能处理问题,即使是目前在国内领先的上海市政府门户网站也不例外,同样面临以下智能处理方面的问题。

(1) 政府门户网站政务信息的智能搜索问题。现在典型的搜索引擎是基于关键词来进行查询,系统会通过计算相似性来匹配索引。尽管很多搜索引擎在某种程度上都使用链接分析,但这仅仅有助于识别一些从字面上符合查询需求的一般网页,而与那些符合某个特定语义查询需求的特殊网页却没有任何关联。

(2) 政府门户网站公众提交信息的智能分类处理问题。像上海市政府门户网站一样,现在很多政府门户网站上都有市长信箱、政府部门信箱、互动平台等栏目,公众可以方便地从网页上提交建议、意见来反映问题,信件的数量比较大,但大部分公众很难详细地分辨众多政府部门的职能分工、法律法规等等，所以常常都直接提交到市长信箱，由市长信箱人工识别处理分类转发到部门信箱。而人工处理该类信息存在诸多不足，每天要花人力物力重复处理很多类似的信件，实际上这些工作完全可以基于对自然语言和政务领域的理解让计算机做分辨预处理，再由人工判别。

（3）此外，公众还可能希望门户网站来完成一些不仅仅是查找或提交文档这样简单的事情，也许他们希望利用政府网站来完成一些其他的特定复杂任务。例如，一个市民希望能在房管局网站上，让系统查找具有自己所期待特征（价格、地理位置、面积、楼型、楼层等）的待售新建商品房信息，并根据最优的查询结果，自动完成新建商品房的网上预售登记等这样的工作。要想做到这些，传统做法就需要先找到相应的网站，再找到相关的位置，根据网站的大量信息做人工筛选，得出相应的推理结论，再去行动登记等等。然而现有基于万维网的政府信息门户几乎不可能自动完成这样的任务。

二　基于万维网的政府信息门户的不足

政府门户网站的主要目标是能让用户通过网络方便灵活地获取政府所提供的电子化服务以满足他们的需求，实现该目标的关键是：对电子化服务进行清晰的描述以便于服务的查找；必须让计算机理解用户的需求；能使计算机根据用户的需求自动地查找、组合和调用相关的电子化服务。然而，现有基于万维网的政府信息门户是随着万维网技术出现而产生的。万维网是互联网最重要和最广泛的应用之一，用户可以利用万维网浏览互联网上所有的信息资源，电子政务正是万维网在政府管理领域的一种典型应用形式。然而，在伴随着万维网成功的同时，呈指数级增长的海量信息使得来自各领域的用户对信息的查找、访问、表示以及维护变得越来越困难。"丰富的数据和贫乏的知识"问题越来越突出，主要的原因是HTML有着先天性的不足——网页上的内容是设计成专供人类浏览的，它仅仅描述内容的外观和表现形式，即供人们阅读而非机器自动处理；对于信息之间的联系，它也仅仅提供了按"网页地址"的线性链接关系,而非以"内容的语义"来定位信息资源,网上所有信息都是由不同网站发布的,相同主题的信息分散在众多不同的网络服务器上。这些缺陷的存在导致计算机在采集、分解和组合万维网中的信息时,显得格外力不从心,语言文字本身存在的语义模糊性和歧义性也增加了计算机分析的难度。所以对于目前万维网上的信息,计算机只能从格式上来处理和验证,并不能处理知识级别的问题。可见,基于万维网的政府信息门户存在两个明显的不足:①计算机不能理解政府信息门户上网页内容的语义;②政府信息门户上有用信息查找困难,即使借助功能强大的搜索引擎,查准率也比较低,它在帮助用户得到成批相关网页的同时,也夹杂了许多用户不需要的信息垃圾。

我们以政府门户网站公众提交信息的智能分类处理问题为例,来分析基于万维网的政府信息门户的不足。政府信息门户上公众提交的建议、意见等信息有基于普通邮件发送的,有基于政府门户网站栏目表单发送的,它们常常都直接提交到市长信箱,由市长信箱人工分类转发到部门信箱。具体说就是由政府办公厅值班室专人值班查收市长信箱的信件,人工查收每天众多邮件的具体内容,判断应该转发到哪个政府部门信箱去处理,处理完成后再由部门反馈到政府办公厅值班室,最后人工发信息到门户网站。人工处理该类信息有诸多不足:①邮件分类处理人员必须十分熟悉众多政府部门的行政职能;②专职邮件分类处理人员做不到每周 7×24 小时全天候的邮件随时处理;③大量邮件的人工检索分类比较枯燥、费时费力、效率低、处理周期较长;④增加了人力成本和中间管理环节;⑤有些情况下人工操作的准确性、可靠性不如训练有素的基于知识库的智能计算机;⑥没有智能学习功能。由于计算机不能分辨与学习,并进行过滤、分类和预处理,所以管理员每天都可能重复一些没有必要的工作。实际上这些工作完全可以让计算机基于对自然语言的理解和对政务领域概念的理解做识别、学习和处理,计算机系统判别不准的再提交给管理员判别。

无法实现政府信息门户上智能信息处理的主要原因是目前的万维网并不是为计算机处理而设计的。尽管网页上包含一些特殊的信息来告诉计算机如何去显示一个特定的文本,并且告诉计算机这个链接是指向哪里的,但是计算机无法知道这个文本的具体含义,无法实现万维网上信息语义层次上的互操作性,因此,要求基于万维网的政府信息门户迅速并准确地定位有效信息变得越来越困难。

第二节 基于语义技术的政府知识门户的优势与特点

要实现计算机智能处理网页,就需要计算机不但能读取数据,还要能理解和区分数据的确切语义,实现万维网信息在语义层次上的互操作性,让万维网上的信息能被计算机所"理解"。语义 Web (Semantic Web) 技术的发展将解决上述问题。语义 Web 由数据库智能化程度极高、协调能力非常强大的各个部分组成,可以解决各种语义问题。在语义 Web 上连接的每一部计算机都能分享人类历史上所有科学、商业和艺术等知识。它不但能够理解词语和概念,而且还能够理解它们之间的逻辑关系。在语义 Web 中,网络不仅能够连接各个文件,而且还能够识别文件中所传递的信息,可以承担以前只有人才能从事的工作,可以像人一样,基于上下文让计算机辨认和识别语词的确切含义。下面通过实际案例来分析基于语义技术的政府知识门户的优势与特点。

一 基于本体的美国印第安纳州电子政务门户系统案例分析

美国印第安纳州的电子政务系统是利用本体技术构建的面向公众服务的电子政务知识门户系统的典范。在印第安纳 FSSA (Indiana Family and Social Services Administration) 分布式协同服务结构中,FSSA/HHS 定义了九个本体,分别是低收入、处于危险的儿童、精神病与吸毒、弱智、区域健康与人性化服务、医疗补助、政府机构、法律实施与财政。并在此基础上给出了本体和本体之间的关系以及在一个专业本体中所包括的术语,如图4—1所示。①

```
Low Income Ontology                Indiana Client Eligibility Systems
  Job training/placement           Indiana Support Enforcement Trading Systems
  Energy Women Infants and Children Temporary Assistance for Needy Families
  Child Support Child Care         National Directory of New Hires
  Food stamps
  Medicated system                  Local Health and
  Women,infants,and children        Human Services Ontology
    Medicaid Ontology
                                   Residential support
                                   Vocational rehabilitation
                                   Supported employment

                                   Mental Retardation
                                   Disablility Ontology
  Adoption Foster care
  Early Intervention for disabled   Adiction treatment
  Family reservation/support        Mental illness treatment for adults
                                    Prevention
   At-Risk Children Ontology
      ◯ Ontology                   Mental Illness and Addiction Ontology
      → Interontology relationshipp
```

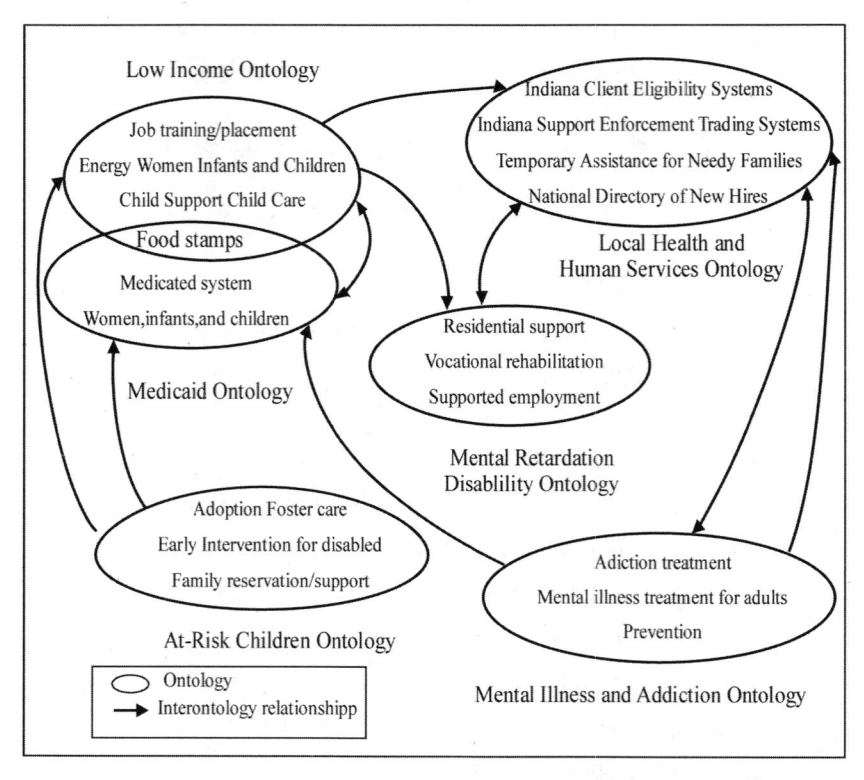

图4—1 美国印第安纳州FSSA系统中电子政务领域本体②

按照电子政务领域概念规则,我们把这个本体图转换成FSSA/HHS概念表。01—06为一级概念,其下位按照英文字母顺序编制的为二级概念,或称为下位类。③

01 Mental Retardation Disability Ontology 精神不健全人——参03

---

① Athman Bouguettaya,"Ontology-based Support for Digital Government"(http: //www.vldb.org/conf/2001/pdf).
② Ibid..
③ 高洁、李佳培:《电子政务信息资源管理中的领域本体构建研究》,《图书情报工作》2005年第11期。

01A Residential support 住房支持

01B Vocational rehabilitation 再就业

01C Supported employment 就业服务

02Medicaid（美国由各级政府资助、以助穷人和伤残这类对象的）医疗补助——参04

02A Food stamps 食物票（粮票）——同04F

02B Medicated system 医疗补助系统

02C Women, infants and children 妇女、婴儿、儿童

03Local Health and Human Services Ontology 地区健康与公共事业——参06

03A Indiana Client Eligibility Systems 印第安纳居民身份识别体系

03B Indiana Support Enforcement Trading Systems 强制执行贸易体系

03C National Directory of New Hires 国立出租名录

03D Temporary Assistance for Needy Families 贫困家庭临时协助（人员）

04 Low income ontology 低收入——参03、02、01

04A Energy 能力

04B Job training/placement 职业培训/安置

04C Women, Infants and Children 妇女、婴儿与儿童

04D Child Care 儿童保育

04E Child Support 儿童抚养

04F Food Stamps 食物券（粮票）——同02A

05 At-Risk Children Ontology 濒临危险儿童——参02、04

05A Adoption 收养

05B Foster care 看护

05C Early Intervention for disabled 残疾早期干涉

05DFamily reservation/support 家庭安置/抚养

06 Mental Illness and Addiction Ontology 精神病与吸毒——参02、03

06A Mental illness treatment for adults 成人精神病治疗

06B Addiction treatment 戒毒治疗

06C Prevention 预防

从该案例可以看出：①应该面向某一个或一类具体的问题构建本体。从印第安纳州的家庭与社会服务机构的本体图可以看出，该本体的特定领域是以家庭为主，围绕着家庭展开一系列的本体，囊括了家庭成员的衣食住行，并着重定义了面向弱势群体的各种服务本体，最终形成了六个主要本体。②本体间具有单向或双向的联系，且这些联系的建立是有条件的。如低收入本体指向地区健康公共事业本体，是一种单向联系，凡是涉及低收入本体下的概念一律指向公共事业本体，即低收入群体中的问题直接由公共事业服务来解决，如 04D 儿童保育问题就由 03D 贫困家庭临时协助（人员）来解决问题，而医疗补助本体与低收入本体是双向联系的。

二 基于语义技术的美国弗吉尼亚州政府知识协同门户

结合语义 Web Service 技术，埃斯曼·保古塔叶（Athman Bouguettaya）等开发了一个为用户提供统一电子政务服务的知识协同门户 WebDG（Web Digital Government），图 4—2 为 WebDG 的结构图。[①] WebDG 是数字政府的 Web 服务管理系统（Web Service Management System），它提供了一个有效利用电子政务服务的框架。WebDG 具有三个特征：组合的电子政务服务、电子政务服务的优化查询和隐私保护。

如图 4—2 所示，WebDG 作为一种开发方案，跨越了网络上基于 Solaris[②] 操作系统的工作站。公众和政府办公人员通过用 HTML 和 Java servlets[③] 开发的图形化界面实现对系统的访问。WebDG 目前包

---

① Athman Bouguettaya, Brahim Medjahed, "WebDGA Platform for E-Government Web Services"（http://www.people.cs.vt.edu/~xuminl/dgov2004.pdf）.

② Solaris 是 Sun Microsystems 研发的计算机操作系统，它被认为是 UNIX 操作系统的衍生版本之一。

③ Java servlets 是用 Java 编写的服务器端程序。其主要功能在于交互式地浏览和修改数据，生成动态 Web 内容。从实现上讲，Servlet 可以响应任何类型的请求，但绝大多数情况下 Servlet 只用来扩展基于 HTTP 协议的 Web 服务器。最早支持 Servlet 标准的是 JavaSoft 的 Java Web Server。此后，其他基于 Java 的 Web 服务器开始支持标准的 Servlet。

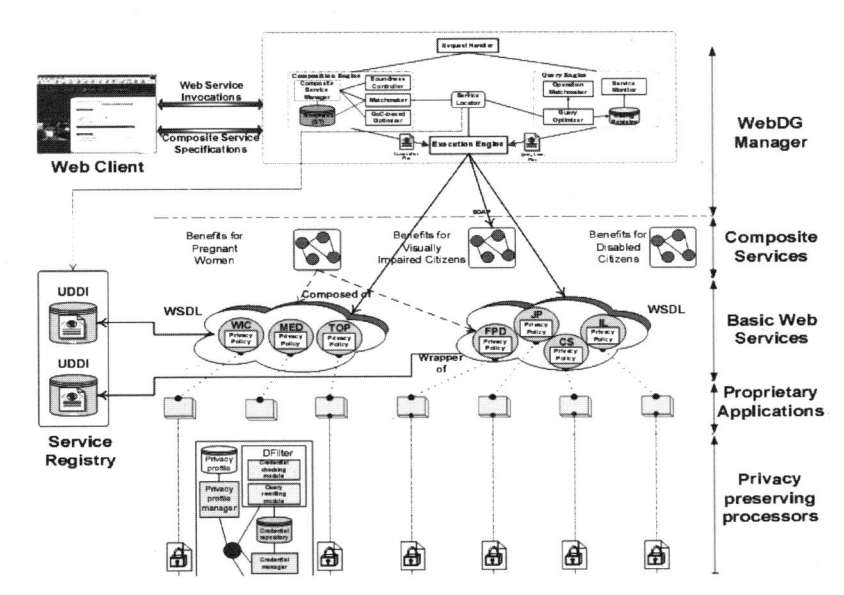

图 4—2　美国政府面向公众服务的知识协同门户 WebDG 结构

括七个 FSSA 用 Java 开发的应用程序。通过 Axis①Java2WSDL 使用 IBM 的 Web Services 工具就能够自动从 Java 的类文件中生成 WSDL 的描述文件，这些关于服务的描述文件被 WebDG 发布到公共的 UDDI 注册库中。WebDG 通过 Apache② SOAP 实现部署服务，并使用服务来管理客户端。Apache SOAP 提供一种服务器端的架构实现部署和管理服务，它也通过提供客户端的 API（Application Programming Interface，应用程序编程接口）把服务开放供其他程序调用。每一种服务部署一种描述文件，这种文件包括对要引用的 Java 类进行唯

---

① Axis 起源于 IBM 的 SOAP4J，是 Apache SOAP 的第三代产品，相对于以前的版本，它有如下特性：快速，它使用了基于事件的 SAX 解析机制；灵活，用户可以灵活定制扩展；稳定，接口变动很小；基于组件开发；支持 WSDL1.1。

② Apache 是一种开放源码的 HTTP 服务器，是可以在大多数计算机操作系统中运行的软件，由于其多平台和安全性较高，尽管不断有新的漏洞被发现，但由于其开放源代码的特点，漏洞总能被很快修补。因此总的来说，其安全性还是相当高的。被广泛使用，是最流行的 Web 服务器端软件之一。它快速、可靠并且可通过简单的 API 扩展，将 Perl/Python 等解释器编译到服务器中。

一的标示，Session①值的作用空间和客户端可操作的类。WebDG 部署每一种服务都把这种描述文件或 Apache SOAP 的服务器端程序的 URL 作为输入的变量。

（1）WebDG 管理器（WebDG Manager）。它是该系统的核心，这种服务定位器能够在服务注册库中查找关于服务的描述文件，当管理引擎发现一个服务时，它就通过 SOAP 绑定，实现对服务的调用。

（2）复合服务管理器（Composite Service Manager，CSM）。它通过使用 Java 的 API 接口来处理 XML，并对基于 XML 的复合服务进行解析。然后，管理器把服务发送给匹配器核对匹配规则。服务器配置器最后把符合规则的复合服务的列表发送给 SL（服务查找器）。SL 在收到列表后对每个服务的 WSDL 的描述文件进行解析并把结果发送给服务匹配器。SL 参照服务列表对符合条件的服务进行检索。在完成有效性核查后，服务匹配器生成检索计划并把它发送给优化器，最后服务的选择是基于 QoC（复合质量）的。用户也可以定义一些参数如时间、花费等，查询计划将把这些参数都关联在内。当 QoC 的参数比用户设置的参数更大时，查询优化器将查询计划返回给查询匹配器。服务匹配器把选择后的查询计划提交给优化控制器（SC），检查其整合的方式以提供附加的价值。SC 接着就把计划和可能兼容的存储模板返回给 CSM。CSM 最后把计划发给查询执行引擎。查询执行引擎通过精确的对电子政务的 Web 服务的引用实现对数据的查询，用 SOAP 绑定通过使用 Apache SOAP API 接口来实现。

（3）服务查询引擎（Service Query Engine，SQE）。它能够响应 WebDG 优化后提供的正确的查询服务。查询匹配器（Operation Matchmaker，OM）能够和 SL 实现交互，对 WSDL 中的查询服务的描述进行检索并选择最优的查询服务来执行查询计划。通过使用其中任何一个匹配模式实现对 WSDL 资源的描述文件进行解析和真实

---

① Session 是一种持久网络协议，在用户（或用户代理）端和服务器端之间建立关联，从而起到交换数据包的作用机制，Session 在网络协议（例如 telnet 或 FTP）中是非常重要的部分。

的操作与虚拟操作的匹配。此外监视代理（MA）对电子政务的服务引用情况进行记录，目的是测度WebDG中服务的使用情况。监视代理负责维护本地的注册库，通过这个注册库来评定服务，并结合其他形式来评估评定结果。查询优化器（Query Optimizer，QO）是SQE的核心组件，它基于查询优化模型对给定的查询实现自动选择最优的查询计划。在查询优化器生成有效的查询计划后，查询计划就提交给执行引擎。

当有Web服务试图要连接到FSSA数据库时，一个隐私保护程序就会打断对服务的执行，在对个人权限、身份等信息核查后决定是否允许对数据的查询。图4—3显示顶端的查询在弗吉尼亚州的一个查询案例。"没有权限"意味着用户当前没有获得许可查询关于"F1"家庭人种相关的信息。"不可获得"表明F1不想公开一些敏感信息。

该案例描述了一种易于理解的电子政务Web服务管理系统（WSMS），WebDG能够实现有效地部署电子政务Web服务的目的。WebDG通过采用Web Service作为一种有效的载体来为那些最需要的人提供服务，WebDG能够实现电子政务领域知识的查找、筛选并能实现信息安全功能。WebDG的主要特点是：构建电子政务服务、优化查询和隐私保护系统。该案例描述了一种基于WebDG系统的Web Service来部署FSSA程序、提供电子政务服务的方法。

概括来说，该案例系统在总体功能上实现了基于语义Web服务的协同政务服务，其核心是WebDG管理器（WebDG Manager），通过复合服务管理器（The composite service manager，CSM）进行查找或描述相关服务，实现对服务的调用，实现领域之间的互操作，其侧重点在组合和匹配，在一定程度上缺少灵活性。相反，本书提出的系统架构，采用了WSMO语义描述方式及其思想，技术支撑层起到了中介器的作用，可以灵活地引入和整合不同的本体和Web服务，一定程度上提高了系统的耦合性。

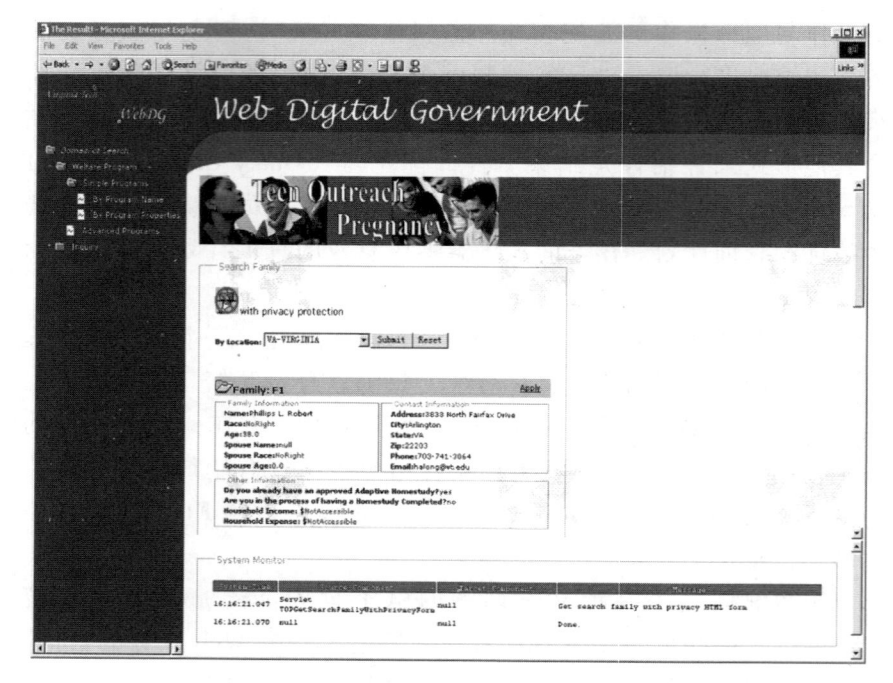

图 4—3　WebDG 对隐私保护的界面 Interface for Preserving Privac[①]

三　基于语义技术的政府知识门户的优势

上述美国电子政务门户系统的两个案例分别应用了语义网和语义 Web 服务技术，克服了基于万维网的政府信息门户的不足，充分显示了基于语义技术的政府知识门户的优势。

（一）基于万维网的政府信息门户与基于语义网的政府知识门户的对比

表 4—1 对基于万维网的政府信息门户和基于语义网的政府知识门户采用的技术方法进行了对比，可以看出，语义网技术能解决基于万维网的政府信息门户存在的诸多问题，基于语义网的政府知识门户具有以下技术优势。

---

① Athman Bouguettaya, Brahim Medjahed, "WebDG – A Platform for E-Government Web Services" (http://www.people.cs.vt.edu/~xuminl/dgov2004.pdf).

表 4—1　　政府信息门户与政府知识门户技术方法比较[①]

政府信息门户	政府知识门户
只能通过任意的文本/关键词进行搜索，固定的分类体系	通过丰富的领域本体的方式进行多维搜索
用结构化的形式记录组织信息，鼓励由顶向下的设计和集中的维护	半结构化的、可扩展的信息，允许由底向上的演变和分散更新
可以在已定义好的门户结构里添加信息和注解	可以添加新的分类和组织模式，从而扩展信息结构
门户内容集中存储和管理	门户内容通过一个为各种组织和个人提供服务的分散的网络存储和管理，同一数据可能有多种集成和视图
每个门户以自己特有的格式提供数据，并且进行独立维护	数据提供者以可重用的形式发布数据以便集成进多个门户中，数据的更新仍然在他们的控制中
门户的目的在于便于人的访问，不同机构间的信息共享需要单独的机制	信息结构能被机器直接访问，有利于跨门户的集成

（1）将以前许多由人来完成的任务交给计算机来完成，因为在基于语义网的政府知识门户中，网络数据是面向计算机的，计算机能自动处理那些数据。基于语义网的政府知识门户的搜索引擎将更快、更准确、更智能化。

（2）不同的数据源之间可以有很复杂的关系，所有的数据源能够被集成在本体里。运用基于语义网的政府知识门户的搜索引擎，用户可以提出涉及广泛信息的复杂问题，并且能够马上得到正确答案。

（3）基于语义网的政府知识门户的网络数据是开放的、定义明确的，并且有相同的公共标准，语义网的任何其他的搜索引擎能够

---

① 杨锐、陈能成：《基于语义的电子政务信息门户设计和实现》，《计算机工程与应用》2007 年第 2 期。

重用网络数据,因此,基于语义网的政府知识门户实现了知识共享。

(4) 计算机和用户之间能很容易地进行良好的合作。因为在基于语义网的政府知识门户中,计算机能理解用户的命令和输入的实际意义,能严格按照用户的要求执行命令。

(二) 基于语义网的政府知识门户带来的政府管理变革

首先,基于语义网的政府知识门户能重塑政府的权能结构,为公众提供优质的公共服务,将是政府为公众提供服务的主要形式,成为政府服务于公众的唯一"窗口",政府的权能结构将发生根本的变革:①基于语义网的政府知识门户将使"计算机"更加称职,各种政府 Web 服务更加有效,政府知识门户"亲民"成为政府的主要职能之一。政府的管理能力和服务能力主要体现在如何更好地驾驭协同政务系统中的人、机器和各种政务信息系统,让它们能按照一定的规则有序地为公众服务。②基于语义网的政府知识门户具有对政务信息库中的信息进行智能评估的能力,能够理解政务信息的内容,能帮助公务员处理许多烦琐的行政事务。从而能真正地"解放"政府,让政府摆脱琐务,专司社会运行规则的设置及运转监控职责。无疑,传统的政府组织结构无法适应这一需求。③基于语义网的政府知识门户的语义功能真正解决了知识共享问题。基于语义网的政府知识门户能实现任何信息、任何服务在任何时间、任何地点被任何人使用。从中央到地方各级政府所提供的信息和服务能根据公众的需求,进行自动的定位、组合和执行。对公众来说,可方便地获取任何级别、任何区域的政府所提供的任何信息和服务。这能彻底地打破地域、级别、部门对信息和服务的分割,让所有的信息和服务融为一体。可见,基于语义网的政府知识门户能打造一个真正的"无缝隙政府"。

其次,基于语义网的政府知识门户能变革政府公共服务模式。表 4—2 概括了各时代政府公共服务模式的发展变化及特点。基于语义网的政府知识门户可以改进和优化传统政府服务模式,它以用户为中心,强调"以服务为本",提供"机机交互"的公共服务模式,建立一个真正能够为全社会所接受的服务型政府、知识型政府。基于语义网的政府知识门户能进一步提高政府公共服务质量,通过智能网络终端直接为用户提供智能化的互动服务，充分地了解用户需求，从而实现真正意义的个性化服务。同时，智能化的协同政务系统能迅速定位用户需要的服务，并自动调用和执行，让用户能毫不费力地完成某项事务，可有效地降低政府公共服务成本。智能化的协同政务系统也能为用户提供组合服务，让用户仅仅通过一次提交，就能完成一系列任务。

表4—2　　　　　政府公共服务模式的发展变化及特点

时代 模式、特点	前信息化时代	万维网时代	语义网时代
服务模式	"政—人"交互	"人—机"交互	"机—机"交互
服务特点	服务的单向性、不可选择性	"一站式"、及时性、服务实现的周期较长	智能化、个性化

四　基于语义技术的政府知识门户的特点

在信息爆炸时代，每个网络用户都能够体会到在茫茫网络中查找信息时的烦琐无奈。政府门户网站可以围绕政府行政内容提供更好的服务和许多人工编辑的信息，反映出对公众细致入微的信息需求服务，这种做法充分考虑到了信息资源有哪些内容、怎样将它们进行结构化的组织、哪些用户可能会浏览等问题。

在信息量急剧增长的情况下，一个简单的关于主题的索引并不能足够满足公众对信息内容快速查找的要求，即便只是一个中等规模的政府门户网站，它所存储的政务信息也可能会难以有效显示和查询，特别是通用的分类法，如政务要览或政策法规，在独立处理信息流时更会显得力不从心。为获得更加智能的政务信息聚合，政府门户可以政务本体的形式提供描述内容的术语，实现语义浏览，当然该技术要求信息提供者使用本体描述语言捕获本体之间的关系。我们称这样的政府门户网站为面向知识共享的协同政务门户。

政府知识门户在信息集成和结构化的基础上提供了对政务领域知识的一种访问途径，其范围涉及大众化和专业化的知识领域。政府知识门户的提供者必须是将政务领域相关的方方面面信息进行结构化处理的中介者，它们需要一套综合的途径、方法和工具，用来在政府知识门户的协作系统中进行结构化，获取并提供政务领域内的知识。实现这一目标的关键技术就是本体技术，它提供了对某政务领域进行详细说明的规范方法。

虽然现有政府信息门户取得了很大的成功，但是仍然存在许多有待改进的地方，特别是语义网的出现为优化政府信息门户的构建、集成和使用提供了崭新的工具和技术。下面列举了一些传统政府信息门户有待改进的，同时也是政府知识门户应具备的特点。

（1）多元信息的查找和浏览。这是门户网站系统目前较活跃和正在发展的一个领域，因为政府信息门户的主要功能就是在一个可访问的结构中提供大量的立体的政务信息，按目录和语义进行检索，所以导航和搜索工具的易用和强大是必不可少的。丰富政务信息门户语义的一个有效方法就是通过本体来描述不同信息的属性、关系和分类。这样做能使门户网站维护者轻松地更新门户网站的结构，并且更方便地利用这些本体结构，例如可自动缩小或扩大检索关键词。

（2）信息结构的演进和可扩展。公众对信息的需求时刻在改变着，如果政府门户不是由与链接有关的页面构建起来的，那么这些页面就要经常手动修改，但是如果门户采用基于明确定义的政务领域本体描述的方法构建，那么改变的将只是信息的结构而已。采用语义网技术表示这些本体的一个关键好处是使其很容易被共享和重用，可以利用一些可重用的工具方便地构建、管理和部署这些本体。语义网技术所提供的基本好处就在于描述本体的标准化的语言和基于其上的共享和可重用性。对信息结构的改变要求我们改变实际数据及相关的数据模式，并不只是改变描述性的本体。我们需要允许数据以新的格式加入，并且不影响已有的数据。因此可以通过初始化一个政务领域本体描述的信息结构来构建一个政务门户网站，然后通过持续的扩展来加以完善。

（3）结构和视图的可扩展。可以想象的情形是，不同的公众可能访问相同的政府门户网站，他们可能需要完全不同的浏览方式来获得自己感兴趣的信息,所以在政府门户网站建立时应当考虑提供用户可定制的浏览方式。这就产生了两个问题:首先,对政府门户网站的扩展不是简单地插入信息链接就可以的,尚需要对信息检索和访问界面作出相应的扩展;其次,我们并不能指望政府门户网站的核心层能够完全适应所有潜在用户的需求。采用分散型数据和本体共享的语义网为解决这两个问题提供了可能的方法。可以认为核心层只是提供资源的架构,而大众根据自己的需要增加额外的分类和注释,要做到这一点仅需要把核心层信息和附加的本体、注释和扩展进行合并生成用户视图,而并不需要直接编辑门户网站。

(4)资源的聚合。现有政府信息门户的一个典型是将同一主题的信息放置在一个目录下,因而可能生成一个包含大量信息的资源聚合供用户访问,但其本身容量相对有限,即使它的信息是可以维护的,如何实现信息动态更新仍然是一个挑战。如果信息是使用机器可读的本体形式发布的,那么利用本体的可重用性,分散的信息资源可以链接在一起,并且能够方便快捷地实现更新,不需要信息的发布者重复提交。同样,使用这一方法也可以实现多个政务知识门户之间的信息聚合和重用。

第三节 面向电子政务知识协同的政府知识门户

电子政务平台的构建在政府和民众之间搭起了沟通的桥梁。它促进了政务的公开和政府数据资源的开放共享。但是当今世界大多数电子政务系统依然停留在信息共享阶段,不同的政府部门间的数据得不到有效沟通。许多宝贵的数据因无法发挥应有的作用而被闲置与浪费,与此同时也带来了大量的数据冗余,重复数据的录入与整理过程无端耗费了许多经济与社会成本。[1]

---

[1] 陈婧:《国内外政府信息资源协作管理研究进展》,《图书情报工作》2011年第19期。

语义 Web 的引入，将数据转化为计算机可以理解的格式，为计算机对知识的自动化处理带来了便利，使得电子政务平台的数据利用率有了很大提高。① 政府可以利用格式化之后的语义数据制作创新应用，为公众提供各种便利的服务。例如美国政府提供的示范性开放政务数据集合 data.gov，将援助第三国家资金数据与数字地图数据进行混搭，用可视化方法直观向美国民众提供公开透明的资金流向信息。②③

在人们追逐基于语义 Web 的各种应用之时，万维网之父与语义网倡导者蒂姆·伯纳斯—李（Tim Berners-Lee）号召大家先把底层数据积累起来。然而各国各地政府历年积累的不包含语义信息的结构化数据已然数量庞大，若再加上数量更为浩繁的非语义化数据，将它们转换为标准的 RDF 格式所需消耗的工作量是令人难以想象的。人工方式难以应对如此庞大的工作量，而自动化转换方法又受限于自然语言识别等技术因素。

近年来，移动互联网的广泛应用使得诸多 Web 服务有了显著的分散化趋势。微博客等新的 Web 2.0 应用的出现使得人们可以随时随地产生诸多信息，这使得上述问题变得更加棘手。④ 当如此海量的信息不断涌现的时候，政府若对其采取置之不理的态度，结果很可能是灾难性的。因此不能对其置之不理。另外对新的即时信息进行捕获分析，也可以有针对性地为用户提供更为高效的服务。因此，大规模数据存量与暴增的数据增量对政务系统数据收集与分析能力提出了更高要求。而人类智慧与机器自动化能力具有显著的互补性，因此只有依靠人机协同，才能有效地完成上述处理工作。⑤

---

① 侯人华、高霞：《发达地区电子政务发展战略和门户网站综述分析》，《情报杂志》2011 年第 9 期。
② Government T. U. S.，"Data.gov"（http：//www.data.gov/）.
③ 侯人华、徐少同：《美国政府开放数据的管理和利用分析——以 www.data.gov 为例》，《图书情报工作》2011 年第 4 期。
④ 杨传明：《Web2.0 环境下政府网站数字信息资源共享服务实证研究》，《图书情报工作》2011 年第 9 期。
⑤ 朝乐门：《大规模人机协同知识管理模式研究》，《中国图书馆学报》2011 年第 5 期。

但是，诸多现象表明现有的基于传统互联网的电子政务信息门户无法满足这种人机协同与知识共享的需求。解铃还须系铃人，由于目前大规模数据增长的主要动力源自于移动互联网，那么在充分考察移动互联网特性的基础上，将电子政务门户与其特性相结合是解决上述问题的一个可能途径。

因而，本节的目的便是要探讨如何建立基于移动互联网政务知识门户，以便充分利用移动互联网的特性解决目前电子政务信息门户所亟待解决的电子政务知识协同问题。

一　移动互联网的"SoLoMo"趋势

2011年2月，北美最受尊重的风险投资家之一，PCB（Kleiner Perkins Caufield & Byers）合伙人约翰·杜尔（John Doerr）提出了"SoLoMo"概念，[1] 这一概念整合了移动互联网时代最热门的三个关键词，即 So = Social（社会），Lo = Local（本地），Mo = Mobile（移动）。

其中"So"（社会）源自于社交媒体企业 Facebook、Twitter 与 LinkedIn 等推动的社交化运动。越来越多的企业意识到必须利用社交媒体提供的价值才能在激烈的竞争中保持不败。越来越多的知名品牌企业开始广泛采用社会化营销手段。[2][3] 而且这一趋势不仅体现在商业世界，政府也纷纷建立了微博和社交网络主页。这种变化同时也带来了海量用户社交数据积累，于是研究者开始探索利用这些数据进行社会计算与社会感知等创新计算与分析方法。

而对于"Lo"（本地）而言，首先是对于用户位置的获取。移动互联网用户的设备目前大多具有 GPS 模块，使得用户地理位置信息可以随时附加在移动设备的应用之上，从而使得基于位置的服务（LBS, Location-Based Service）成为可能。用户可以通过"摇一摇"手机的方式，便轻松获取周围某一范围之内若干家餐馆的名称、特

---

[1]　Schott, "SoLoMo"（http://schott.blogs.nytimes.com/2011/02/22/solomo/）.
[2]　Kotler P., Lee N. R., *Social Marketing: Influencing Behaviors for Good*, Sage Publications, Inc., 2011.
[3]　Peattie K., Peattie S., "Social Marketing: A Pathway to Consumption Reduction?", *Journal of Business Research*, Vol. 62, No. 2, 2009.

色餐品以及顾客的评级和评价等信息。这种本地化服务显著降低了移动互联网用户对商家的搜寻成本，获得了非常广泛的使用。

移动互联网的"Mo"（移动）是指移动计算的能力和增长趋势。广受欢迎的苹果智能手机iPhone的运算能力甚至已经强于人类首次登上月球之时NASA所拥有的超级计算机。[①] 移动终端早已不是只能进行语音与文本处理的简单设备，随着移动互联网络带宽的提高和应用的丰富，人们使用移动设备的时间要远远超过使用个人电脑。根据中国互联网络信息中心（China Internet Network Information Center，CNNIC）2011年初发布的《第27次中国互联网络发展状况调查统计报告》显示，截至2010年12月底，我国网民的规模达到了4.57亿。其中手机网民的规模达到了3.03亿，是拉动中国网民总体规模持续攀升的主要动力，而且更多的经济活动正在步入移动互联网时代。[②]

移动互联网的"SoLoMo"趋势已经受到了企业界的热烈响应。[③] 而反观基于移动互联网的电子政务门户研究，却仅仅关注了移动互联网的"Mo"（移动）因素，即认为移动电子政务门户的建设可以方便用户随时随地访问，而至少同样重要的"So"（社会）与"Lo"（本地）却遭到了忽略。[④][⑤] 本书试图将移动互联网的上述特性与语义Web等技术因素相结合，辅之以相应的机制设计，使得基于移动互联网络的电子政务门户构建真正可以满足人机协同这一要求。

二 面向实时社会感知的社交媒体政务平台整合

（一）基于社交媒体的实时社会感知

2005年Pentland提出了通过在人类社会生活空间部署的大规

[①] Robertson G.，"How Powerful was the Apollo 11 Computer？"（http：//downloadsquad.switched.com/2009/07/20/how-powerful-was-the-apollo-11-computer/）.

[②] CNNIC：《第27次中国互联网络发展状况调查统计报告》（http：//research.cnnic.cn/html/1295338825d2556.html）.

[③] Martin R.，"Overview of the Global Mobile Internet Conference 2011 | Tech in Asia"（http：//www.techinasia.com/global-mobile-internet-conference/）.

[④] 杨雅芬：《基于用户需求的移动政务研究》，《情报理论与实践》2012年第2期。

[⑤] 朱琳：《电子政务环境下移动政务发展研究》，《上海行政学院学报》2011年第3期。

模、多种类传感设备,实时感知识别社会个体的行为,分析挖掘群体社会交互特征和规律,引导个体社会行为。[1] 此后,社会实时感知开始在组织行为预测、智能交通管理、传染病防范、反恐、国土安全、危机管理、舆情监控和自然灾害防控等各个方面发挥了巨大的作用。[2][3] 特别是社交媒体的迅速发展使其在很大程度上替代了原先的社会传感设备类型(如手机、可穿戴的人体感应器等),为社会感知提供了丰富而便捷的数据来源。[4] 日本学者 Sakaki 和 Okazaki 等人通过分析 Twitter 数据来侦测地震。[5] Underwood 和 Savage 等学者探讨了基于社交媒体的社会感知在危机预警和辅助决策中的应用。[6]

2011 年 1 月,《华尔街日报》与 Foursquare 合作,收集一周时间之内,纽约和旧金山移动终端用户签到的行为。[7] 这项合作研究带来了许多有趣的分析结果。例如对比纽约和旧金山两市 Foursquare 用户的群体行为,发现纽约用户最常到的地点是酒吧、火车站与办公室,而旧金山的用户们喜欢到咖啡馆、杂货店、加油站以及轻轨车站。这些结果可以为金融、投资等领域带来重要的有价值信息,同样也可以为政府的规划、治安维护等活动提供洞察力。

(二) 政务社交媒体平台整合

近年来,随着人们对社交媒体应用的热衷,政府部门也纷纷顺

---

[1] Pentland A., Socially Aware, "Computation and Communication", *Computer*, Vol. 38, No. 3, 2005.

[2] Pentland A., Eagle N., Lazer D., "Inferring Social Network Structure Using Mobile Phone Data", *Proceedings of the National Academy of Sciences (PNAS)*, Vol. 106, No. 36, 2009.

[3] Martinez V., Simari G. I., Sliva A., et al., "Convex: Similarity-based Algorithms for Forecasting Group Behavior", *IEEE Intelligent Systems*, Vol. 23, No. 4, 2008.

[4] Aleksy M., Rissanen M. J., Maczey S., et al., "Wearable Computing in Industrial Service Applications", *Procedia Computer Science*, No. 5, 2011.

[5] Sakaki T., Okazaki M., Matsuo Y., "Earthquake Shakes Twitter Users: Real-time Event Detection by Social Sensors", *ACM*, 2010.

[6] Underwood S., "Improving Disaster Management", *Communications of the ACM*, Vol. 53, No. 2, 2010.

[7] Sun A., Valentino-DeVries J., Seward Z., "A Week on Foursquare" (http://graphicsweb.wsj.com/documents/FOURSQUAREWEEK1104/).

应潮流，开通社交媒体平台账号。截至本文写作时，成都市政府新闻办公室的"成都发布"微博已有"粉丝"数量超过337万，发布的话题涉及交通路线调整、气象信息、投诉电话、当地特色美食等等。良好的互动氛围非常有利于政府与民众的沟通。同时也应看到，目前"政务微博"等政务社交媒体平台实际上与电子政务门户的结合不够紧密。微博上发布的话题与互动的信息都没有能够充分融入电子政务门户的语义数据库中。这形成了一种显著的信息资源闲置与浪费。

事实上，标签化的社交媒体数据，尤其是微博客数据是能够有效转化成为语义信息格式的。TwitLogic便是该领域研究的一项实用成果，它可以将加入标签的微博客数据进行捕捉，转化成RDF，形成RDF流，发布为链接数据（Linked Data）的同时保留属性，还能提供实时搜索等功能。

因此，在移动电子政务知识门户的建设中，可以利用类似的方法将政务门户与政务微博信息进行深度整合与双向转化，即不仅可以对已发布微博信息进行转化，也可以将数据库内部存储的语义格式信息转化为微博发布信息，显著降低数据冗余，提高政府办公效率。

三 面向本地化智能服务的地理位置信息获取

（一）签到与地理围栏

由于我国幅员辽阔、人口众多以及各地方的政策也有许多差别，因而掌握用户的地理位置信息对于电子政务门户建设而言具有非常重要的意义。迅捷的地理位置信息获取，可以立刻分辨出用户所在区域与行政区划，对于许多行政事务处理而言可以立即判定责任部门与责任人，简化许多不必要的中间环节。

实际上，目前在企业界，采用地理位置信息进行本地化智能服务的移动设备应用已有许多成功的案例。例如Foursquare允许用户在任何地方签到（check-in），采用虚拟勋章与"市长"头衔的游戏机制吸引用户参与，国内的街旁网也有类似的功能。①

AT&T 与 Placecast 联合推出的 ShopAlerts 使用"地理围栏"（geo-fences）这一虚拟边界技术，当用户接近 HP、Jetblue 等品牌商店时，通过手机短信、AT&T 网站与 Facebook 消息等方式提醒用户这些商店的特惠和打折信息。②

政务门户是政府与民众交流的窗口，上述技术的应用可以使政务门户为每一个用户提供个性化的提示信息，根据用户所在位置提供针对性服务，可以为政府赢得更为亲民的形象。

（二）情境融合与本地信息交流

借助移动终端对位置信息的获取能力，用户可以在实际情境中学习外国语言。iPhone 应用 Voxy 基于 SimpleGeo 平台开发，可以根据用户所处的地点（例如银行、零售店和餐厅等）展示相关的词汇和语句，3 分钟之内即可完成课程学习，而不会对用户行为造成任何干扰。

移动应用不仅仅能够收集位置信息，也可以为用户创造方便地提交其他内容的条件。2010 年，DeHood 应用上线 App Store，可以为 iPhone 用户提供本地信息。用户不仅可以提交位置信息，也可以发现和提交本地新闻、交通拥堵状况、火警信息以及本地咖啡馆的打折信息等。

在图 4—4 中，我们可以看到 DeHood 可以为用户提供本地与邻里提供的信息，用户可以对这些信息进行筛选与转发，从而让优质的信息在周边传播，使得更多的用户快速了解周边发生的事项，这也是 DeHood 的开发初衷。移动互联网政务门户可以充分吸取这一信息交流模式，为用户提供人性化与个性化的本地服务。

---

① 郭迟：《论移动互联网时代的位置服务——安卓（android）手机应用与安卓游戏软件开发者社区——应用邦》（http://de.appchina.com/technology/lbs_in_mobile_internet_era/）。

② William：《AT&T 联手 Placecast 推出 ShopAlerts 服务》（http://www.36kr.com/p/16362.html）。

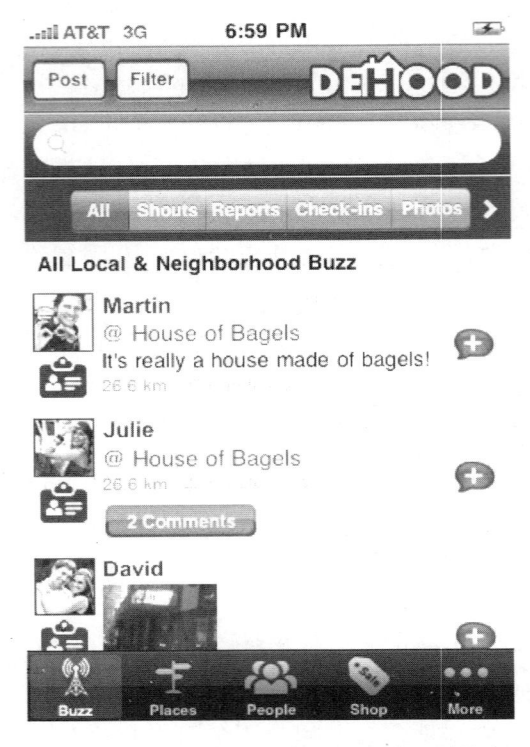

图 4—4 DeHood 为用户提供本地即时信息

四 面向社区标注的众包机制设计

(一) 社区标注

语义 Web 的使用对于政务门户的知识协同可以起到非常好的推进作用。美国政府的 data.gov 和英国政府的 data.gov.uk 都是其中成功的典型范例。但是到目前为止，世界上大多数的国家和地区的政府都很少采用语义化的电子政务门户。原因并非是看不到应用语义 Web 带来的好处，而是语义 Web 数据的获取非常困难。

获取语义数据主要有两条途径，一是原有非语义化数据的格式转换，二是新数据的语义化录入。由于目前人工智能（尤其是机器学习和自然语言识别）领域的技术限制，这两项工作都不可能由机器完全自动化完成，必须借助人的智慧来共同协作。

本书讨论了大规模人机协同的方式，认为仅靠组织内部人员贡献数据是低效的，必须依靠外部用户。随着 Web 2.0 技术的发展，社区标注（Social annotation）已经在大众分类等领域获得了广泛应用。Flickr、Youtube、Del. icio. us 和国内的优酷、豆瓣等网站都是社区标注的成功范例。

随着上述应用在移动终端设备上的迅速大规模部署，可以充分利用移动互联网的"Mo"（移动）特性，使得用户可以随时随地提供社区标注后的语义数据。

但是语义网研究者通过对 Wiki 网站的实验研究发现，要求用户来主动提供元数据是不现实的。因为大多数用户并不会主动进行语义思考，而且用户也不愿意改变传统的工作方式。上述网站与应用实际上是有特殊性的，那就是图片、视频与音乐分享等都属于用户的兴趣。人们可以为了兴趣无偿从事一些劳动，但是政务门户的用户却并非出于兴趣来使用政务平台。要使得移动互联网政务门户的用户参与社区标注，从而将人机协同落在实处，便必须采用合理的机制对数据提供者进行激励。

（二）众包与 GoldCorp 法则

2006 年 6 月，Jeff Howe 与 Mark Robinson 提出了"众包"这一概念。简而言之，众包是指企业采用公开选拔的方式，将原先由内部员工做的工作外包给一个广泛的人群。当工作需要协作的时候，这种外包可以采用使用者生产（peer-production）的方式；当工作可以由个人独立完成的时候，这种外包可以面向个人，关键前提在于公开选拔的形式以及潜在承包人的庞大网络。[①]

在企业界中，众包这一概念有诸多成功的实例。例如著名的开源软件操作系统 Linux 便是由世界上诸多国家的个人与机构组成的社区来共同维护与改进的。值得注意的是，众包不仅适用于计算机软件开发这样的信息技术产业，在黄金开采行业这样的传统产业中也发挥了重要的作用。

---

① Howe J., "The Rise of Crowdsourcing", *Wired Magazine*, Vol. 14, No. 14, 2006.

1999年，加拿大黄金生产企业GoldCorp公司总裁Rob McEwen因公司内地质学家不能准确估计储量与矿点位置深感苦恼。在参加了MIT（麻省理工学院）举办的青年总裁会议之后，他受到了Linux志愿者开源开发模式的启发，计划采用公司外部人士的智慧来寻找黄金矿藏，并于2000年3月开启"GoldCorp"挑战赛，公布了公司52年积累的红湖地区机密地址数据，为首先找到600万盎司黄金的参赛者许诺57.5万美元奖金。竞赛网站www.goldcorpchallenge.com吸引了47.5万次点击率，参赛者来自50多个国家，涵盖了各个不同的行业，使用的方法从应用数学到智能系统五花八门。对勘测目标排名之后，前五个勘测目标有四个钻探出金矿，黄金储量达到惊人的800万盎司。通过公开数据的方法引入群体智慧，对大型复杂的数据集合进行了分析，GoldCorp公司获得了显著的成功。这种挑战赛的方式被命名为"GoldCorp法则"。

美国著名的商铺点评网站Yelp也是采用众包方式来获取宝贵的评价信息。商铺描述自身地理位置、联系方式、特色商品信息的激励是自我宣传，用户的激励是表达自己尝试产品与服务的满意与抱怨情绪，其他用户借鉴他人经验，进一步转化为评价行为，从而形成良性循环，使得更多的信息积累在Yelp网站上面，如图4—5所示。

通过对不同类型众包方式的梳理、分析与总结，我们发现奖金、计分、荣誉，甚至是自我价值实现等因素都可以成为对于参与者的激励。将众包与上文提出的社区标注方法相联系，用户可以为移动互联网政务知识门户提供语义数据。

本节只对移动互联网政务门户进行了初步的规划，说明了移动互联网政务门户上述特性在未来实践中的技术可行性。为了能够实现这一系统的各项特色功能，还必须对需求进行系统化与规范化的定义，并且进行详细的设计与实施工作。这为我们今后的研究与系统开发工作指明了方向。

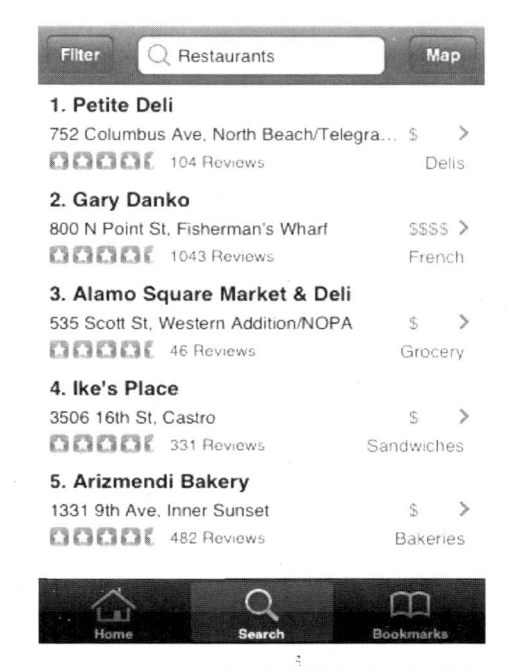

图 4—5　Yelp 利用众包获取的点评信息

第五章

电子政务知识协同的组织保障

为了实现电子政务知识协同,除了从技术角度构建基于语义 Web 服务技术的政务集成系统,实现异构政府业务系统的服务资源整合和内容整合,以及构建基于语义 Web 技术的政府知识门户,从技术层面实现电子政务知识协同外,必须从政府组织结构以及组织信任机制、组织学习机制、组织文化等方面提供相应的保障,这样才能将技术角度和管理角度的电子政务知识协同结合起来,实现电子政务知识协同的硬件平台与"软"环境的统一。针对第三章提出的电子政务知识协同障碍,本章主要分析有利于电子政务知识协同的政府组织结构,分析保障电子政务知识协同的政府组织信任机制、政府组织学习机制和政府组织文化,并对这些因素之间的关联性进行深入分析,最后对跨区域应急联动体系的组织结构、组织模式及组织保障因素进行案例分析。

第一节 政府组织结构

组织结构是组织全体成员为实现组织目标,在管理工作中进行分工协作,在职务范围、责任、权利方面所形成的结构体系。目前,我国大多数组织采取的都是具有刚性结构的直线式职能组织结构,这种组织结构的特征是,在组织内根据职能进行专业化分工,制定出包括权利和责任在内的政策体系,每项工作都要按标准化的程序完成。在这种组织结构中,信息传递具有纵向性的特点,员工的工作是按既定程序完成的,无须进行自主改革和创新。随着知识经济的到来,知识管理对组织结构体系提出了新的要求。组织结构要为知识的产生、传播和共享服务。因此,组织结构必然向着有利于知识聚集、传播、共享和创新的方向发展变化。

一 政府组织结构的特征

组织结构对于知识共享具有至关重要的作用,在一定程度上甚至决定着知识共享的成败。电子政务知识协同涉及知识在不同政府组织结构中的流动,政府组织间跨组织边界、跨地域界限、跨文化的知识共享对政府组织结构乃至整个虚拟政府提出了新的挑战。因此,要保障电子政务知识协同的顺利进行,就必须建立一种有利于知识共享的政府组织结构,使之适应电子政务知识协同的需求,减少知识共享过程中各种障碍。本书认为,面向电子政务知识协同的政府组织结构具有以下特点:

(一)组织结构扁平化

传统的政府组织结构是一种垂直的金字塔式的等级结构,这种组织结构等级森严,层次繁多,信息流动不畅,知识共享困难,已不能适应知识协同的迫切需要。网络技术在协同政务中的应用使信息和知识主要通过横向方式传播,实现政府组织间知识协同和增值。因此,电子政务知识协同需要建立一种新型的扁平式的政府组织结构。它由传统的"垂直层级型"结构变为"水平链接型"结构,弱化了等级关系,为人们营造了一种平等、民主与灵活的交流环境;它的管理层次较少,中间层"梗阻"现象消失,上下沟通渠道畅通,信息传递速度快,便于人们面对面地交流和知识自由流动;它是一种分权式的组织结构,组织的每个成员都有权参与决策与管理,这样人们自我实现的需要容易得到满足,从而有利于发挥主动性和创造性。这种新型的政府组织结构可以克服传统政府组织结构的诸多弊端,凝聚知识传递的时间和空间,使知识共享及协同有序高效地进行。

(二)组织结构柔性化

电子政务知识协同要求政府能及时地对公众需求的动态变化做出反应,这就要求政府具有灵活和柔性的组织结构。可以采用以项目和任务为中心的矩阵型组织结构（知识团队），这种组织结构具有跨地域、跨组织、灵活任务分配、开放信息系统等特点，这种柔性结构的灵活性、开放性和自组织性决定了它能以最佳的方式协调协同政务成员间的知识共享行为，及时调整政府组织战略，从而实现多赢。扁平式政府组织结构的建立必然会导致知识团队的产生。因为在扁平式组织结构中，为解决某一特定的任务，需要打破各部门之间的界限，把在不同领域内工作、具有不同知识与技能的人集中到一起，以便迅捷地制定解决方案，这样就形成了特定的知识型团体，即知识团队。这种跨组织的新型团体由于其自组织、自学习、自适应的特点，增加了人们之间面对面接触和交流的机会，从而有利于知识共享的开展。若从管理角度来看，可以把这种知识型团队看作是扁平式组织结构的"细胞"，正是由于它们的存在，才组成了扁平式组织的"机体"。

（三）组织结构网络化

组织结构网络化是解决虚拟政府成员间知识共享问题的有效方式之一。协同政务本身所具有的网状结构满足了组织网络化的要求。在网络结构中，没有严格的等级概念，每个虚拟政府成员都是与其他成员保持沟通和交流的节点。由于知识的重要性及更新速度的加快，使各节点政府部门必须成为终身学习的学习型组织。因此各节点政府组织利用网络结构加强知识交流与共享是自身生存和发展的需要，由此形成学习型政府，使政府组织充分利用网络化优势在政府组织内部和外部创造、获取和传递知识资源，同时不断修正自身行为以适应新的知识需求，提高政府的整体知识容量。

政府应以组织学习与知识创新能力的提升为出发点，以核心知识流为主线来进行组织结构的设计与创新，通过构建扁平化、柔性化、网络化的政府组织结构来促进协同政府之间的知识交流与创新，最终实现跨地域、跨部门、跨层次乃至跨边界的无缝隙虚拟政府。

二 政府组织设计

电子政务知识协同的政府组织结构建构，不是倡导进行剧烈的组织变革和重构，而是主张渐进的共享解决方案，即对原有组织结构按照知识协同的要求进行适当的调整,建立知识协同的职能部门,培育有利于知识协同的"软"环境基础,最终建立全面支持知识协同的知识型政府。① 电子政务知识协同的政府组织结构,应该是以人为本的、符合知识发展范式和知识市场规律的、自组织和他组织相结合的、集中和分散相结合的组织机制。基于这种认识,本书认为构建电子政务知识协同的政府组织可从三方面入手:一是通过团队合作促进知识协同;二是设立知识管理部门,建立知识主管制度;三是构建虚拟政府。

(一)通过团队合作促进知识协同

按照电子政务知识协同的要求对政府组织结构进行调整,目的是要有利于政府部门及成员之间的协同工作和知识互补关系的建立,减少知识协同中组织结构方面的阻力和知识本身的损耗。王如富、徐金发提出"知识界面管理"的概念。② 所谓"知识界面",指的是为完成某一任务或解决某一问题,组织机构之间或者其成员之间在知识互动方面的相互作用关系;而他们强调的"知识界面管理",其目标也正是要建立更好的合作关系,提高知识互动效率,以利于知识共享。

电子政务知识协同的政府组织结构最有效的组织形式是广泛地建立动态的知识协同团队,通过团队合作促进政府部门及成员之间的知识互补和分享。知识协同团队内部具有明确的学习计划以及知识的获取、整理、共享制度,鼓励政府成员之间相互的知识交流与持续不断的学习;团队与团队之间也建立互动计划,这样形成网络化组织,以利于实现虚拟政府整体知识协同的目标。团队的有效性依赖于良好的协作关系。协作关系的形成分为三个阶段:设定任务、设定方向和结构化。换言之,就是对需要完成的工作进行识别、分析,经过设计成立高效率的小组来完成这些工作,让一个任务基本在一个团队内完成,尽可能地减少组织内的"知识界面"。同时,团队也讲究适度规模,不能把建立大型团队作为方向,团队

---

① "Knowledge Management, Knowledge Organization & Knowledge Workers"(http://www.brint.com/interview/maeil.htm).

② 王如富、徐金发:《知识管理的组织基础》,《科研管理》2000年第5期。

规模要有利于内部的充分互动,当规模过大的时候,团队要按任务和目标进行分解。

团队的合作也通过政府成员间的互相依赖来促进,这种互相的依赖包括建立共识、共同目标和持续的共享行为。政府组织中的知识共享和共识建立存在相关性,共享有利于建立共识,而共识反过来推动共享,所以,要在政府组织中建立创造、共享、利用知识的价值共识。总之,团队合作和团队精神将不同背景和不同思想的人带到一起,比科层制更富有成果;在传统的体制中,团队合作方式将有利于突破知识的壁垒,带来新的活力,而且不造成强烈的组织震动。

政府部门与政府部门之间通过建立有效的团队合作,在跨组织的共享关系层次上,通过相互协商、建立共同目标、明晰知识所有权来促进知识共享。政府组织间的团队合作和协同工作最终将形成虚拟政府,虚拟政府的形成将更有利于电子政务知识协同。

(二)设立知识管理部门,建立知识主管制度

完善有利于知识共享的政府组织管理机制是保障电子政务知识协同的一项重要工作,主要是设立知识管理部门,建立知识主管制度,将知识共享纳入政府管理的整体框架。知识管理者不仅是技术专家,了解哪些技术有助于知识的获取、储存、利用和共享,而且还是战略专家,他要使组织的领导层明确集体知识的开发、共享和创新是政府竞争优势的支柱,还要能对包括信息在内的所有知识资源实施全面管理,做到了解政府组织及其内在的知识需求;建立和造就一个能促进学习、积累和共享知识的环境;监督保证政务知识库内容的质量、深度、风格并使之与组织的发展一致;保证政务知识库的正常运行;促进知识集成、知识生产和知识共享等。政府知识管理部门建立的意义在于:促进政府组织内知识的共享与交流,把知识与知识、知识与活动、知识与人联结起来,运用集体智慧和创新能力赢得竞争优势。

在政府组织中,需要专门人员负责知识共享计划,或建立支持知识共享的职能部门。一般来说,建立一个面向电子政务知识协同的虚拟政府,需要有指定的支持知识共享的工作人员,他们的主要

职责是鼓励和促进知识获取、共享和利用。达文波特（Davenport）和普鲁萨克（Prusak）认为在组织内部的知识市场中，存在一个中介（Knowledge Brokers 或 Gatekeeper）的角色，"他们把需要知识和拥有知识的人联系在一起"。[①] 王思明、汪虹在论述知识共享方式时，认为知识共享的规则、程序和协议的"实施者"（管理机构和管理人员）是共享系统的中介，设置相应的管理机构和配备一定的管理人员，是为了快速有序、经济合理地利用和维护知识资源，并协调用户之间的利益冲突。[②]

政府组织中有若干层次的角色能鼓励和促进知识共享。美国 Andersen 咨询公司的威廉·艾维斯（William Ives）等在《思想的领袖》一文中指出，知识共享最好有两部分组织结构来支持：专业知识管理人员，管理知识的过程、模式和技术；而来自各部门的知识负责人（knowledge sponsor）、知识整合者（knowledge integrator）、知识开发人员（knowledge developer）拥有知识内容。这两部分结构和角色，能以若干方法帮助知识共享，他们是知识共享的"人际接口"，知识负责人是高级执行官，对知识共享负全面责任；知识整合者推动知识共享行为发生，负责奖励和承认政府组织成员的知识共享活动；知识开发人员被委任为内容专家，为共享系统建立新的内容。[③]

政府需要建立专门的知识管理部门，保障面向知识共享的协同政务的正常进行，同时，建立知识主管制度，将知识共享纳入政府管理的整体框架，由知识主管负责协调各政府部门之间的协同，处理协同政务中出现的矛盾与问题，制定协同任务目标，组织跨政府组织的知识培训等，在执行协同任务时起到综合各政府部门意见、做出最优决策的作用。

[①] [美] 托马斯·H. 达文波特、劳伦斯·普鲁萨克：《营运知识》，江西教育出版社 1999 年版。

[②] 王思明、汪虹：《资源共享方式若干问题的研讨》，《运筹与管理》1999 年第 3 期。

[③] Ives W., "Thought Leadership"（http://www.ac.com/services/knowledge/km-thought6.html）.

知识主管是知识管理部门中的高级管理人员，应当具备丰富的知识管理经验、组织协调能力和战略规划才能，了解面向知识共享的相关组织机制和信息技术，熟悉知识获取、整合、共享、传播、创新的整个活动过程。知识主管的具体任务主要有：了解政府部门内外的环境和知识需求，制定政府协同目标和管理制度；创建利于知识共享和组织学习的开放、自由的文化氛围，努力促进政府之间的沟通交流，发现和挖掘成员的隐性知识；建立知识共享激励机制和绩效评估体系，支持各层级的人员、团队贡献自身核心知识。

此外，政府职能部门还需要知识团队和知识项目的管理者。知识团队由具有特定专业特长、乐于知识共享的人员组成，人员可以是一直处于部门中，也可以是有着自己的本职工作，为完成协同任务时被紧急调拨，具有一定的机动灵活性。知识项目的管理者直接受知识主管支配，负责知识项目的资料搜集，为知识主管决策提供建议，统一调配各政府的知识团队，以及负责日常管理工作。

（三）政府知识主管的素质要求

政府成员是来自不同地区或不同组织的有独特专业知识背景的知识工作者或专家，由于不能进行面对面的充分沟通或者因为成员来自不同的组织，受不同的组织文化的影响，所以虚拟政府成员间知识共享的活动受到很大的限制和影响，非常需要一名知识主管（Chief Knowledge Officer，CKO）来对成员间的知识共享活动进行协调，促进成员间知识共享活动的有效性。

对虚拟政府中来自不同政府部门的知识型员工的知识活动进行协调，要求CKO首先要具备较为丰富和扎实的多学科专业知识，而且要求他具有较为丰富的相关工作经验。其次要求CKO具有较强的"设计"能力，即能够设计出促进虚拟政府成员间知识共享的环境。再次要求CKO具有企业家精神，即要有强烈的责任心，对成员反映出来的问题给予足够重视，并且想方设法予以解决，对工作充满热情，勇于承担风险。最后，在虚拟政府中的CKO还应该是一位咨询专家，成员在工作中遇到困难不知向谁求助时，可以向CKO提出咨询，CKO则凭借自身丰富的知识和经验对问题所属的学科和领域进行界定，并推荐向拥有相关学科知识的成员进行知识求助。根据以上分析，虚拟政府中的 CKO 至少要具备两种管理者素质和两种领导者素质。

  虚拟政府中 CKO 所需的两种管理者素质和两种领导者素质对于其开展工作和促进成员间的知识共享活动是相辅相成的。由于虚拟政府成员具有不同学科的专业知识和经验，他们相互之间在交流专业知识时会遇到"隔行如隔山"的困难，需要一个对两个成员甚至多个成员所具有的专业知识都有一定了解的协调者来为他们进行讲解，帮助解决成员们在进行知识交流与互动时所遇到的困难，提高成员间知识共享的有效性。同时，CKO 有时还需要依靠自己丰富的知识和工作经验对团队成员提出的解决问题的技术建议和方案进行评估和决策，此时 CKO 就倾向于充当一种技术顾问的角色。从某种角度说，CKO 充当环境专家的管理者素质是其在虚拟政府中促进成员间知识共享有效性的最重要的角色，因为该角色要求 CKO 设计出组织成员能够方便、迅捷地进行知识交流和探讨的环境和方式，这对 CKO 提出了极大的挑战。成为一个环境专家，同时意味着 CKO 要从根本上设计评估成员知识共享有效性的评估系统，并破除针对个人进行激励的做法，鼓励集体性的知识共享和开发，提高政府绩效。对虚拟政府成员间的知识活动进行协调，要求 CKO 具有强烈的责任心，成员之间的沟通有时会因为种种原因产生误解或摩擦，CKO 则要耐心地对成员进行解释，这还要求 CKO 对虚拟政府目标有极大的热情，能够用自己的行动和精神鼓励成员努力工作。同时，CKO 还要承担对成员提出的技术建议和方案进行评估和决策所带来的风险，这些都要求 CKO 具有企业家责任心强、沟通能力强、有感召力和勇于承担责任等品质。除此之外，CKO 还应该是虚拟政府中的一位咨询专家，他必须仔细地倾听其他团队成员的想法和建议并为他们提供支持，如对于成员提出的一些能够改进虚拟政府业务流程的建议，CKO 要及时考虑并判断这个建议是否可行，存在哪些技术或制度上的制约，并及时和有关人员进行沟通和交涉，得出结果。

  可以看出，虚拟政府要求知识主管的知识既要有广度又要有深度。知识的广度对于 CKO 获得广泛的竞争能力是很重要的，而这种广度本身也需要来自丰富的工作经历。知识的深度保证了 CKO 能够对成员提出的技术方案进行准确的评估和判断，做好技术咨询顾问的角色。信息主管（Chief Information Officer，CIO）与知识主管相比，CIO 在技术方面应该更加扎实，但是却没有环境专家的要求，尽管具备一些企业家素质会对其有所帮助，但是今天的 CIO 仍然是一个拥有明确职责的职能型角色。可见虽然在虚拟政府中对 CKO 技术方面的要求不如 CIO 高，但在其他方面尤其是环境专家方面要求很高，要求 CKO 要具有创新能力、良好的沟通能力、更强的责任心和问题解决能力。

以上主要探讨了在虚拟政府中 CKO 所需具备的两种管理者素质和两种领导者素质，并将虚拟政府中 CIO 与 CKO 的工作特点和能力要求进行了对比。可以看出，在虚拟政府中设置一名具备一定管理者素质和领导者素质的 CKO 能够对虚拟政府的日常活动进行协调和提供帮助，同时可以提高虚拟政府成员间知识共享的有效性。

（四）构建虚拟政府

协同政务的根本目标或者其核心的价值就在于构建"虚拟政府"，通过基于语义的知识协同网络对政府内部、政府之间的知识进行共享创新，为公众提供更加方便快捷和完善的公共服务。协同政务建设最根本的意义在于改革传统的政府组织和管理模式，打破科层制的组织模式，增强其适应性、可塑性，构建以需求、任务、项目为核心的政府虚拟组织。

虚拟政府是以信息技术为连接和协调手段，在政府之间或政府与社会之间建立为解决某一特定问题的富有弹性、反应灵敏的临时性协作的团体或"动态联盟"。它可以把不同地区的现有资源迅速整合成无障碍、超越组织边界并统一指挥的组织形式，是一种开放的组织结构，没有固定的组织层次和内部命令系统。虚拟政府可以通过整合知识资源，迅速在其周围形成各专业领域中的独特优势，从而以强大的结构成本优势和机动性，完成单个实体难以承担的功能。虚拟政府中的成员合作关系是动态的，完全突破了以内部组织制度为基础的传统的管理方法，让组织间整合、合作及协调更加容易和灵活，机构更具弹性化与开放性，最终使政府作为一个整体的功能得以提高。

第二节 政府组织信任

"信任"原本是一个心理学概念，后来被引入管理学、经济学领域，用来研究人与人之间及组织之间的关系。马耶尔（Mayer）认为，相互信任就是尽管一方有能力监控和控制另一方，但他却愿意放弃这种能力而相信另一方会做出对己有利的事情。[①] 库马尔（Kumar）认为，真正能够区分信任关系的是双方建立相互信任的能力，他们相信，一方关心另一方的利益，任何一方行动之前都会考虑对另一方产生的影响。[②] 瑟卡（Sirkka）等认为，相互信任就是合作各方坚信，没有一方会利用另一方的脆弱点去获取利益。[③] 总的来说，信任是一种心理活动，体现为施信者对受信者预期行为的偏好，并通过一定的外在行为表现出来，如自觉遵守团队有关合约，努力实现承诺等。

从信任的来源看，信任可以分为三类：一是面向个性特征的信任，这是由先天的因素或后天的关系决定的；二是面向制度的信任，这就是说在给定的制度下，你不得不按照别人的预期那样做，否则就会受到惩罚，由法律维持的信任就是一种典型的面向制度的信任；三是面向信誉的信任，一个人为了长远的利益而自愿地选择放弃眼前的信任，这时，对不合作的惩罚不是来自法律，而是来自于未来合作关系的中断。[④]

[①] Mayer R. C., Davis J. H., "The Effect of the Performance Appraisal Sgstem on Trust for Management: A Field Quasi-Experiment", *Journel of Applied Psychology*, Vol. 84, No. 2, 1999.

[②] Kumar N., "The Power of Trust in Manufacturer-Retailer Relationships", *Harvard Business Review*, No. 6, 1996.

[③] Sirkka L., Jarvenpa, Dorothy E., Leidner, "Communication and Trust in Global Virtual Teams", *Organization Science*, No. 6, 1999.

[④] 张维迎：《信息、信任与法律》，生活·读书·新知三联书店 2003 年版，第36页。

按照建立的基础，信任可分为面向威胁的信任和面向认知的信任。前者是指合作双方或多方为合作关系的维持建立了较为完善的制度，这种制度制定了合理的激励措施，合作成员的收益是以其投入为基础的；同时，这种制度也制定了防范和监督机会主义等行为的措施，使机会主义行为可以得到有效的惩罚，合作成员认为这种制度的存在会使合作朝着预先设定的方向迈进，行使机会主义行为的做法得不偿失，在这种情况下，参与知识共享的成员相信其他合作者的行为不会违背事先达成的协议和承诺。这种信任关系也可以称为面向制度的信任。面向认知的信任是建立在对合作伙伴了解的基础上。这种了解可以通过多个途径，比如，以往的合作经历、第三方对其的评估、合作前对其所做的调查、与其合作过的伙伴对其的评价等。通过这些途径，组织可以了解到合作伙伴的风险倾向、信用等级、经营与管理水平、所具有的核心能力和知识等情况。这些关于合作伙伴的基本情况决定了其可信任的程度。

一 组织信任与知识共享

信任因素是知识共享中的重要研究方向。达文波特和普鲁萨克等认为组织要实现知识共享必须存在信任。[①] IBM 公司的面向知识的组织协会 IKO（IBM's Institute for Knowledge‐based Organizations）于 2001 年通过对美国医药、银行和燃气 3 个公司的 138 名从事知识密集型工作的个人进行调研后发现，在知识共享过程中，两种信任——以能力为基础的信任和以仁慈为基础的信任——是起显著作用的。该研究结果清楚地表明，信任在加强知识共享有效性方面的作用是明显的。王（Wang）等就信任对知识共享收益的影响进行了实证调查。他们将被试主体按照其对专家的信任程度分为三个等级，让其分别完成三项相互独立的、复杂程度一致的任务。三组被试主体可以选择与专家共享或不共享知识。他们根据各组的选择及完成任务所用的时间来判断不同程度的信任所产生的结果。他们最

---

① ［美］托马斯·H. 达文波特、劳伦斯·普鲁萨克：《营运知识》，江西教育出版社 1999 年版。

后得出如下结论：参与知识共享的主体之间的相互信任的程度会显著地影响知识共享的收益，随着信任程度的提高，知识共享的收益和价值也随之提高。①

戴安·福特（Diane Ford，2001）经过相关实证分析后做出总结，在很少或者没有人际信任的条件下，如果存在组织信任，将会有更多的知识共享；在组织信任的条件下，如果存在人际信任，将会有更多的知识共享；在存在不信任的条件下，知识共享会受到阻碍而失败，这是由于恐惧、怀疑、警惕等不信任行为所导致的；与只存在单纯的组织信任或者单纯的人际信任相比，如果组织信任与人际信任同时存在将产生更多的知识共享；知识共享将增进组织内的人际信任，进而促进更多的知识共享。由此可见，组织内知识共享的信任分为人际信任与组织信任。其中人际信任对知识转移具有非常重要的作用。组织信任可以成为知识共享的启动机制。知识转移开始后，出于对组织具有激励和约束功能的制度的信任，人们从事被组织认为具有价值的风险行为，即知识共享行为。知识的共享增强了人际信任，而人际信任又促进了更深程度的知识共享行为。②

戴安·福特对信任和知识管理各个过程的关系做了深入的研究，其中最主要的是知识共享中的信任机制。在总结前人研究的基础上，胡安安等对戴安·福特的实证结果与描述进行综合，得出组织内知识共享的初始信任模型。③ 该模型指出了影响组织内部知识共享的两种核心信任类型是组织信任和人际信任，组织信任的主要影响因素是组织文化，组织信任对人际信任有促进作用，组织信任和人际信任都可以促进组织内的知识共享，但后者的促进程度更高。胡安安等进一步分析了组织信任和人际信任的影响因素，提出组织文化和组织制度主要影响组织信任，认知因素、情感因素及信

---

① Wang R., Montano B. R., "The Value of Trust in Knowledge Sharing", Elayne Coakes edited Knowledge Managment: Current Issues and Challenges, Hershey: IMR Press, 2003.

② Ford D., "Trust and Knowledge Managementl: The Key to Success", *Queon KBE Centre for Knowledge-based Enter Prises Working Paper*, 2001.

③ 胡安安、徐瑛、凌鸿：《组织内知识共享的信任模型研究》，《上海管理科学》2007年第1期。

任倾向影响人际信任，并得到了一个最终信任模型。该模型认为组织内知识共享行为的初始产生不一定需要有人际信任，有组织信任就可以产生知识共享行为。从长远来看，组织成员的信任形式是在不断进步和提升的，这样可以更好地促进知识共享行为。关于信任机制的改善方法，从所归纳出的几个信任的影响因素（组织文化、组织制度、认知因素、情感因素、信任倾向）来看，后三者是与信任者个人相关的，组织层面的努力应该放在组织文化与组织制度的建设上。由于人际信任建立在个人关系基础上，组织管理者不能强迫组织成员相互信任，也就是说，人际信任是不可能直接受组织控制或者强迫产生的。

胡安安等的最终信任模型给我们的启示是：通过营造政府知识共享文化和建设知识型政府，提升政府成员之间和其对政府部门的信任，政府知识共享行为再进一步促进成员间的人际信任。协同政务中信任机制改善的根本方法就是政府组织文化建设和知识型政府的构建。

二 政府组织信任的特征

协同政务的理想目标是实现虚拟政府，信任是虚拟组织中目标、人员和联系三要素协调运作的保障。虚拟政府成员间信任程度的高低决定了成员间沟通的意愿和频率，对成员间知识共享的有效性有极大的影响。

对于虚拟政府来说，信任填补了其"管理与控制断层"的缺陷。因此信任是虚拟政府成功的关键因素。查尔斯·汉迪（Charles Handy）指出，没有信任就没有虚拟组织，信任机制是虚拟组织运作的重要支撑。[①] 对于虚拟组织来说，基本的成功因素是：一个共同的目标、互相信任的关系、愿意共担风险和面向虚拟组织存在基础上的相互受益。虚拟组织成员只有依靠他们彼此间的相互信任，

---

① Handy C., "Trust and the Virtual Organization", *Harvard Business Review*, No. 3, 1995.

才能保证他们合作的成功。① 这并不仅仅是一则理论上的论断，它已经为实证研究结果所证明（Buckly，2003），研究结果表明，信任能够对虚拟组织效能波动性的四分之一作出解释。莫里斯（Morris）和马歇尔（Marshall，2003）发现，信任和信息技术使用者的满意度能对虚拟组织成员的工作满意度的波动性作出31%的解释。②

虚拟政府成员进行知识共享时，面临着其他成员不共享知识的机会主义风险。而信任被认为是防范机会主义倾向最有效的机制，这一点已被学术界所公认。面向信任的合作可以使虚拟组织中各成员以更加积极、主动的态度进行面向电子政务知识协同的合作。

传统政府组织成员间的信任一般是建立在长期的交往和共同工作的基础上的，而且这种交往和互动可以使成员观察到彼此的行为并对交往结果进行主观感受，因此这种信任比较牢固。而虚拟政府的成员由于跨地域、跨组织和不同时工作的原因彼此不熟悉，面对面交流的机会很少，在这种情况下需要建立快速信任（Swift Trust），即在虚拟政府的建立阶段就必须迅速建立起信任关系。在虚拟政府中，个体在一起工作的时间很短，未来共同工作的可能性也较小，而虚拟团队任务通常是复杂任务，需要成员之间相互依赖、相互配合以达成团队的目标，而且团队目标的实现通常有时间限制，需要虚拟团队尽快完成。因此要求虚拟政府成员之间迅速建立起信任关系，形成团队工作的良好基础。

由于虚拟政府日常工作的顺利展开和成员间知识共享的需要，要求政府成员间必须建立快速信任，而在协同政务背景下建立的快速信任有其自身的特点：①不是面向熟悉的信任，即与新人及以前从未见过的人建立起信任关系；②不是面向相似性的信任，即信任来自不同学科和不同文化背景的人；③不会有某种未来预期的信任，即信任以后可能就不在一起工作的人；④无组织保证的信任，即信任可能不是同一组织的人或无相通的组织文化的人。

---

① 杰西卡·利普耐克、杰弗里·斯坦普斯：《虚拟团队——21世纪组织发展新趋势》，何英译，经济管理出版社2002年版。

② Morris G., Marshall S. P., "Interpersonal Traits, Complementarity, Trust in Virtual Collaboration", *Journal of Management Information System*, No. 20, 2004.

虚拟团队的信任发展还受制于团队任务策略,这个论断在邓靖松等人的研究中先后得到证实。① 这些研究大都是采用对团队沟通过程记录进行内容分析的方法,总结不同信任程度的虚拟团队在任务策略上的差异。虚拟政府成员间建立高度信任是其目标得以实现的根本保证,也是协同政务优势得以发挥的基石。信任程度的高低不仅影响到政府成员间知识共享的行为、意愿和效果,也影响到协同政务的其他方面,可以说在虚拟政府成员间建立起高度信任是电子政务知识协同的重中之重。

三 虚拟政府组织信任的建立

众多对虚拟组织、虚拟团队、联盟等信任问题的研究充分体现了信任对虚拟团队的重要性。② 可以依据虚拟团队内组织间具体的合作情况,选择恰当的信任建立方式,进而提高虚拟团队合作的成功率。根据合作过程的不同,信任的建立形式分为过程型、特征型、规范型:①过程型信任是面向行为的连续性,长期持续和可靠的相互关系进一步强化为相互间的信任。一旦成员各方预期相互关系的进一步发展可带来更大的利益时,相互信任就随联盟化的深入而强化。联盟内的信任是随时间的变化而强化的过程,但是如果合作的利益不断弱化,或者某一方不坚持合作,那么他就可能从联盟中分离。②特征型信任是指如果组织成员在文化、社会背景等方面比较接近,则其思维和行为模式的一致性越高,联盟内信任就容易达成与维护,即在合作伙伴的选择上,要注意组织间文化的差异。③规范型信任是指在联盟内建立一套阻止相互欺骗的规范,其重点是提高欺骗的成本、增加合作的收益。③

建立虚拟政府信任的目的就是在一定的机制保证环境下,使参与协同政务的各方一方面保持自己的核心知识,保证自身的竞争优

---

① 邓靖松:《虚拟团队生命周期中的信任管理研究》,《中山大学学报(社会科学版)》2005年第1期。

② 孟大庆、刘华成:《虚拟团队中的信任研究》,《合作经济与科技》2008年第3期。

③ 转引自范昕《虚拟企业的知识共享》,《情报探索》2007年第2期。

势;同时也要参与政府部门间的知识交流与共享,在交流与共享知识的同时使自身获得新的知识,不断丰富自身的知识储备。

信任是协同政务成功运作的重要保障。但在协同政务中建立与发展虚拟政府成员间的信任关系,存在着比一般政府部门更多的困难:协同政务成员背景复杂,组织文化、管理模式、技术背景等均存在较大差异,相互的融合及建立信任关系需要时间,而且所形成的是不同政府部门间的动态联盟,随业务合作的需要而产生,彼此间的合作不具有长期性,这显然不利于发展信任关系。因此,应针对协同政务的特点,通过适当的方式来建立和发展虚拟政府的组织信任。

(一) 加强政府成员间的沟通和交流

信任不受契约的强制,只能通过合作双方定期的交流沟通逐渐积累。通过沟通,组织成员之间加深了了解,对政府之间的知识协同目标有了一定认识,更加乐于分享自身的核心知识。成员可吸取他人的经验知识,也可与其他成员共同创造新的知识,促进政府之间隐性知识的无障碍转移,在这个过程中,成员自身知识水平得到提高的同时,也增加了整个协同政府的知识存量,得到双赢的结果,信任关系也就比较容易建立。基于信任的合作可以使虚拟政府中的各成员以更加积极、主动的态度进行知识共享。利用便利的网络技术,通过正式或非正式的沟通渠道加强虚拟政府成员之间的沟通,提高政府组织行为的透明度,持续关注沟通的改善和政府组织成员间的相互合作,进行公开的信誉评价,这样可以大大减少政府部门之间信息不对称现象出现,以消除隔阂,增进彼此之间的了解与信任。政府部门之间的交流应是多层面(包括部门与部门之间、管理人员之间、员工之间的交流等)、多方式(电视电话会议、电子邮件等)、全方位的(组织文化沟通、知识的交流与学习),这都是加强彼此信任的有效手段。通过加强政府成员之间的交流和沟通,使信任的累积递增,增加协同政务运作的透明度。

(二) 树立共同的价值观

具有共同价值观念的组织,其成员间的信任程度往往高于没有共同价值观念的组织。因此,在政府部门内部,应该在树立共同价值观念的基础上,促进信任的有效形成。更重要的是,当成员感到自己的价值观念与政府的价值观念相同时,成员的信任程度增加,成员也乐于全身心地投入工作当中。文化的实质是广泛认同的价值观,建立共同的价值观有助于培育支持知识共享的文化,在这样的文化氛围下,成员的知识共享意愿愈加强烈,知识创新的速度也会更快,实现知识的螺旋上升。

(三)减小政府之间组织因素的差异

由于参与协同的政府成员之间组织结构、组织文化、管理模式、信息平台的差异,政府之间互信关系的建立需要一段时间,也有一定的难度。因此要注重确立联盟目标、创造联盟文化,使成员有归属感,为整体目标而共同努力,增强联盟的内聚力,防范机会主义的发生。在知识共享过程中要以诚信为本,建立起相互尊重和信任的氛围。成员必须在相互沟通、理解、协调的基础上求同存异、努力形成一个共同认可的目标一致的联盟文化,建立良好的信任合作关系。

第三节 政府组织学习

一 组织学习的内涵及模式

组织学习研究的兴起随着阿吉里斯(Argyris)、舍恩(Schon,1978)的著作《组织学习》问世,特别是彼得·圣吉(Senge,1990)推出的《第五项修炼——学习型组织的技术与实务》后,得到了空前的发展。

(一)组织学习的内涵

不同学科从不同角度对组织学习进行了研究。经济学倾向于将组织学习视为可以计量的组织行为绩效的提高或者抽象与模糊的正向结果;创新学将组织学习看成组织创新绩效的提高;管理学则将组织学习与组织持续竞争优势联系在一起。这些学科更加强调组织学习所引致的组织结果,而忽略了组织学习的过程。与之相反,组织理论和心理学更加重视组织学习的过程，它们着重研究组织学习的发生机理和知识或信息的处理过程，分析在组织学习过程中知识的获取、交换等活动。[①] 目前，国内外学术界对组织学习概念的理解存在一定程度上的一致性，但也存在着较大差异。

　　进一步分析可以看出，对组织学习的论述集中于不同侧面、不同层次，或多或少、或深或浅地触及了组织学习多方面的本质属性，较为集中的是如下观点：①组织学习是一种活动。巴纳德把组织学习看成是两个或两个以上个人的有意识协调的活动或力量系统。大卫·加尔文也把组织学习看作是一种活动，并认为该项活动包括系统地解决问题、试误，从自己的过去与经验中学习，向他人学习以及促进组织内的知识扩散等五项内容。②组织学习是一种过程。这种定义方式强调组织学习是一个较为长期的发展历程，它有一系列有效的活动程序，不是一蹴而就的。③组织学习是一个系统。很多专家和管理者发现，组织学习往往受到组织的结构、流程、文化和技术等子系统的制约，换言之，要更好地推动组织学习的进行，必须从上述各方面全面变革组织，从而为组织创造一个有利于学习的内部环境。④组织学习是一种能力。能力一般指顺利完成某项活动的主观条件。哈耶克把组织学习看作是经济组织面对变化的环境，协调使用各种由特定行为主体拥有的环境知识的能力。一些知识创新学的学者认为组织学习是组织对竞争优势的保持和对组织创新能力的促进。他们把组织学习看作是组织促进知识创新或知识之获得并使之传播于全组织，体现在产品、服务和体系中的能力。⑤组织学习是一种结果。一些经济学家认为组织学习是一种行为上的改进，这种改进可以产生抽象或具体的积极结果。组织学习使得组织面对变化的经济和商业环境能够改善和发展新的技术、结构和经营实践，它能推动无形资产的创造，而无形资产正是持久竞争优势的基础。[②] 这类定义强调，今天的组织不是为了学习而学习，不是为了标新立异而学习，组织学习的最终目的是要求组织的整体

[①] 黄健：《造就组织学习力》，上海三联书店2003年版，第56页。
[②] 王伟：《组织学习理论研究述评》，《郑州大学学报》2005年第1期。

行为能够得到明显的改进。

(二) 组织学习与个人学习

个人学习就是个人获取知识及技能的过程。这里的知识及技能包含两方面含义：一是技术和操作性技能，即实施某种行为的能力；二是理解力，即对各种经历在概念上的理解进行描述的能力。组织学习是一种组织行为，它和个人学习之间存在一定的联系和区别。它们之间的联系主要表现在：组织由个人组成，个人学习是组织学习重要的和必不可少的前提条件。西蒙（Simon，1991）认为组织学习主要通过组织成员个人学习来进行组织学习和吸收新成员进行组织学习两种途径，这些新成员掌握着组织先前并不具备的知识。[①] 阿吉里斯（Argyris）和舍恩（Schon）等则深入探讨了个体学习与组织学习的关系，指出组织学习主要是具有共同思维模式的个体行为的结果，它们之间的区别体现在：①尽管组织学习通过组织个人学习方式得以实现，但是组织学习绝不是组织成员个人学习的简单叠加和隐喻，组织虽然没有头脑，但组织具备认知系统和组织记忆，组织记忆保存着组织的习性、心智模式、规范和价值观，组织记忆具有较强的稳定性，因此，组织成员的流动和领导的变换并不会对组织产生显著影响，所以，组织学习的成效并非组织中个人学习成效的加总，它可以远远超越个人学习的效果，但也可能大大低于后者。②个人学习主要发展个性、个人习惯和信仰等，而组织学习则主要发展组织的世界观和意识形态等。组织不只是被动地接受个人学习的影响，相反，它可以主动地影响其成员的学习。每一个组织都存在着区别于其他组织的相对稳定的特性，有些学者把组织的这些特性称为"组织常规"，它们一般包括组织的价值观、规程、惯例、制度、战略以及组织所赖以建立和运作的技术等。"组织常规"存在于组织的知识库中，发挥着类似生物有机体的基因的作用。"组织常规"会在很大程度上影响组织的学习力，因为组织往

---

① ［美］赫伯特·A. 西蒙：《管理行为》，杨砾等译，北京经济学院出版社1991年版。

往能够通过已形成的强有力的"组织常规"来主导组织中每一个成员的价值观和学习行为,从而主动地影响组织成员的个人学习。③彼得·圣吉认为组织学习应该注重如下五个方面:自我超越、心智模式、共同愿景、团队学习和系统思考。组织学习包括个人、团队、组织和组织间的学习,但它更注重组织层面的学习。①

组织学习与个人学习的关系表明,组织学习是建立于个人学习基础之上的一种新的集体学习方式,但它绝不是个人学习的简单的范围延伸,它更加强调系统观、组织成员之间的协作和团队精神,是一种更深层次、更高水平的学习。

(三)组织学习的模式

根据对国内外关于组织学习过程及模式的研究文献的分析,目前学者从不同视角对组织学习模式进行了研究,主要包括系统层面、学习类型和社会过程等方面(见表5—1)。

表5—1 不同视角的组织学习模式

研究视角	研究者	模式内容
系统视角	Senge(1990)的系统学习模式	提出了自我超越、改善心智模式、建立共同愿景、团队学习和系统思考这五项修炼是组织学习的五个关键要素
	Dixon(1989)组织学习循环过程模式	提出了面向集体意义结构的,由创造、整合、诠释和行动四元素组成的组织学习循环过程模式
	Cope(1999)的一体化学习模式	提出由四个核心要素(个体、关联性、传递机制和意图)构成的一体化学习模式,以帮助学习者形成相应的系统性概念

① [美]彼得·圣吉:《第五项修炼》,中信出版社2009年版。

续表

研究视角	研究者	模式内容
学习类型视角	Argyris & Schon（1974，1978）单循环学习、双循环学习和再学习模式	提出了两个基本的组织学习模式，即单循环学习和双循环学习，后来他们又提出了最后一种更加富有挑战性的学习模式，即再学习。认为组织作为一个整体进行学习必须完成"发现"、"发明"、"执行"和"推广"四个阶段
	陈国权（2004）的"6P—1B"组织学习模式	在保留 Argyris & Schon 组织学习过程四阶段的同时，在发明和执行之间增加了"选择"，在推广和发现之间增加了"反馈"，建立了"6P—1B"组织学习模式
社会过程视角	Cyert & March 模式	从经济学和心理学刺激反应理论中抽象出了适应性这个要素
	Nonaka 的 SECI 知识创新模式	从管理学、知识社会学等学科中抽象提炼出知识（认知）这个组织学习的要素，并构建了独特的知识创新模式
其他视角	Arthur Yeung 的组织学习模式	其关键在于"三种学习能力"——创造新意、推广、应用新意和学习障碍
	John Riding 的第四种学习模式	其基本要点是"持续准备—不断计划—即兴推行—行动学习"，通过学习，组织学习将不断迈向一个新的阶段
	王振江（2001）的四环学习模式	在总结相关研究的基础上，提出了四环学习模式，模式的四个构成要素为搞清问题、掌握与创造学习技能、组建与完善学习环境、解决问题，其最终立足点是问题的解决

（四）组织学习与知识共享

从上述组织学习内涵及组织学习模式可以看出，组织学习的过程实际也是相关知识积累与发展的过程。在这一过程中，知识共享是非常重要的，组织知识是一种组织成员所共享的集体智慧，通过人际互动的社会历程而改变与共享。通过组织的学习，实现组织知识的共享与合理使用并进而创造新的知识。第一，组织知识是指可以沟通相互交流应用的知识。组织知识分布在各处，包括不同部门、不同个人，皆有其专业知识，因此，如果专业知识无法与人沟通则不能称之为组织知识。此外，若个人不分享知识，则个人知识的累积并不等于组织知识的累积，必须通过知识共享才可能将个人知识转化为组织知识。第二，组织知识是经验的累积。第三，组织知识是一套因果模式的累积与结合，其中包括组织成员、主管、部门和知识体系的交互作用。将个人知识转化为组织的知识，这一过程就是组织学习和知识共享的过程，因此，组织学习就是知识的应用过程，通过这一过程有助于组织知识的共享与创造。

组织学习可以分为三个层次：个人学习、团队学习和组织学习。在组织学习的过程中，团队学习起着一个承上启下的作用。每一个个体的知识和能力首先转化为团队的知识和能力，然后每一个团队的知识和能力又转化为整个组织的知识和能力，而整个组织的知识和能力又反馈给其他团队，从而使其他团队从中受益。组织学习与个人学习是互为依赖的。组织学习并不是个人学习的简单加总，而是组织成员的知识和能力的共享。

二 虚拟政府组织学习的特征

组织学习对克服电子政务知识协同障碍是至关重要的。组织学习的难点在于知识具有模糊性，即知识的隐性、专有性和复杂性等因素使知识难以理解。

对于电子政务知识协同来说，组织学习的意义更大，许多知识联盟型虚拟组织由于重视学习而被称为学习型联盟。参与知识联盟的政府部门在缔结联盟时就应该清晰地认识到缔结联盟是学习过程的开始，需要积极地通过学习活动来提高虚拟组织绩效。我们通过建立一个学习机制框架来促进协同政务所形成的这种知识联盟的学习机制发挥作用（见表5—2）。

首先，参与协同政务的政府部门的学习能力是学习的内部推动力。政府部门的学习能力可以减少知识模糊性的影响。这里的学习能力既包括政府部门的资源要素，也包括政府部门学习的态度。因而，提高学习能力既要重视增加物质基础设施等资源供给，又要努力培养政府成员的学习能动性。重视人的因素,可行的办法是使每一个参与协同政务的政府部门通过内部修炼成长为"学习型组织",增强整体的学习能力,这可以通过在组织内进行"五项修炼"来实现,即在政府部门内进行"自我超越"、"改善心智模式"、"建立共同愿景"、"团队学习"和"系统思考",而"系统思考"又是最有决定性意义的修炼。在基础设施方面,协同政务知识联盟应注重对信息技术和信息系统的投资,在协同政务联盟内部建立信息中心,提高知识的准确性和在联盟中的传递速度。政府部门学习能力的提高不仅对知识联盟内部学习很重要,而且对提高知识联盟整体的学习能力,向外部获取知识也有决定性影响。

表 5—2　　　　　　　　虚拟政府组织学习机制框架

学习机制要素	作用
政府部门的学习能力	学习的内部推动力
合作竞争能力	维持学习的纽带
学习规则	学习制度的推动力

其次,合作竞争能力是维持虚拟政府组织学习的纽带。组织文化差异会普遍降低协同政务知识联盟的学习效果,要克服这些消极影响,必须加强合作竞争能力。协同政务知识联盟内部的学习机制不同于一般政府部门的学习机制之处就是协同政务知识联盟内的政府部门通过一些纽带联系在一起,从而使政府部门之间以前单一的竞争关系转化为合作竞争的关系。合作竞争关系要求政府部门在学习过程中形成互相帮助的氛围,即政府部门在联盟内部不断贡献自己的核心能力,帮助对方进步;尽量在联盟内部形成较亲密的关系,以减少知识模糊性的干扰;着眼于知识联盟的目标,而不要局限于各自组织的私利。

最后,协议规则是学习制度的推动力。在协同政务知识联盟中形成明确的协议,这包括共同的目标、清晰的路线和竞赛规则。明确的协议对协同政务的学习机制具有决定性意义。协议使组织成员建立稳定预期,便于长期持续地学习。在协同政务中,政府部门均有通过协同政务实现自己目标的想法,但通过协商,可最终将各自的目标协调为协同政务的目标。协同政务的目标对于各政府部门并不是最优目标,但却是协同政务整体的最优目标。因而,目标一旦确定,应努力促使各政府部门朝这个方向努力,而制止偏离这个目标的行为,减少机会主义行为。为了顺利地进行学习,在协同政务联盟持续期,目标也需要承受一个不断调整的过程,以便使协同政务的目标始终照顾到政府整体和各政府部门的利益。在制定了目标之后,必须对目标进行细分,并形成具体的计划。竞赛规则中最重要的制度是规定如何投入政府部门的有形和无形资源,如何在政府部门间分享联盟的成果。投入的成本和分享的成果匹配才能使各政府部门得到极大的激励,不公平的分享机制会使一些政府部门不满而采取不合作的态度,破坏协同政务中的组织学习。知识联盟的循环使学习随联盟的演进而不断加强。学习机制中当然还包括一些具体的联盟协议要求,比如联盟的成立和结束办法、对各政府部门行动上的约束等,这些都对保障联盟的存续和发展有着重要的作用,使参与协同政务的政府部门对组织学习建立准确预期,促进组织学习顺利进行。

总之,在虚拟政府中建立组织学习机制,促进各政府部门间的知识共享程度的提高,提高知识共享的效率,改善知识共享的效果,从而达到降低知识共享不足的风险,提高协同政务整体绩效的目的。

三 学习型政府学习力提升

建立学习型政府有助于增强政府各部门、各要素之间的协同作用。学习型政府是倡导组织学习的政府。组织学习不同于个体学习,它要求全体成员共同学习,这种学习不仅能产生高于个人智力总和的组织智力,更重要的是它能使组织产生协调一致的行动,增强政府内部各要素之间的协同作用。学习型政府强调的系统思考要求人们能纵观全局,形成系统思维模式。这种系统思考的思维方式,有利于使政府内部各资源要素、组织制度系统内部各要素以及资源与组织制度系统之间紧密地联系在一起，增强政府部门的协调、合作作用。同时，系统思维也有利于政府部门在决策时能更多地把部门与服务对象（即公众）联系在一起进行考虑，从而能增强政府与公众之间的协同。

（一）学习型组织与组织学习力

学习型组织理论是在组织学习理论的基础上发展而来的。学习型组织与组织学习是两个不尽相同的概念，两者之间既有联系又有区别。学习型组织是指一种高级的组织形态，组织学习则是任何组织都具备的一种组织行为。组织学习是一个过程；而学习型组织是组织学习达到一定程度可能产生的结果。①

学习型组织是在不断学习与演化的组织，学习是战略性与工作结合的过程，从组织成员、工作团队到组织全体参与，学习结果引发知识、信念、行为改变，强化组织创新与成长的动力。Watkins 和 Marsick 对学习型组织的定义得到了多数学者的认同。因为它明确了学习型组织的组成因素，勾画了组织学习的系统，强调了学习与工作的紧密结合。Watkins 和 Marsick 在《塑造学习型组织》中提出的七个 C，很好地概括了学习型组织的特征：①持续不断的学习（Continuous）：最有效的成员学习是当学习的内容与其密切相关且能即学即用时。在组织中应让成员知道如何从自己的经验中学习，如何从群体中学习得更多，如何促使自己学习更有效率，唯有通过继续不断地学习，才能使自己与组织不断进步。②亲密合作的关系（Collaborative）：通过组织成员的合作和共同参与，加强成员之间彼此支持的能力；通过成员之间的良性互动，建立亲密合作的关系。③彼此联系的网络（Connected）：一方面可促使成员间的互动关系更为密切；另一方面促使组织与社会环境联结更紧密，使信息的交流与资源的获取更能达到相辅相成的效果。④集体共享的观念（Collective）：个人与小组间的学习经验相互分享，凝聚组织成长共存共荣的力量。⑤系统存取和编写的方法（Captured and Codified）：

---

① 姜伟东、叶宏伟：《学习型组织——提升组织的学习力》，东南大学出版社 2002 年版，第 28 页。

善用科技能力与方法，方便摄取信息、应用信息，建立良善的组织学习文化。⑥建立能力的目的（Capacity Building）：养成组织成员终身学习的习惯与能力，学习如何适应变革，增进应用信息、处理信息、解决问题的能力，并促进组织的发展。①

组织学习力是指组织内部的各成员在组织所处的环境、面临的情况以及组织内部的运作、奋斗方向等方面，通过对信息的及时认知、全面把握、迅速传递，达成共识，并作出正确、快速的调整，以利于组织更好地发展的能力，是一个组织拥有的比自己竞争对手学习得更快的自创未来的能力。② 组织学习力反映了组织作为一个整体对各种内外信息的认知与反应的能力。正如组织学习不是个体学习的简单相加，组织学习力也不是个体学习力的综合或叠加，它包括个体层面、团队层面、组织层面的学习动力、学习毅力和学习能力。组织学习力在一定程度上通过个体的学习活动在组织学习系统的多因素生态系统中进行促进或抑制。个体行为作为组织的代表产生了组织学习的行为。组织会创造一些条件来显著影响个体获取信息与分析信息的方式、方法，解决问题的风格、解决方案的设计，以及解决问题的行动，促进个体优化知识结构。同时，个体也会给相对独立于组织要求的学习环境带来偏见和限制。比如人们大脑处理信息的能力是有限的，而人们进行社会活动的行动理论必然会被带到组织中来。这些都显著地影响着个体和团队解决问题和做出选择的方式，对组织的学习力产生影响③。

（二）学习型政府的学习力

学习型政府是一种全新的理念，是对传统行政管理模式和管理方法的重新定位和调整。它是一个自由、开放、便于信息交流和知识传播的共享学习成果的系统，具有不断创新、自我调整、自我完善的能力，并能够通过保持政府学习的能力，使政府持续发展。学

---

① 吴价宝：《组织学习能力测度》，《中国管理科学》2003年第4期。
② 杨国安、大卫·欧瑞奇：《学习力——创新、推广和执行》，华夏出版社2004年版，第45页。
③ 克里斯·阿吉里斯：《组织学习力（第二版）》，张莉、李萍译，中国人民大学出版社2004年版，第88页。

习型政府本质上是一个动态的、不断更新的、共享的知识系统。学习型政府不断引入创新、激励和竞争精神,通过系统内外个体间、组织间的知识交流、共享,为提高政府的活力和效率,创新政府行政管理理念和政府管理制度创造了必要的条件。政府学习过程是一个渐进和积累的过程,这一过程增加了政府知识的基础,并使政府行为发生变化,使政府具有更强的竞争力成为可能。

学习型组织理论认为,学习型组织的核心能力本质上是组织的学习力。学习型政府的核心能力也是政府的学习力。正是政府学习将政府组织发展的战略和文化积累融合成一个整体,并决定政府在全球化环境中的竞争力。因此,政府学习创新过程是政府的发展战略和文化的创新过程的有机结合,是一个复杂的组织学习过程。政府的学习从根本上提高了各级政府中的信息分享、沟通、理解以及决策的质量,把学习转化为政府的行动能力,形成了政府的竞争优势,大大提高了政府行政效率和政府工作的社会满意度。

(三)学习型政府学习力的提升

组织学习是组织发展的动力之源,组织学习能力的高低反映了组织合作能力的强弱。如前所述,组织成员的学习能力是学习的内部推动力,如何提升政府部门的学习能力是协同政务组织学习机制的核心内容,本书认为,组织协同学习是提升学习型政府学习力的根本途径。组织学习的主体是人,表现为个人学习、团队学习、组织学习和组织间学习等形式,它们共同构成了组织系统学习的协同要素,它们彼此间具有非常紧密的关系,根据反馈机理,这些要素的协同可形成系列正反馈效应。

协同学习是学习者以小组形式参与、为达到共同的学习目标、在一定的激励机制下为获得个人和小组习得成果最大化而合作互助的一切相关行为。协同学习要求学习者在一定区域范围内根据不同的合作条件组成学习团队,在各自独立学习、获取各种有价值信息之后,交换学习心得、体会,互相提问,相互评价,以达到学习的目的,巩固学习成果。

1. 政府组织协同学习要素分析

组织学习是描述组织作为一个整体的学习行为,它由多方位、多层次、多方面协同要素组成。组织学习是政府培育核心能力以获得内在持续发展与长期竞争优势的源泉，开展组织系统学习是提升组织学习力和政府竞争力的有效策略。而组织学习的主体是人，综合组织学习的内涵、过程等内容，组织系统学习可分为：个人学习、团队学习、组织学习和组织间学习四个层次，组织要作为一个整体开展学习，离不开学习主体作用的充分发挥，以及这四个层次学习的系统而全面的开展。进行组织系统学习，必须充分考虑学习主体作用的发挥，通过学习主体的控制和协调，不同学习层次间的协同学习才有可能开展。个人学习、团队学习、组织学习和组织间学习就是组织系统学习的四个协同要素。从表5—3可进一步探索提升各协同要素学习效果的方法和途径，为政府积极开展不同学习要素间的协同学习打下坚实基础。

表 5—3　　　　　　组织协同学习要素及其影响因素

协同要素	影响因素	主要内容
个人学习	对组织认同度	个人对组织目标的支持，决策时顾全大局，分清主次等
	个人素质	个人的受教育程度、个人的工作经验等方面
	个人创造性	个人在工作过程中对组织所做的创新性工作等
团队学习	团队目标	目标能否实现、与组织和社会目标是否冲突等
	团队技能	团队的专业性知识、决策的能力、团队成员相互理解力等
	团队成员贡献	团队成员能否实现承诺、完成任务、坦诚沟通、信息共享等
	团队氛围	团队成员对团队行为规范所感到的舒适程度等
组织学习	组织文化	管理者与员工间的平等性，成员之间的坦诚与信任程度等
	组织结构	组织内的分工设置、行为规则、组织运转等
	组织管理	组织的管理是否能够促进组织能力的发挥等
	组织职能	组织职能的定位是不是正确、合理等

续表

协同要素	影响因素	主要内容
组织间学习	信息传递	信息传递渠道是否通畅等
	组织环境	组织能否动态适应环境变化等
	组织意识	是否认识到所处组织与其他组织之间的关系等

2. 政府协同学习模型

充分协调组织学习这四个协同要素，积极开展协同学习可以直接提升个人学习力、团队学习力和组织学习力。若将系统学习的四个协同要素有机地结合起来，充分发挥整体协同效应，可更显著提升组织的能力，其关系如图 5—1。

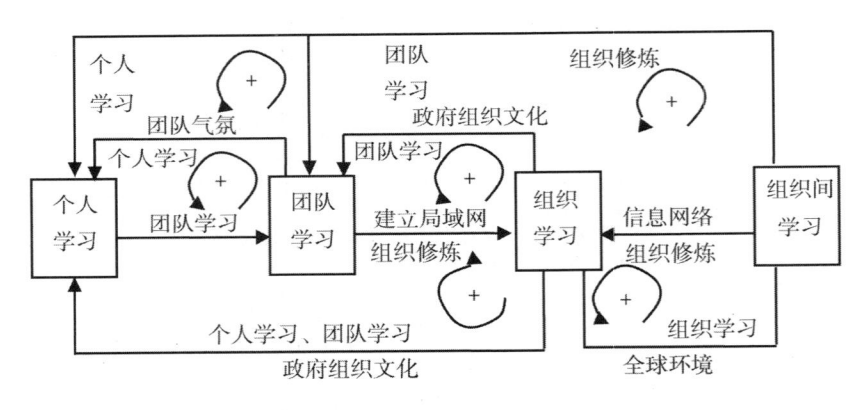

图 5—1　知识共享环境下政府组织协同学习模型

图 5—1 中，个人学习处于基础地位，是组织学习的基本条件，即组织要学习首先需要组织的每个成员进行学习，组织学习只能通过个人学习来实现。但个人学习并不是组织学习的充分条件，个人学习只有上升到组织层面、在组织中传播，并为其他组织成员所分享，才能称得上组织学习。同时，个人学习使个人能力在融洽的组织氛围中得以发挥，学习效果也更为明显。同时，个人学习又可促进

团队学习力、组织学习力的提升。

团队学习是组织学习的主要载体,通过广泛的个人学习,全面提升个人学习力,为建设优秀组织打下了坚实的基础,而开展组织学习,积极创造良好的组织学习氛围,又能进一步促进个人学习效果。同时,团队学习是组织学习效果以及政府竞争力的核心环节,只有形成多个优秀的学习团队,创建多个知识群体,才能体现组织学习的良好效果和超强的竞争能力。

组织学习是个人学习、团队学习的依靠。组织学习的开展、良好政府文化的建立和强大凝聚力的塑造,不仅可以提升个人学习力和团队学习力,对整个政府组织学习力的促进作用也是十分明显的,它为政府组织间学习的顺利开展创造了良好的条件。

协同政务环境下选择合适的学习模式,积极开展政府组织间学习,对促进政府的发展和竞争力的提高有巨大的促动作用。在开放的环境中,个人学习、团队学习、组织学习、组织间学习的协同进行,可以取得意想不到的效果。

结合系统动力学原理和反馈机制理论可知:在个人学习和团队学习之间,通过良好组织氛围的创造,积极开展改善心智模式、自我超越的修炼,采用合理科学的途径进行组织学习,必然会产生正反馈的效果,形成个人学习与团队学习正反馈环;个人学习、团队学习有了保障,若在政府组织内部建立完备信息技术平台,进行以系统思考为核心的"五项修炼",一定能够提升组织的学习效果,形成团队学习与组织学习正反馈环,以及个人学习—团队学习—组织学习正反馈环;在协同政务深入发展中,政府组织间学习的重要性越来越得到人们的认同,在协同政务环境下,借助网络等技术手段及其他学习平台,政府组织间学习与组织学习的相互促进作用越发明显,其对政府整体及其他不同层次的学习也产生巨大的促进作用,最终形成了模型中的组织学习与政府组织间学习的正反馈环、团队学习—组织学习—组织间学习正反馈环及个人学习—团队学习—组织学习—组织间学习的正反馈环。

如果能够很好地把握组织学习系统模式中的各环节,以共创愿景、系统思考为指导，系统而全面地开展组织的协同学习，充分发挥各个正反馈环的效能，提升各层次的学习效果，整个政府组织的学习效果必将得到较大幅度的提升。若能使组织系统学习各层次进行协同，产生耦合效果，将使政府整体学习产生倍增效应，显著提升政府的组织学习效果，进而增强政府的竞争能力。

第四节 政府组织文化

一 组织文化与知识共享

在知识经济时代，技术已不再是维系竞争优势的来源，相反，如何通过组织文化与激励制度的规划，让组织成员能分享其个人经验与知识，让个人知识能迅速扩散成团队知识，并累积成组织知识，才是组织赖以竞争与经营管理的重要优势来源。[1] 伽内什（1998）也指出知识的表达和意义会随着历史、文化、个人特征而有所不同。因此，若要管理好知识，则要去注意组织的历史、既存的文化及个人的特征，因此，他认为信任与开放的文化较适合组织成员进行知识共享。[2] Kimball（1998）在研究知识工作者的学习态度时，发现组织文化会影响个人的学习动机、态度与成效。因此，组织若能创造一种"鼓励学习"的文化，则组织成员就较易与他人分享本身的经验与知识。再者，若一个组织能够鼓励员工多做尝试、能够接受员工的试误，则创新的文化就能够产生。过去组织强调"经济人"的角色，以自利与竞争的心态取胜。信息时代将让组织文化转型为"社会人"，重视人性的关怀、情感的交流，利他、与环境共生的价值观。在这种组织文化中，彼此分享知识将成为常态。帕瑞福和罗伯特（1999）认为组织若能支持、创造出信赖的环境，

---

[1] ［美］托马斯·H. 达文波特、劳伦斯·普鲁萨克：《营运知识》，江西教育出版社1999年版。

[2] 转引自杨婷《知识共享与组织学习对供应链企业间研发合作绩效的影响研究》，博士学位论文，西安理工大学，2007年。

再使用开放的沟通方式及授权给员工,并建立合作及互相学习的文化,则组织成员间较易产生知识共享的行为,团队工作的绩效就较佳,也较易将知识转化为行动。[①]

综合以上观点可以看出,国外的学者对于组织文化在知识共享中的重要性已经达成共识,有效的知识共享需要依靠人与人之间的互动来进行。组织若缺乏知识共享的文化与环境、个人缺乏分享与合作的意愿,整个知识管理体系也就无法发挥功能。因此,政府组织文化是电子政务知识协同能否成功的关键因素,政府文化必须适应知识共享的要求,建立政府知识共享文化,学习型、创新型文化是政府的目标。

二 政府组织文化的特征

组织文化在知识共享过程中必须具有适应性,通过它使组织的知识应用有三个非常重要的变化,即从复杂的个体知识控制转向环境引导和协同、使组织成为个人知识在整体环境协调下发挥最大作用的工具,同时关心组织知识和个人知识的发展。在国内外学者的研究基础上,本书认为政府组织文化应具备如下特征。

(1)鼓励学习。知识工作者在学习时,组织文化会影响个人的学习,因此政府在推行知识管理时,必须要创造一个鼓励学习的文化环境,另外,如果政府组织文化是不容许存在多元意见的话,就会减少成员的学习机会,反之,在一个奖励信息传送、开放且诚实的环境中,学习机会较多。而如果政府部门想要有一个创新的文化环境时,则政府部门必须接受成员的失误,鼓励成员多尝试,不要有错就责备,这样才有创新的文化。

(2)政府成员愿意分享知识。知识管理最重要的是要创造一个分享知识的组织文化与工作环境,鼓励合作,找出最需要知识共享的领域并提供工具促进知识共享,故政府部门应建立愿意分享的组织文化与环境。成功的知识管理首先需要了解组织成员,并通过组织文化的改造,以转移成员的心智模式,培养"知识共享"的文化,

---

① 转引自姜道奎《团队知识共享机制研究》,博士学位论文,山东大学,2012年。

将知识共享融合在整个政府业务流程中以释放政府部门的人力潜能。如果政府文化没有任何改变，任何知识管理的计划都没有办法成功，而能鼓励成员分享知识环境的建立，关键在于互动学习的培养。

（3）互相学习。政府部门应通过各种机制与途径，鼓励经验的交流，建立信任与合作，重塑人际关系。知识管理的成功是要注意到它内在的精神，若只是一味地模仿、移植别人既有的制度，知识管理是不会成功的，学到的也只是外显知识的部分，真正重要的理念及价值并未学到。因此政府部门必须要支持、创造出相互信赖的文化环境，有开放地沟通及赋权给成员，并建立起合作、互相学习的文化环境。

（4）协同合作。政府部门应从强调自我中心与内部竞争的文化转型为重视他人的想法与感受及内部团队合作的文化。过去政府强调"经济人"的角色，以自利与竞争的心态取胜。知识时代将让政府组织文化转型为"复杂人"、"自我实现人"，重视人性的关怀、情感的交流，以及具有利他、与环境共生的价值观。在这种政府文化环境中，彼此分享知识将成为常态。

（5）信任与开放的环境。政府组织文化是协同政务成功与否的关键，面向电子政务知识协同的政府组织文化的主要因素之一就是一个信任的气候与开放的环境，在此环境中，持续的学习被高度重视和支持。政府部门提供知识创造与分享的奖励与诱因，传统上，奖励大多是提供给个人的表现，知识被认为是权力的来源，而现在改变成使成员有时间及支持他们去进行知识共享。

三 虚拟政府组织文化的塑造

营造有利于电子政务知识协同的组织文化，首先是为了克服虚拟政府中存在的多元文化冲突现象，统一虚拟政府成员的思想认识和行为模式。其次是为了营造一种虚拟政府成员之间主动提供相互之间的知识帮助、积极进行知识交流和互动的环境和氛围。从组织文化的三个层次来分析，面向电子政务知识协同的虚拟政府组织文化的特征可归纳为表5—4。

表 5—4　　　　　　　　　虚拟政府组织文化的特征

文化层次	特征
精神层	以知识共享互通及其所产生的协同效应和倍增效应为政府的核心竞争优势，知识共享成为虚拟政府成员提升自身能力和为政府部门做出贡献的渠道，为了顺利完成各自的任务，同时拥有更多跨学科领域的知识资源成为政府部门的共同愿景
制度层	政府组织制度对成员间知识共享的频率、内容和效果有统计记录和相关的奖励政策，虚拟政府在组织形态和管理方式等方面呈现柔性化的特征，有利于知识共享和创新行为的发生
行为层	虚拟政府成员在完成任务过程中将遇到的问题向其他成员提出知识求助，其他成员从自己的专业知识和经验角度给出解决问题的方案，并对其他成员提出的方案进行评价，成为所有虚拟政府成员的自觉行为，不局限于工作中，在非工作方面成员间经常进行知识共享活动

虚拟政府组织文化的特征揭示了虚拟政府成员在知识组织、共享和处理方面应该具有的态度和方法，具体可以总结为以下三点。

(一)"主动合作"的价值观

组织文化的核心是"价值观"。价值观是指组织成员相信值得做的事情或值得拥有的东西，是组织成员对特定结果或行为的偏好，或者是组织期望达到的目标。[1] 组织的价值观对于其信奉者来说，就是规定了组织的基本性格。价值观为虚拟政府成员营造了一种认同感，使每个虚拟政府成员都认同知识共享的行为及其所带来的效果。虚拟政府组织文化的目标就是要达到对于虚拟政府成员来说知识共享是非常值得去做的事情，而且也是虚拟政府的价值观所期望的行为。其本质是虚拟政府成员间和成员与虚拟政府间的"主动合作的精神"。

(二)"自觉执行"的惯例

惯例是指组织中正式的或非正式的工作程序，包括立项程序、组织会议、日程表、薪酬计划甚至其他带有组织性的娱乐活动。每

---

[1] 陈亭楠：《现代企业文化》，企业管理出版社 2003 年版，第 38 页。

一个正式或非正式的惯例都有其特定的角色和规则，它属于组织文化中制度层部分。虚拟政府知识共享文化中的制度层一个非常重要的特点就是制度具有柔性。制度具有柔性包含两方面的含义：其一是因知识本身的模糊性而带来制度本身的不确定性，知识不是具有实物形态的资源，知识的大小和质量甚至对于占有者来说都难以确定，因此，关于明确规定什么知识、通过什么手段来共享的制度是不现实的；其二是因为虚拟政府成员受到地域和时空差异的影响和交流平台的限制，使得共享知识的虚拟政府成员间很难保证知识共享行为的及时性和共享效果的有效性，因而制度对具有知识共享意愿和行为的虚拟政府成员的权力、责任和义务的追求是不现实的。因此，知识共享的制度文化只能在共享方向上给予牵引，提供工作中知识共享的惯例，如对于虚拟政府成员提出的具体问题如何解决，虚拟政府应该建立一套向有关成员求助、对提出的方案如何选优并进行决策的程序。

（三）"主动学习"的行为规范

行为规范是指人们在组织中应如何行动，或者应该做什么来完成他们的工作的共识，行为规范体现了对行为的期望方式。[1] 知识共享的本质是获取知识，即"学习"。虚拟政府知识共享行为规范的理想状态是成员在协同政务中主动向其他成员学习并向其他成员传授自己的专业知识。为了完成协同政务的目标，知识共享成为一条捷径，因为只有知识共享，才会达到虚拟政府协同工作的目标。因此，虚拟政府组织文化可归纳为：虚拟政府视各组织成员所拥有的不同专业知识和工作经验为虚拟政府中最重要的资源，任何一位组织成员愿意并希望与其他成员进行知识共享。虚拟政府组织文化的形成，关键在于能够在虚拟政府中创造一种"主动合作"的价值观，形成一种"自觉执行"的惯例，建立一种"主动学习"的行为规范。

虚拟政府组织文化的核心是合作和学习，而文化的核心是组织成员都自觉遵从和乐于接受的价值观，因此，只有当虚拟政府成员

---

[1] Waither J. B., Ulla B., "The Rules of Virtual Groups: Trust, Linking, and Performance in Computer-Mediated Communication", *Journal of Communication*, No. 4, 2005.

都在积极主动与其他组织成员合作和共享知识的同时主动学习时，虚拟政府就建立了知识共享文化。而建立知识共享文化最重要的是为了解决电子政务知识协同行为的主动性，如果虚拟政府成员没有主动性，那么其他一切知识共享的技术平台和方法都将无法发挥其应有的作用。因此，建设虚拟政府知识共享的共同愿景是建立知识共享文化的主要内容。"共同愿景"不是一个简单的想法，它是一个组织中绝大多数成员认可并愿意为之努力的目标，是一股令人深受感召的力量，人们寻求建立共同愿景就是渴望能够归属于一项重要的任务、事业或使命。虚拟政府因为文化差异所产生的意识形态的冲突比较严重，建立共同愿景比较困难。本书认为，虚拟政府成员间增加知识交流与沟通，在增进彼此理解的基础上求同存异，并以完成电子政务知识协同的目标为导向，可以建立起虚拟政府知识共享的共同愿景。

四 组织保障因素之间的关联性分析

电子政务知识协同的组织保障是指政府部门实现知识优势互补和集成创新必须共同遵守的一些规则、契约和制度，是知识共享正常、有序运作的组织环境，其中包括信任方面的心理契约、组织文化、组织结构、组织制度、法律制度、合作原则、利益分配原则等有形或无形的约束条件。这些保障因素和政策法律以及知识共享平台等因素共同支持并保障跨政府组织边界的电子政务知识协同的正常运行，如图5—2所示。[1] 由于政策法律以及知识共享平台不是本书的研究重点，因此，我们重点分析信任机制及学习机制在政府知识协同网构建期及运行期的作用。

政府知识协同网是围绕协同任务、基于知识缺口构建的动态联盟，是实现跨政府组织边界的电子政务知识协同的组织载体，既是一种知识密集型的动态联盟，又是一种学习型联盟，基于知识共享平台将联盟成员的核心知识进行有机整合，旨在弥补彼此的知识缺

---

[1] 高洁、罗南：《协同政务知识共享的组织模式及保障因素研究》，《图书情报工作》2012年第21期。

口，实现彼此间知识的互补性①，协同创造完成协同任务所需的新知识。在知识协同网构建期，政府组织间的信任机制的建立是关键，在知识协同网运行期，组织间学习机制的建立是核心，联盟的知识共享文化对于各时期都是十分必要的。

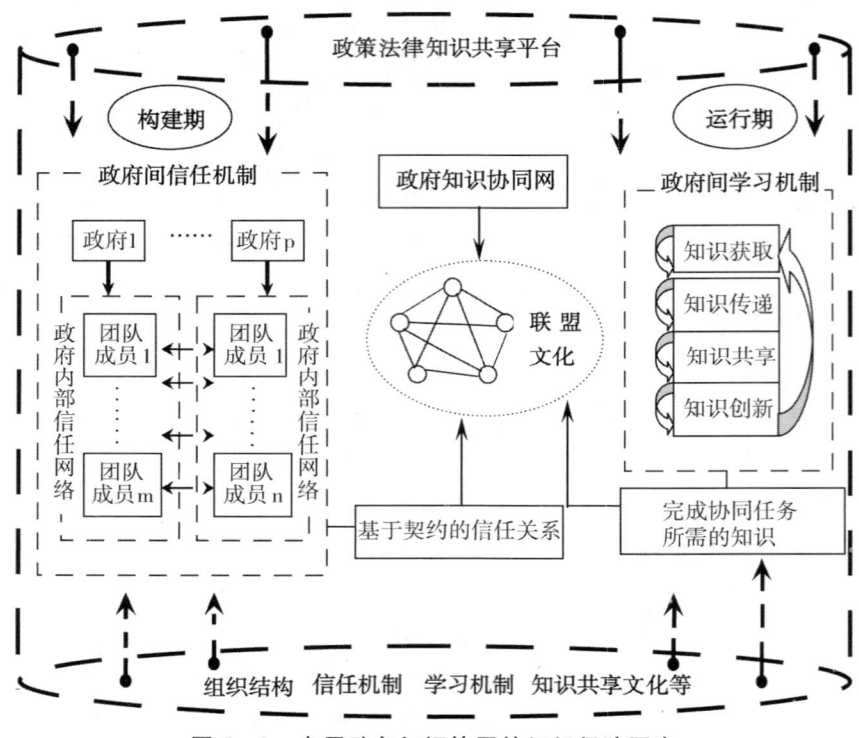

图 5—2　电子政务知识协同的组织保障因素

在政府知识协同网构建期，政府之间通过签订协同契约保证信任关系的初步建立，政府之间持久稳固的信任关系则需要建立在政府内部信任网络基础之上。首先，在政府组织内部，知识协同团队成员之间在日常的工作来往中，已经建立了相对稳定的信任关系，构建了政府内部信任网络；其次，政府之间的信任机制不是政府内

---

①　刘二亮、纪艳彬：《基于联盟成员知识特性的知识联盟组织间知识共享研究》，《西安电子科技大学学报（社会科学版）》2011年第4期。

部信任网络的简单组合，需要考虑到各政府部门的组织结构、组织文化、管理模式、知识共享平台等方面的差异，因此其建立具有一定的难度，但是可以通过跨组织的文化培训、成员之间频繁沟通交流、树立共同价值观和达成对知识协同目标一致认识等方法，促进政府部门之间加深理解，建立良好的互信合作关系。总之，构建期要基于政府内部信任网络以及契约来形成政府组织间的信任机制，建立基于契约的信任关系，确立虚拟政府的协同目标和组织架构。

在政府知识协同网运行期，需要组织间学习机制的高效配合，通过联盟成员间组织学习实现知识的获取、传递、共享与创新，实现联盟成员间知识互补和兼容，弥补彼此存在的知识缺口，创造出完成协同任务所需的新知识。组织间学习是通过不同知识主体间的知识转移实现的，组织间学习可按照知识转移的层次分为个体学习、团队学习、组织内学习和组织间学习，各个层次的学习可以相互转化，通过这种转化不断提高成员的学习能力和知识水平。成员间的知识传播是通过个体学习和团队合作来实现的，大部分的个人学习都是发生在以协同任务为基础的团队合作中。

政府组织结构是电子政务知识协同的根基，是承担政府组织知识的基本载体。通过集合各政府的知识协同团队形成政府知识协同网，协同任务一旦完成即刻解散，当下一次特定的协同任务出现时又会迅速集合，协同高效地处理公共事件。

政府信任机制是实现电子政务知识协同的前提，信任为政府部门进行跨组织界面的知识共享提供了保障。政府知识协同网构建期要基于政府内部信任网络以及契约来形成政府部门间的信任机制，建立基于契约的信任关系，确立虚拟政府的协同目标和组织架构。

政府组织间学习机制是电子政务知识协同的动力，激励政府部门进行跨组织界面的知识共享。政府知识协同网运行期需要政府组织间组织学习机制的高效配合，政府成员通过对知识的获取、传播、共享和创新，与其他政府成员进行知识交互，弥补相互之间存在的知识缺口，从而更新整个知识协同网的知识存量水平，接着继续进入下一轮的协同创新活动过程，完成新的协同任务。

政府知识共享文化是电子政务知识协同的环境保障，是克服电子政务知识协同障碍的关键因素，保障知识在政府组织之间的顺畅交流与互动。通过建立政府之间的联盟文化，对多元文化进行调整或控制，不同的文化特色被吸纳、融合、升华、传递，便于进行知识的沟通交流和共享，为政府信任机制的建立奠定基础，也为政府组织间学习创造了良好的环境。

第五节 案例分析

近年来，频繁发生的突发公共事件及其带来的经济、社会方面的负面影响，要求政府整合内外部资源，协同应对突发公共事件，建立完善的应急协同网络。学术界也开始关注突发事件应急联动体系构建问题，[①]从结构体系上建立全面的突发事件应急管理[②]解决方案，目的是加强政府对日常应急管理知识的管理，提高政府应对突发事件的能力。刘红芹等在分析我国应急管理协调联动机制存在的困境，并对甘肃陇南5·12地震中的应急协调联动进行个案分析的基础上，根据突发公共事件的特征，从应急管理组织结构视角，构建了跨区域跨部门的应急联动组织体系，如图5—3所示。[③]

下面将结合第二章第三节"电子政务知识协同体系"及本章的"电子政务知识协同的组织保障因素"等相关理论，从组织结构、组织模式及组织保障因素三方面，对突发事件应急联动组织体系进行深入分析，为进一步完善突发事件应急联动体系建设，加强突发事件应急管理提供有效的理论支持。[④]

[①] 蒋珩、佘廉：《区域突发公共事件应急联动体系研究》，《武汉理工大学学报（社会科学版）》2007年第5期。

[②] 突发事件应急管理是指突发事件发生之后，政府部门如何协调各方面的信息和各类专业人才的知识，调动部门各种可利用的有效资源，迅速高效地解决突发事件，减少其带来的损失，保障人民群众的人身财产安全。

[③] 刘红芹、沙勇忠、刘强：《应急管理协调联动机制构建：三种视角的分析》，《情报杂志》2011年第6期。

[④] 高洁、罗南：《协同政务知识共享的组织模式及保障因素研究》，《图书情报工作》2012年第21期。

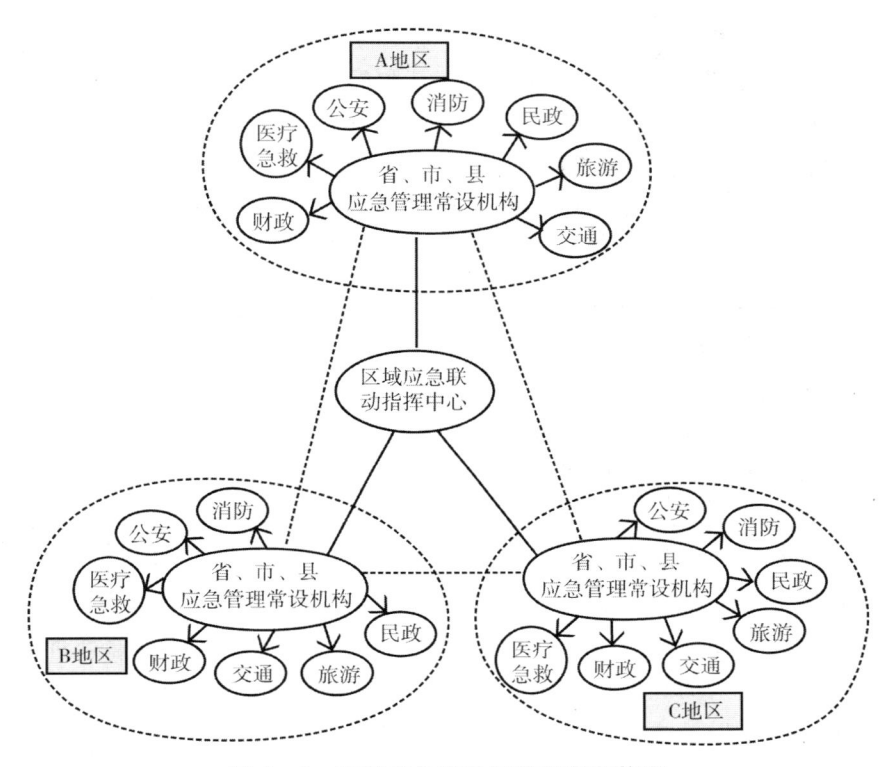

图 5—3 区域应急联动网络组织架构图

一 跨区域应急协同网络的组织结构分析

图 5—3 表示的是跨行政区域的简单但较为完整的动态联动组织架构，是一种网络式动态联动组织，充分体现了政府知识协同网的特点，上述突发事件应急协同网络可视为电子政务协同知识体系及组织模式在应急管理方面的运用。图 5—3 中的区域应急联动指挥中心连接了各省、市、县的应急管理常设机构，实现各类应急管理知识的整合与共享，便于突发事件发生时形成整体的解决方案；各省、市、县应急管理常设机构之间形成协同合作关系，构成基于突发事件应急联动的政府知识协同网，在组织环境和技术环境的支撑下运作，保证迅速高效地协同解决突发事件。

各省、市、县应急管理常设机构是突发事件应急协同管理工作的主体，为应急决策迅速反应和应急指挥信息的共享提供了平台，统一受理各省、市、县突发事件和应急求助的报警，联合各相关部门进行紧急救援，配合各省、市、县政府对重、特大突发事件进行先期应急处置并协助有关部门组织实施紧急处置等。区域应急联动指挥中心通常独立于常设的政府行政管理机构，不受政府层级结构体制的限制，这样能使应急管理知识无障碍流动，能迅速针对突发事件进行分析，并进行科学决策。

在突发事件应急协同网络中，各省、市、县应急管理常设机构作为应急联动指挥分中心，与公安、消防、医疗急救、财政、旅游、交通、民政等部门构成协作关系，呈扁平的网络化结构，部门内部由拥有应急管理专业知识背景的知识协同团队组成，构成区域应急协同网络。这种网络具有灵活性，可以根据突发事件事态的进展而扩大规模，一旦完成突发事件应急处理后，各政府知识协同团队各归其位，回到本市的局域网络中去。突发事件发生后，应急联动指挥分中心负责收集整理突发事件的主要信息，包括事故类别、事发地点、变化情况等，从应急知识库中调集以往类似事件处理方案，汲取前人的经验以供参考，做出初步的处理方案，然后将事件的主要信息以及本中心的预案立即反馈给联网的城市和应急联动总指挥中心，为中心做出综合应急决策方案提供决策支持。应急联动总指挥中心迅速调动各知识协同团队执行应急协同任务，事件处理完毕后要对此次协同行动进行灾后评估和经验总结。

应急管理常设机构平时应加强应急知识共享交流，进行跨组织的知识培训，建立互信关系，有助于实现知识转移和知识创新；建立动态学习机制，把各类突发事件应急处理知识资源映射成统一的知识地图，为区域应急指挥中心的决策者提供精准的知识，缩短应急决策的反应时间；建立应急管理知识协同网络，确定网络的构建目标，使应急指挥分中心的目标与整个网络的共同目标一致，保持沟通渠道的畅通。

二　跨区域应急协同网络的组织模式分析

跨区域应急协同网络实质上是几个地区政府之间基于突发事件应急联动的知识协同网。以各省、市、县应急管理常设机构为应急联动指挥分中心，与区域应急联动总指挥中心构成知识协同关系，形成突发事件应急联动体系的一级协同网络（知识型虚拟政府）；相应地，各地区内部的公安、消防、医疗急救、财政、旅游、交通、民政等部门，也以本地区的应急管理常设机构为应急联动指挥中心，形成协同合作关系，是突发事件应急联动体系的二级协同网络（政府知识协同团队）；此外，各市的相同部门如公安部门也可以相互协作，便于做出专业化程度较高的决策预案，构成一、二级协同网络的补充形式，可作为突发事件应急联动体系的三级协同网络（政府知识协同团队）。

跨区域应急协同网络在构建过程中，可以充分运用政府知识协同团队模式，在各地区职能部门内部拥有应急管理专业知识背景的应急知识协同团队，一旦有突发事件发生，便可迅速集合，形成应急联动的知识网络，充分调动网络中的知识资源，通过三级网络逐级传递事件发生的具体信息，客观全面反映事件的全貌，以供区域应急指挥中心做出高效的决策，更快更好地保障公众的人身财产安全，圆满完成突发事件的处理。突发事件处理完毕后，各知识协同团队便回归各自的局域网络，进行日常的组织学习和知识积累。

区域应急协同网络在构建中，还应该运用知识社区模式。知识社区模式主要适用于应急知识协同团队在常态下的组织学习和知识积累，具有相同应急管理专业知识背景的人员聚集在知识社区内部进行知识共享交流，将他人分享的知识内化，弥补自身知识缺口，增加个人应对突发事件的能力，进而提高整个应急知识协同团队的突发事件处理能力。另外，知识社区也可以作为动态更新的"知识库"，应急知识协同团队成员可分享当地人口、地理信息以及城市建设的基础数据或各地突发事件应急处理的经典案例，增加社区内部应对各类突发事件的知识储备。这些知识通过传播被成员吸收，以隐性知识形式保留在知识社区中，不会因为某些成员的离开而消失。因此，区域应急协同网络的构建应当以知识协同团队模式为主，充分结合知识社区模式，在常态下做好应急管理知识的储备，在应急状态下实现各地区政府之间知识协同的高效运作。

三 跨区域应急协同网络的组织保障因素分析

跨区域应急协同网络的正常运行需要以良好的组织结构、信任机制、学习机制和知识共享文化等为组织保障。

跨区域应急协同网是基于应急知识缺口构建的动态网络联盟，由区域应急联动指挥中心，省、市、县应急管理常设机构，公安、消防、医疗急救、财政、旅游、交通、民政等部门三级应急联动机构组成，是逐层嵌套的扁平化的应急知识协同网络。这种组织结构独立于政府基本的职能机构设置，能够迅速定位突发事件的情况，调拨配置资源，挽救公众的生命和财产。在跨区域应急协同网构建与运行期，建立在信任机制、学习机制及知识共享文化基础上的突发事件应急管理知识的协同尤为重要。①

跨区域应急协同网构建期，首先应确定网络的构建目标，使各地区应急管理常设机构的目标与应急联动指挥中心的目标一致，通过建立应急管理知识协同技术平台，保持沟通渠道的畅通。应急管理常设机构应加强各部门之间应急知识的共享交流，通过跨组织的知识培训，实现成员之间频繁沟通交流，树立共同价值观和达成对知识协同目标一致认识等方法，促进各政府部门之间加深理解，建立良好的互信合作关系，从而有助于实现应急知识的共享与协同。

跨区域应急协同网运行期，通过建立动态学习机制，把各类突发事件应急处理知识资源映射成统一的知识地图，为区域应急指挥中心的决策者提供精准的知识，缩短应急决策的反应时间；应急知识协同团队可充分利用知识社区进行持续长效的组织学习，通过知识社区的组织学习实现应急知识的获取、传递、共享与创新，实现知识协同团队成员间知识互补和兼容，弥补彼此存在的知识缺口，创造出完成应急任务所需的新知识。区域应急指挥中心还可以在应急协同网内部提供经验交流会、座谈会、读书会等形式的组织学习机会，促进团队成员的知识共享和知识创新；区域应急指挥中心整

---

① 蒋珩、佘廉：《区域突发公共事件应急联动体系研究》，《武汉理工大学学报（社会科学版）》2007年第5期。

合各地区的基本数据信息，对突发事件处理方案进行经验总结，确保将最有效的知识传递到需要的子网中，实现子网内部和整个网络的知识协同，最后不断更新整个知识网络，提高对区域性突发事件的应急处理能力。

区域应急联动网络的组织文化应当是一种得到全体成员认同的支持知识共享的文化氛围。区域应急联动知识共享文化需要建立共同愿景，使团队成员充满归属感与认同感，将自身的价值观统一于整个网络的核心价值体系；激发成员的知识共享意愿，消除对知识共享的各种戒备性思维；区域应急联动指挥中心还要加强团队成员之间的沟通，缩小组织内部长期形成的文化差异，促进不同组织文化的融合，更好地实现为公众服务的目的。

电子政务知识协同的组织保障是政府之间进行知识协同的软环境，与技术支撑环境相比，组织保障对于实现政府管理创新、提高公众服务质量，具有更重要的作用。以上从理论上并结合案例分析了协同政务知识共享的组织模式及其保障因素，我们的后续研究将围绕这些因素进行具体案例的实证分析，以弥补现有研究的不足。

第六章

面向电子政务知识协同的政府知识管理

第一节 政府知识管理的研究进展及趋势

知识管理除了在企业领域得到深入研究并进行成功应用外,还广泛应用于社会领域,政府知识管理就是其中之一。国内外学者主要从以下几方面研究了政府知识管理问题。

一 政府知识管理的研究进展

(一) 政府知识管理的必要性与作用研究

维格 (Wiig) 指出知识管理在公共部门具有重要作用,阐述了公共部门知识管理的目标、知识管理的广泛性、公共管理者在社会知识管理中的作用。[1] 丛小明 (Xiaoming Cong) 和考希克·V. 潘地亚 (Kaushik V. Pandya) 认为,政府在处理由知识经济所引起的挑战时,知识管理的重要性与日俱增。[2] 滕 (Teng S.) 等研究了政府组织机构中知识管理对人力管理和组织管理的作用。[3] 卡斯达 (Kostas) 等提出电子政务中的知识管理概念,对于知识管理在电子政务中的应用进行了探讨,指出研究人员应重视并描述知识管理模型

---

[1] Wiig K. M., "Application of Knowledge Management in Public Administration", *Journal of Knowledge Management*, No. 3, 2000.

[2] Cong X., Kaushik V., "Issues of Knowledge Management on the Public Sector", *Academic Conferences Limited*, 2003.

[3] Teng S., Hawamdeh S., "Knowledge Management in Public Libraries", *Aslib Proceedings*, Vol. 54, No. 3, 2002.

作为未来研究的基础。①

唐美丽等认为将知识管理理论应用于政务系统建设是电子政务发展的必然趋势,分析了知识管理的概念,知识管理在电子政务中的主要内容。从知识的储存、推理和检索三个方面讨论了知识检索的实现技术,分析了如何将知识管理应用到政务流程中。②

(二) 政府知识管理与企业知识管理的比较研究

罗德尼·麦克亚当(Rodney McAdam)和蕾妮·里德(Renee Reid)从知识构建、知识内化、知识传播、知识利用四个维度比较了公共部门与私营部门在知识管理方面的区别。③ 彭凤介绍了政府知识管理与企业知识管理的概念,从管理目的、管理对象和管理工具等方面对两者进行了比较,并提出了相应的建议。④ 乔拉(Chawla)等比较了印度公共领域和私营领域的知识管理措施,他们利用KMAT(知识管理评估工具)对两个领域的知识管理措施进行评估分析并得出结论,认为公共部门在知识管理领导意识、文化、评估、技术和学习行为等五个维度的评分都要高于私营部门。⑤

袁莉等比较了企业与政府知识管理的异同,将社交网络应用于企业知识管理的SLATES框架应用到政府知识管理中,提出了基于社交网络的政府知识管理的模型和框架结构。⑥

(三) 政府知识管理框架研究

米斯拉(Misra D. C.)等提出一个以流程、人员、技术、管理

---

① Kostas Metaxiotis, John Psarras, "A Conceptual Analysis of Knowledge Management in E-Government", *Electronic Government*, Vol. 2, No. 1, 2005.
② 唐美丽、马廷淮:《电子政务流程中的知识管理》,《情报杂志》2008年第8期。
③ McAdam R., Reid R., "A Comparison of Public and Private Sector Perceptions and Use of Knowledge Management", *Journal of European Industrial Training*, Vol. 24, No. 6, 2004.
④ 彭凤:《政府知识管理与企业知识管理之比较研究》,《科技情报开发与经济》2007年第1期。
⑤ Chawla D., Joshi H., "Knowledge Management Initiatives in Indian Public and Private Sector Organizations", *Journal of Knowledge Management*, Vol. 14, No. 6, 2010.
⑥ 袁莉、姚乐野:《政府知识管理应用社交网络研究》,《图书情报工作》2013年第3期。

(PPTM) 四个维度为基础的政府知识管理实施框架。① 丛小明和考希克·V. 潘地亚认为,由于公共部门与私营部门存在差别,因而需要为公共部门设计一个通用知识管理框架,来理解和执行知识管理实践。② 塔蒂阿娜(Tatiana)和玛丽(Mary)提出"战略性公共知识管理"概念,指出"管理—培训—评估"模式(即 MATE 模式)是实施战略性公共知识管理的具体方法,认为该模式可以提高政府管理系统的现代化水平以及政府培训及评估系统的战略性运营的知识化程度。③ 麦克亚当等提出公共知识管理的基本模型是人力资本模型、知识类型模型和社会构建模型。④ 利博维茨(Liebowitz)在美国政府机构提出知识金字塔架构来探讨知识管理实施计划的组成部分。⑤ 迪奥·霍—利安·吴(Dion Hoe-Lian Goh)等认为,适当的知识管理机制是必要的,它可以支持门户网站和其用户之间知识的获取、生成和传递,并且构建了知识获取、生成和传递的评价模型(K-ACT),该模型可以用于评估各电子政务门户网站知识管理的实施差距,运用该模型调查了亚洲和北美地区的 60 个电子政务门户网站的知识管理的实施情况。⑥ 吉拉德(Girard)等提出了由技术、领导能力、文化、度量和流程五个方面组成的因努伊特知识管理模型,该模型是一种实施跨部门知识管理的新型模型。⑦ 米尔蒂亚季斯(Miltiadis)提出将知识管理运用到公民关系管理中,并

---

① Misra D. C., Hariharan R., Khaneja M., "E-Knowledge Management Framework for Government Organizations", *Information System Management*, Spring, 2003.

② Cong X., Kaushik V., "Issues of Knowledge Management in the Public Sector", *Academic Conferences Limited*, 2003.

③ Sotirakou T., Zeppou M., "The 'MATE' Model: A Strategic Knowledge Management Technique on the Ehessboard of Public Sector Modernization", *Management Decision*, Vol. 42, No. 1, 2004.

④ McAdam R., Reid R., "A Comparison of Public and Private Sector Perceptions and Use of Knowledge Management", *Journal of European Industrial Training*, Vol. 24, No. 6, 2004.

⑤ Liebowitz J., "Aggressively Pursuing Knowledge Management over 2 Year: A Case Study at A US Government Organization", *Knowledge Management Research & Practice*, No. 2, 2003.

⑥ Dion Hoe-Lian Goh, Alton Yeow-Kuan Chua, et al., "Knowledge Access, Creation and Transfer in E-Government Portals", *Online Information Review*, Vol. 32, No. 3, 2008.

⑦ Girard J. P., Mcintyre S., "Knowledge Management Modeling in Public Sector Organizations: a Case Study", *International Journal of Public Sector Management*, Vol. 23, No. 1, 2010.

应用语义 Web 技术解决政府网络的异构性问题，勾画出政府决策评估框架的主要方面并试图划定应用于公民关系管理领域研究的未来路线图。① 乔治亚（Georgia）等利用知识管理工具，即本体，分类法和主题词表提供了基于主题、地理空间位置和行政部门等级的信息导航，以确保基于知识的政府知识管理框架能够实现先进的和高质量的政府信息管理和检索。②

程惠霞分析了公共部门引进及实施知识管理的必要性，提出公共部门实施知识管理的系统流程和整体架构，从知识来源和管理人员成长两个角度对公共部门导入知识管理的整体流程架构进行了尝试性分析，并以政府如何将公众意愿转化为公共管理知识作了进一步的实证研究。③ 何树果等在分析政府实施知识管理原因的基础上，给出了一种面向知识管理的政府知识构架，并系统阐述了政府知识构架所涉及的各个环节及其作用。④ 陈如萌基于对国外政府知识管理研究成果的分析，认为应在考虑政府政务信息特点的基础上，基于本体技术构建适合我国政府管理特点的政府知识管理框架，并分析了该知识管理框架对政府管理的重要作用。⑤ 李丰、储节旺在分析电子政府中知识管理的目标的基础上，结合安徽省电子政府发展现状，构建了电子政府中知识管理模型。⑥ 周志田、杨多贵、赵一祯从电子政府的体系框架入手，提出了由知识收集、知识组织和知识应用三个子系统构成的面向电子政府环境的知识管理概念模型，

---

① Miltiadis D. Lytras, "The Semantic Electronic Government: Knowledge Management for Citizen Relationship and New Assessment Scenarios", *Electronic Government*, Vol. 3, No. 1, 2006.

② Georgia Prokopiadou, Christos Papatheodorou, Dionysis Moschopoulos, "Integrating Knowledge Management Tools for Government Information", *Government Information Quarterly*, Vol. 21, 2004.

③ 程惠霞：《公共部门导入知识管理的整体流程分析》，《中国行政管理》2005 年第 11 期。

④ 何树果、张听光、樊治平：《一种基于知识管理的政府知识构架》，《东北大学学报（社会科学版）》2004 年第 1 期。

⑤ 陈如萌：《基于本体的新型政务知识管理系统框架》，《四川经济管理学院学报》2006 年第 4 期。

⑥ 李丰、储节旺：《电子政府中知识管理模型的构建》，《科技情报开发与经济》2006 年第 9 期。

并对各子系统的功能和作用进行了系统分析。① 喻登科等构建地方政府知识管理模型和绩效评价模型。该模型分析了地方政府知识管理的五个维度，即目标、主体、组织、要素和活动。② 王晴提出了构建基于 Wiki 的政府知识管理的模型。③ 胡树林等从知识链角度出发构建了一个政府知识链模型，分析了政府知识的获取、储存、传播、共享、应用和反馈过程，围绕政府知识链的各个环节提出了实施政府知识管理的具体途径。④ 江亮等构建了面向政务流程的政府知识管理模型，认为该模型支撑要素是政府知识管理的组织架构、政府信息技术平台以及政府知识管理的文化环境构建，在此基础上提出了政策制定流程的知识管理模型。⑤ 梁孟华以知识协同为理论，提出了电子政务知识协同服务系统框架，论证了该框架实现的关键技术，包括领域知识定义和协作操作策略。⑥

（四）政府知识管理应用研究

连恩（Luen）等提出了在警务工作中实施知识管理的原则与实践以及相关建议。⑦ 阿尔文·万·阿曼凡布伦（Arvin Van Buuren）基于复杂性视角进行公共知识管理，并且从复杂性视角出发，识别出公共知识管理的关键要素来对荷兰空间计划中的实践社团进行描述和评估，从而验证了复杂性视角的公共知识管理的优越性。⑧ 费

---

① 周志田、杨多贵、赵一祯：《基于电子政府的知识管理模型研究》，《中国科技信息》2007 年第 17 期。

② 喻登科、陈华、苏屹：《地方政府知识管理模型及绩效评价研究》，《情报杂志》2013 年第 3 期。

③ 王晴：《基于 Wiki 的政府知识管理模型构建》，《科技文献信息管理》2014 年第 2 期。

④ 胡树林、蒋萍、王洋：《基于知识链的政府知识管理实施途径研究》，《图书馆学研究（理论版）》2010 年第 11 期。

⑤ 江亮、高洁：《面向政务流程的政府知识管理模型研究》，《情报杂志》2009 年第 4 期。

⑥ 梁孟华：《创新型国家电子政务知识协同服务研究》，《情报理论与实践》2009 年第 2 期。

⑦ Luen T. W., AI-Hawamdeh S., "Knowledge Management in the Public Sector: Principles and Practices in Police Work", *Journal of Information Science*, Vol. 27, No. 5, 2001.

⑧ Buuren A. V., "Knowledge Communities of Practice as Organ Governance Minstability" (http://www.Psa.Ac.uk/2004/pps/van% 20Buuren.pdf).

迈德·施迈茨（Femand Schmetz）提出基于"知识类型模型"的政府知识管理思路，描述了持续监测、信息分类、发展描述信息的新工具、促进组织内的知识共享这四个知识管理的发展方向，然后通过对比利时联邦政府中社会事务部工作人员的调查，得出了联邦政府实行知识管理的必要性和可行性。① 乌维·黑客（Uwe Heck）等认为电子政务项目成功的关键是组织能够不断重新设计和重新发明它的业务模型和流程。知识管理系统（KMS）可以保证甚至提高所需业务的绩效。描述了一个基于知识管理的概念方法，确保该方法有非常高的适应水平，以便能纳入商业模式和信息架构的动态变化中。并以瑞士巴塞尔的 GPWM 公共管理项目作为该方法的研究案例。② 沙明·加佛尔（Shamin Gaffoor）等提出了组织文化、人力资源、信息技术、组织结构和组织的战略及领导力等知识管理的推动因素。评估了每一个推动因素，分析它们如何影响组织的知识管理工作。以斯泰伦博斯市作为例子，进一步探讨地方政府如何能够有效地实施知识管理实践，将知识管理作为战略工具，用来实现服务传递和运营目的。③ 安德烈（Andrej）提出将基于流程的知识管理引入电子政务的业务改革。引入一个以规则为基础的商业活动元模型作为仓储，存放捕捉的、存储的和管理的业务规则，介绍了斯洛文尼亚市的被广泛用于过程建模与仿真的业务流程管理项目，说明了该流程建模为下一步实现电子政务良好的业务流程再造提供了基础。④ 南斯鲁乐（Nasrullah）和黑尔吉（Khilji）等为了探索提高英国地方政府规划体系的效率和效益，提出构建一个集成的基于知识的规划

---

① Schmetz F., "Introduction to KM in the Public Sector" (http://www.knowledgeboard.com/cgi-bin/item.cg?id=95046&d=417&f=418&dateformat=%o%20%B%20%Y).

② Uwe Heck, Andreas Rogger, "Knowledge Management for E-Service-Delivery-A Conceptual Approach within E-Government", M. A. Wimmer (ed.): KMGov 2004, LNAI 3035, pp. 1-8.

③ Gaffoor S. and Cloete F., "Knowledge Management in Local Government: The Case of Stellenbosch Municipality", *Journal of Information Management*, Vol. 12, No. 1, 2010.

④ Andrej Kovačič, "Process-basde Knowledge Management: Towards E-Government in Slovenia", *Management*, Vol. 12, No. 1, 2007.

系统，实现当地政府规划体系的智能化和可持续发展。[①]

王学东等在分析我国政府知识管理现状的基础上，提出了基于Wiki的政府知识管理模型，并说明Wiki在政府知识管理中的应用。[②] 夏立新等提出了将本体技术应用到电子政务的知识管理中，并提出构建基于本体的电子政务知识管理功能模型，对模型中的基于本体的知识获取、知识存储与检索和知识共享功能模块进行了具体分析。[③]

近年来国内对政府知识管理及相关内容进行研究的成果逐渐增多，除上述有一定代表性和一定深度的研究外，一些学者还对于政府知识管理的概念、基本特征、目标、内容和原则，政府实施知识管理的障碍与应对知识管理的举措，知识管理对政府管理的影响，政府知识管理提升政府能力，政府知识管理与知识型政府的关系[④]等方面进行了探讨。此外，苏新宁等的《组织的知识管理》第10章"不同组织的知识管理"中的一节专门探讨了政府知识管理的概念、内容、作用及典型案例，邱均平的《知识管理学》第12章和柯平的《知识管理学》第15章专门论述了政府知识管理问题。

通过对政府知识管理研究现状的理论回顾，可以看出：①国外政府知识管理相关研究涉及政府知识管理的基本理论、公共部门与私营部门的比较研究、政府知识管理架构、政府知识管理的相关案例等，在研究领域、研究视角、研究方法等方面均具有一定特色，研究范围也比国内广，而且侧重于应用方面，对我国的政府知识管理研究有一定的启发作用；②国外政府知识管理研究注重问卷调查与案例分析方法的结合、注重调查研究与比较研究方法的结合，研究方法具有多样化的特点。上述国内外政府知识管理的研究经验和成果对本书具有重要的借鉴作用。

---

① Nasrullah K., Khilji and Stephen A., Roberts, "The Role of Innovative Communication Channels, Effective Coordination Strategy and Knowledge Management in the UK Local Government Planning System", *Journal of Information & Knowledge Management*, Vol. 12, No. 4, 2013.

② 王学东、潘小毅、孙晶：《Wiki在政府知识管理中的应用初探》，《情报资料工作》2008年第3期。

③ 夏立新、徐晨琛、白华：《基于本体的电子政务知识管理研究》，《情报科学》2009年第11期。

④ 张其春、郄永勤：《知识型政府的组织创新研究》，《现代管理科学》2005年第4期。

二 政府知识管理的发展趋势

（一）关于理论方法体系的研究会更加成熟、完善

目前，国内外关于政府知识管理的理论方法体系的研究已经趋于一致，认为实施政府知识管理十分必要，将知识管理理论应用于政务系统建设是电子政务发展的必然趋势。国内外的学者纷纷对政府知识管理框架进行深入研究，形成了一套系统的理论体系，使政府知识管理的理论研究更加成熟和完善。

（二）语义技术和Web2.0技术将成为政府知识管理最有效的工具

政府知识管理的最终目标就是实现政府各部门之间的知识共享，因此，关于政府知识管理的研究将更加侧重于实践应用方面。国内外学者对政府知识管理进行了广泛的应用研究，认为语义技术和Web2.0技术是最为有效的政府知识管理工具。

政府知识要实现有效管理和全面共享，就需要借助于语义技术实现对异构政务系统中政府知识的相互理解和互操作，这是实现政府知识有效管理的前提。如引入本体技术对政府知识进行形式化的概念描述，实现政府知识的共享和重用，方便政府各异构政务系统之间的互操作，有效提高政府知识的查准率和查全率。[①]

Web2.0注重用户的交互作用，用户既是网站内容的浏览者，也是网站内容的制造者。将Web2.0应用到政府知识管理中，任何人都可以参与政务系统的建设，有利于政府知识的有效管理。有学者分析了Web2.0在电子政务中的应用领域，包括对法律、法规的制定，在跨部门、跨机构之间的协同办公过程中的应用，在政府服务提供过程中的应用以及在政府知识管理中的应用。[②] 也有学者将Wiki运用到政府知识管理的研究中，构建了基于Wiki的政府知识管理模型，并结合实例说明了Wiki在政府知识管理中的具体应用。[③]

[①] 陈如萌：《基于本体的新型政务知识管理系统框架》，《四川经济管理学院学报》2006年第4期。

[②] 王丛霞、方洁：《Web2.0在电子政务中的应用领域及其问题研究》，《图书馆理论与实践》2010年第2期。

[③] 胡海波：《基于Wiki的政府知识管理研究》，《情报杂志》2012年第1期。

第二节 语义技术和 Web2.0 应用于政府知识管理的必要性和可行性

一 语义技术与 Web2.0 的异同

关于语义技术（语义 Web 和 Web 技术）已在第一章第一节的第四部分介绍，这里就不再赘述了。

Web2.0 是相对 Web1.0 的新一类互联网应用的统称。它注重用户的交互作用，让用户参与信息的生产与传播。用户既是网站内容的浏览者，也是网站内容的制造者，从而打破了传统网站固有的单向传递模式。Web2.0 具有参与性、开放性、聚合性、创新性、自组织性和去中心化等特点。Web2.0 的主要技术包括 Blog、RSS、Tag、SNS 和 Wiki 等。[1]

Web2.0 实现了用户自由创建、协作、分享和交互信息，允许用户不受时间和地域的限制分享各自的观点。Web2.0 的开放性使得用户可以得到自己需要的信息也可以发布自己的观点，用户发布的信息不断地积累就会形成信息聚合，同样在 Web2.0 环境下具有相同兴趣爱好的用户会聚集在一起形成社群。语义技术通过 XML、RDF 和 OWL 三大关键技术来实现。通过 RDF（Resource Description Framework，一种用于描述 Web 资源的标记语言）来规范数据，用 XML 来编写代码，并定制 OWL（Web Ontology Language，一种用于描述语义网上本体论关系的语言）。一旦数据被标准化，语义技术可将两个毫不相干的数据资源连接在一起，并呈现给人们一个所有数据"无缝"式链接的网络，即语义技术可实现某一数据在连接到网络的时候，即可识别并建立与其他相关信息的链接。[2] Web2.0 中的内容由于不能实现与其他数据的集成，因此产生的内容相对分散，不容易被用户重用和共享。语义技术限制了用户的参与，缺乏用户参与的机制，尤其是广大的非专业用户很难为语义技术做出贡

---

[1] 冯向春：《Web2.0 在电子政务中的应用研究》，《现代情报》2008 年第 4 期。
[2] 郑亮：《基于 GRDDL 的 Web2.0 与语义 Web 融合的研究》，《福建电脑》2010 年第 9 期。

献。因此用户参与度低，接受度低。

Web2.0 是与高端的用户体验直接相关的，效果立竿见影；而语义技术则是与低端的数据相关，是一种长远的网络解决方案。用户们所能看到的都是那些千变万化的 Web2.0 内容，因此对于语义网络，用户会觉得是复杂、苛刻和毫无必要的。其实这两种技术都有着相似的目标，都是为了构建一个有关数据的互联的网络，实现数据的公开、整合、共享和重复使用。

语义技术必须与 Web2.0 服务集成，二者互相利用对方的长处，这是二者进一步发展的共同趋势。① 充分利用 Web2.0 所奠定的基础，在语义技术和 Web2.0 灵活多变的形式之间找到一个最佳的折中点，实现两者之间最佳的融合。语义技术可以吸取 Web2.0 的社会性和互动性，Web2.0 可以借鉴语义技术的基础设施，通过将现存的网络内容重新定义为语义网络的数据，使得机器可以理解，把 Web 中以各种形式散落在各处的数据连接起来，让所有人随时随地地联系在一起，方便信息共享，让整个网络更加智能。②

二 语义技术和 Web2.0 应用于政府知识管理的必要性和可行性

（一）语义技术和 Web2.0 应用于政府知识管理的必要性

（1）政府知识中隐性知识占有很大比例且十分重要。政府知识中正式的、结构化的显性知识如政务数据、信息和文件等所占的比例较少，大多数的知识是通过政府内部人员的交流、沟通，对领域专家的咨询以及经过信息处理方法，从已经掌握的政务信息资源中挖掘出的非正式的、非结构化的隐性知识，如工作经验和教训、工作流程与结构、专业能力、工作细节和沟通技巧。这些隐性知识对政府未来的发展建设具有十分重要的意义，因此对于隐性知识的管理是政府知识管理的重点和难点。而语义技术和 Web2.0 技术有利于政府隐性知识的管理。

（2）语义技术实现了机器可识别信息并自动提供 Web 服务的功

---

① 朝乐门：《大规模人机协同知识管理模式研究》，《中国图书馆学报》2011 年第 5 期。
② 黄贺方：《论语义 Web 和 Web2.0 的"混合应用"》，《图书馆学研究》2008 年第 8 期。

能，实现了异构数据系统的集成，有利于知识在各级政府之间的重用和共享。Web2.0允许非专业用户参与资源建设，用户贡献度高，接受度也高。二者互补有利于政府知识的有效管理，尤其是对政府隐性知识的管理。

（3）语义技术通过构建本体，捕获政府领域内的知识，提供对该领域内知识的共同理解，确定该领域共同认可的词汇，对领域内的资源在语义层次上进行表述，并给出这些词汇之间相互关系的明确定义。使领域内的资源从内容级别上升到语义级别，方便计算机理解和识别政务知识，有利于人机之间的协作，实现对政务知识的科学管理。

（4）语义技术中的RDF可将政府知识表达为元数据的形式，这种转换方式方便用户像使用数据库一样来查询和获得政府知识。Ontology可对政府隐性知识进行标准化、概念化，实现政府隐性知识向显性化的转变。此外，通过语义集成和知识自动处理能力实现政府显性知识的组合。

（5）基于语义技术驱动的政府知识管理系统，方便用户找到更多的政府知识和准确的网络资源，将外在的政府显性知识转化成个人知识的一部分，完成对政府知识的内化，实现知识的创新，提高学习效果。[1]

（6）Web2.0技术更适合政府隐性知识的管理。传统的知识管理工具，不利于对隐性知识的管理，Web2.0的特性，如参与性、开放性和自组织性可以有效地促进隐性知识的外化、存储与共享。将Web2.0技术应用于政府知识管理中可实现对隐性知识的传递、共享和协同过滤。

（7）公众通过Web2.0参与政府工作促进政府获取更多隐性知识。Web2.0使公众参与政务工作建设成为可能，公众既是政府知识的获取者，也是政府知识的提供者。让公众参与政务工作建设，可发挥公众的参与热情，有效地构建政府和公众之间的互动环境，在互动中获取更多的隐性知识。

---

[1] 席彩丽：《基于语义Web技术的知识管理系统研究》，《图书情报工作》2010年第8期。

（8）Web2.0融合了Blog、SNS、Wiki等多种互动应用服务模式，其易用性满足了不同用户社会化、人性化的需求，且具有零成本、零技术的特点，在互联网上得到迅速广泛的应用。因此，政府知识管理采用Web2.0的服务模式并没有过多的技术难度和较高的成本需求。[①]

（二）语义技术和Web2.0应用于政府知识管理的可行性

（1）国内外有关语义技术和Web2.0应用于知识管理的理论研究很多，这就为将语义技术和Web2.0应用于政府知识管理提供一定的理论基础。

（2）近年来，我国政府十分重视对政府知识的管理，这就为引入语义技术和Web2.0技术来实施政府知识管理奠定了坚实基础。[②]

（3）国外许多国家政府知识管理发展迅速并且取得了可喜成绩，也成功尝试了基于语义技术和Web2.0的政府知识管理。[③][④][⑤]他们对政府知识管理的经验，为我国政府实施基于语义技术和Web2.0的知识管理提供了借鉴。

第三节 基于语义技术的政府知识管理的实施

近年来，我国电子政务正在向基于知识管理的第三代电子政务过渡。政府知识管理的实施可促进政府部门之间知识的全面共享，加强政府部门之间的协同工作，并为公众提供优质的政务服务。传

[①] 于曦、高洁：《基于Web2.0的政府知识管理实施途径的研究》，《情报资料工作》2012年第3期。

[②] 胡星、胡康林：《1999—2012年国内政府知识管理研究综述》，《图书馆学研究》2013年第24期。

[③] Miltiadis D. Lytras, "The Semantic Electronic Government: Knowledge Management for Citizen Relationship and New Assessment Scenarios", *Electronic Government*, Vol. 3, No. 1, 2006.

[④] Vassilios Peristeras, Nikolaos Loutas, Sotirios K., "Goudos and Konstantinos Tarabanis. A Conceptual Analysis of Semantic Conflicts in pan–European E–Government Services", *Journal of Information Science*, Vol. 34, No. 6, 2008.

[⑤] Liana Razmerita, Kathrin Kirchner, Frantisek Sudzina, "Personal Knowledge Management: The Role of Web 2.0 tools for Managing Knowledge at Individual and Organisational Levels", *Online Information Review*, Vol. 33, No. 6, 2009.

统的知识管理方法可以管理政府结构化的显性知识，而对于非结构化的隐性知识却缺乏相应的管理工具。如何有效管理大量分散的政府隐性知识，弥补传统知识管理方法和工具的不足，促进政府知识的存储、共享和应用，已成为当前急需解决的关键问题。将语义技术和 Web2.0 技术运用到政府知识管理过程中，可有效实现政府隐性知识的存储、共享和应用。

政府知识就是指政府部门人员在行政管理、服务工作或决策中所需的各类知识。根据知识的性质，可以将政府知识分为流程知识、行政理论知识、行政技能知识和公众知识四类。根据知识的表现形式，政府知识可分为显性知识和隐性知识。政府知识管理就是政府运用知识管理的理念和方法将存在于各类专家和公务员头脑中的各种专业技能和经验转化为知识，并通过网络与信息技术实现知识的使用、共享和发现。政府知识管理流程涉及对政府知识的识别、获取、存储、传递、共享、应用和创新。通过对政府知识的管理可有效实现知识共享和创新，塑造良好的组织结构和行政文化，优化政务流程、促进科学决策并提高政府工作效率和公众满意度。

依据政府知识管理流程，将政府知识管理分为政府知识的获取与存储、传递与共享、应用与创新三部分（如图 6—1）。①

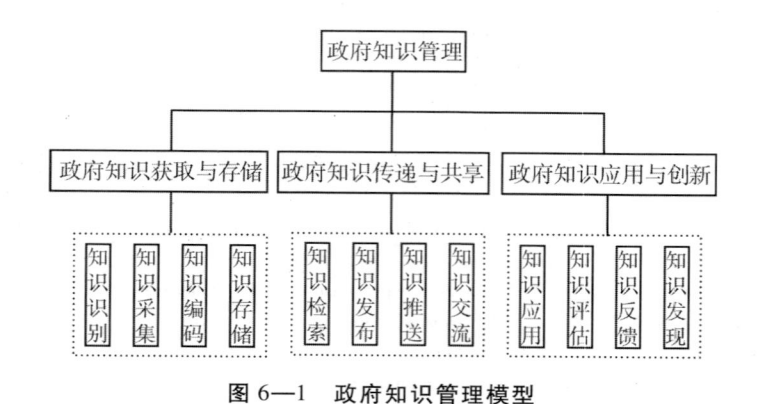

图 6—1 政府知识管理模型

---

① 于曦、高洁：《基于 Web2.0 的政府知识管理实施途径的研究》，《情报资料工作》2012 年第 3 期。

一 政府知识的获取与存储模块

政府知识的获取是指政府将外部环境中的知识转换到政府内部，并能够为政府所用的知识管理过程。通过政府机关公务员之间的交流、政府与各类咨询公司的合作、政府与公众的互动和信息处理技术（数据挖掘、人工智能）等方式对知识进行采集。政府知识的存储是指政府将有价值的知识经过选择、过滤、加工和提炼后，存储在适当的媒介内以利于需求者更为便利、快捷地采集，并随时更新和重组其内容和结构。政府知识可根据其表现形式存储在政务本体知识库和政府知识地图中。

（一）政务本体知识库

政务知识中的流程知识、行政理论知识、客户知识以及部分行政技能知识由于是比较成型的知识，容易实现编码化并能脱离最初的开发者而存在，因此可以采用构建政务本体知识库的方式分类存储。将通过内部交流、外部咨询和技术处理（知识挖掘）所获得的政府知识根据领域本体映射规则转换成本体，经本体描述语言的描述，利用领域本体对这些知识进行分类、存储到政务本体知识库中，并不断丰富（如图6—2）。

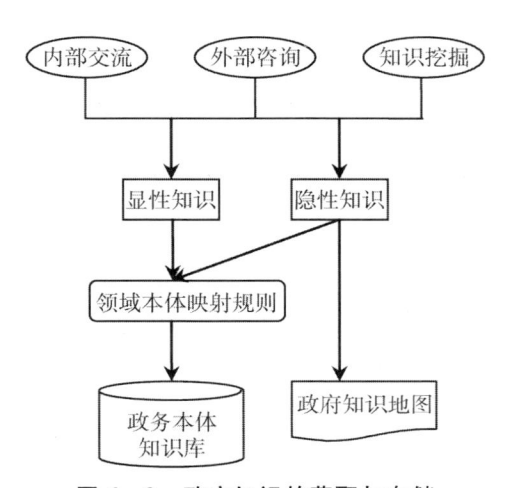

图6—2 政府知识的获取与存储

(二) 政府知识地图

由于政府知识并不都是显性的，如部分行政技能知识，难以进行编码，只能通过与知识开发者的交流来体会、传递和共享。由于这部分知识无法存入政务本体知识库中，因此只能采用构建政府知识地图的方式来指向这些知识的来源。所谓知识地图是一种知识管理工具，用来指导用户在什么地方能找到自己所需的知识。知识地图只指向知识来源而不包含知识本身。政府知识地图将各类政府知识资源整合在一起，以统一的方式介绍给用户。通过政府知识地图，建立各个政府知识点之间的关系，描述政务工作者和相关领域专家的知识网络，从而定位知识对象以及知识对象与知识开发者的链接。用户通过搜索某一知识点就可找到与该知识点相关的其他知识，当用户不知道其所需知识的确切表述时，通过政府知识地图的搜索功能，将相毗邻的知识单元联系起来并进行详细描述，便于用户在其中查找所需的信息和知识。

为保证政府知识的有效性，需不断对政务本体知识库和政府知识地图中的内容进行整理和更新，及时清理失效信息，避免由于垃圾资源的充斥而影响使用效率。

二 政府知识的传递与共享模块

政府知识的传递与共享是指政府知识在公务员个人、部门内部和政府系统三个层面上通过各种渠道的交流和讨论，从而达到扩大其利用价值的目的。通过构建政府知识检索工具、政府知识发布平台和政府知识交流平台（如图6—3），实现对政府知识的检索、发布、推送和交流。

(一) 知识检索工具

通过智能检索工具，公务员可在需要时迅速地从纷繁复杂的政务本体知识库或政府知识地图中查找到自己所需的知识。根据政务领域本体，构建基于本体的知识检索工具。当用户在检索界面中输入检索词时，通过知识检索工具，在政务本体知识库和政府知识地图中查找相关信息，根据政务本体知识库所建立的领域本体映射规则和搜索引擎完成语义检索。如结果存在，检索结果会按照相关性排序返回用户界面;如结果不存在,则进入政府知识地图查找相关领域专家信息并返回,用户通过与专家进行交流获取所需知识。

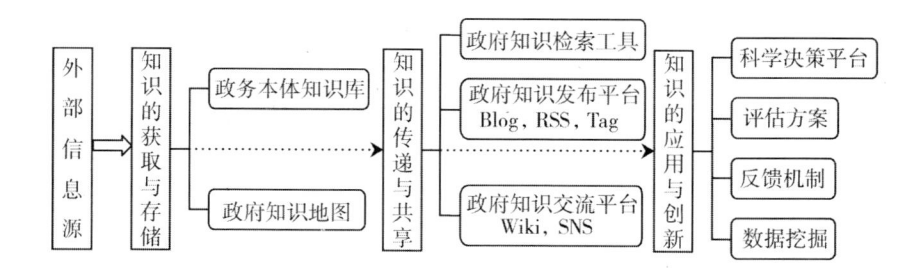

图 6—3　基于 Web2.0 的政府知识管理的实施途径

(二) 政府知识发布平台

政府部门可通过 Blog 的方式搭建政府知识发布平台(以下简称"发布平台"),设定公众和公务员两个入口。在网上第一时间发布最新的政策、法规、指南和通知,便于公务员及时了解最新动态知识,公众也可及时了解相关政策和可以公开的决策思路和决策依据。公务员和公众可根据个人需求订阅相关的政府知识,发布平台对每一次用户订阅的 RSS 内容进行存储,并按照一定的分类机制将用户订阅的 RSS 聚合到不同的类目中,以便用户分类浏览、检索。每一次新的政府知识进入发布平台后,通过 RSS 能够及时推送到相关用户的个人主页或邮箱中。

发布平台中涉及诸多方面的政务内容,其目录体系非常庞大复杂,如各级政府、党委、司法机构的信息资源目录,以及不同行业和地域、不同主题和类型的信息资源目录等,不利于用户(公务员和公众)查找,因此,发布平台引用 Tag 技术对政务内容进行分类和标注。Tag 是一种新型的分类方法,是由网络信息用户自发为某类信息定义一组标签,通过使用这些标签对该信息进行描述,并最终根据标签被使用的频次选用高频标签作为该类信息类名的一种网络信息分类方法。在使用 Tag 技术对政务内容进行分类和标注之前,政府首先制定一份信息资源主题词表,规范一些主题词和标识,然后开放注册用户的 Tag 标注权限，为防止恶意破坏，注册用户必须实名认证。用户可以自己标注 Tag，且随着时间的推移会有一些点击频率较高的 Tag 标签出现，实现了对政务内容的分类和标注，这些选出来的标签既贴近于用户，又不会出现因为让用户自己添加标签而无检索结果的情况。在发布平台上建立专题讲座和电子培训栏目，定期对公务员进行前沿知识讲座和岗位技能培训，通过网络组织政府内部的集体学习和讨论。通过知识的交流传递提高公务员的知识水平和素质，使一些专业技能和经验为公务员所学习，并运用到政务建设的各个方面。

(三) 政府知识交流平台

构建基于 Wiki 的政府知识交流平台（以下简称"交流平台"）。Wiki 是 Web2.0 中重要应用软件之一，支持面向社群协作式写作的超文本系统，具开放性和自组织性。公务员将平时通过业务交流和工作实践中所积累的知识、经验借助交流平台编撰呈现出来，再经过其他公务员的讨论、交流、修改和再修改，通过 Wiki 的自组织功能生成新的政府知识，对这些知识可根据其特征和表现形式分别存入政务领域本体知识库和政府知识地图中。不同用户通过对特定知识的学习、转化来指导自己的业务工作。通过循环应用促进政府知识在公务员之间的共享。

根据公务员和公众的知识需求以及公众参与政务建设的愿望，交流平台开设不同的政务专题空间和便民服务栏目，并加入 SNS 元素，以拓宽政府内外的交流圈。SNS（Social Networking Services，即社会性网络服务）是利用社会网络构建能提供日常生活服务的人际沟通的支持系统。在各个空间和栏目中，在职公务员、离职公务员和对政务建设充满热情的公众针对不同的政务话题形成合作交流团队，在授权的前提下进行页面的浏览、添加、修改、评论和删除。SNS 提供的虚拟交流空间打破地理空间的限制，将公众参与建设与政府自身建设相结合，广泛吸收来自各方的意见和建议，完善政府便民服务。在互动中将保存在公务员和公众头脑中的隐性知识抽取出来并储存，完成政府与公众、政府内部"横向"与"纵向"的知识传递。

三 政府知识的应用与创新模块

知识的应用是通过知识的利用实现政府的管理职能，如对各种决策的制定。将知识管理与政务流程相结合，使政府知识资源更加合理地在知识链上形成畅通无阻的知识流，利用各种政务信息和知识提高政务处理能力和效率。知识的创新是公务员将获取的知识与自己的实际工作结合并产生新知识的过程。知识的应用与创新可通过科学决策平台的建立，对知识应用情况的反馈、评价以及通过数据挖掘技术促进新知识的产生来实现。

构建科学决策平台，鼓励各级领导在进行决策时借鉴已分类的政府知识，并听取多方意见，使决策更加科学化、合理化，从而更好地实现政府的管理和服务职能。制定评估方案，对政府各职能部门进行知识管理的情况进行评估，并作为衡量部门绩效的指标之一。建立反馈机制，对知识在政府内外部的应用情况进行反馈，通过分析来自政府内外部的反馈意见和建议，判断出政府哪些方面的工作还有待提高和改进，帮助和激励政府将各项工作做得更好。最后通过与部门外部的知识交换以及定性或定量的信息处理方法和技术，从已掌握的丰富的政务信息资源中挖掘出有用的政府知识并存储，丰富政府知识资产。

四 基于 Web2.0 的政务知识管理的支持要素

（一）充分发挥领导的作用

领导是政府知识管理的主导者和缔造者，领导在政府知识管理中表现的好坏，直接影响着下层对政府知识管理的理解与接受程度。为此，各个实施知识管理的部门领导都要对知识管理从思想上重视起来并落实到最终的实际行动上。领导必须转变传统观念，勇于接受新事物、新技术，接受 Web2.0 理念用于政府知识管理的必然趋势。但 Web2.0 的使用也存在许多不容忽视的风险，例如破坏性行为和侵犯隐私行为的发生，因此领导应及时制定相应的管理政策和指导方针，对 Web2.0 的应用提供柔性监管。

（二）营造良好的组织文化

政府应构建具有尊重知识、重视学习和鼓励知识共享的组织文化，使每个人都加入到组织知识管理的实施过程中，鼓励他们改变处理信息和知识的手段，接受基于 Web2.0 的知识管理的理念和方法，促进个人进行知识创新、传递和共享，并加强部门之间的知识交流和沟通。

（三）构建扁平化和无界化的组织结构

转变政府现存的自上而下等级森严的组织结构，使之向扁平化的组织结构发展。将决策权向底层移动，赋予最底层执行人员充分的自由度和自主权，主动参与到政府知识管理实施过程中，积极地贡献自己的知识，从而促进知识的积累和传递，为知识共享奠定坚实的基础。消除政府组织之间的地域性和组织内部的等级制，构建无界化的政府组织。同级政府的不同部门以及各级不同政府通过基于 Web2.0 的知识管理网络结构将各组织、各部门的知识资源畅通无阻地流入、流出，从而提高知识的传递速度。

（四）制定相应的激励制度

通过制定有关的法律法规和激励政策，指导和鼓励公务员参与政府知识的传播、共享和创新。对于积极参与和推动政府知识传递的公务员给予物质和精神两个方面的奖励。政府应充分尊重和承认公务员个人对知识的所有权，并根据公务员对组织知识的贡献情况建立与公务员绩效考评、物质奖励和职位晋升挂钩的激励制度。鼓励公务员将自己的实践经验、工作细节、理论成果等相关政府知识最大限度地从头脑中置换出来，转换成部门知识，不断丰富和完善政府知识资产。

第七章

研究结论与研究展望

围绕电子政务知识协同这一研究主题，本书依据电子政务知识协同体系框架，对电子政务知识协同的集成系统框架及模型、电子政务知识协同的政府知识门户、电子政务知识协同组织保障进行了研究。一方面得出了一系列相关的结论，另一方面也发现了与本书相关的内容还有许多问题值得进一步探讨和深入研究。本章在总结主要研究结论和研究贡献的基础上，就研究的局限性进行讨论，进而提出未来的研究方向。

第一节 研究结论

随着电子政务深入发展，以面向企业和公众服务为中心，实现政府各部门间的协同政务成为当前电子政务建设最为迫切的需求。电子政务的发展与知识管理密切相关，以知识管理为核心的第三代电子政务成为电子政务发展的热点，电子政务运作从信息协同模式向知识协同模式演变。电子政务知识协同体现以人为本的思想，强调基于语义的政务集成系统和政府知识门户的构建，实现政府公务员与用户及政务系统之间的知识协同，是当前电子政务发展的最高阶段。电子政务知识协同系统具有接近人类的思考能力，能理解用户所要表达的复杂需求，也能理解用户所提交信息之间的语义逻辑关系。这样，政府能通过基于语义的政府知识门户直接为公众提供智能化的互动服务，充分地了解公众的需求，从而实现真正意义的个性化服务。同时，基于语义的政府知识门户能迅速定位公众需要的服务，让其仅仅通过一次提交，就能完成一系列任务。可见，电子政务知识协同通过智能化的政府管理和公共服务系统，促进政府向知识型政府转变。

电子政务知识协同的研究与实现是一项复杂的系统工程，涉及很多理论和技术的应用。国内外学者对知识管理、政府知识管理、协同知识管理、知识协同、协同政务等问题的研究，为电子政务知识协同的实践提供了重要的指导，同时也为电子政务知识协同的研究奠定了坚实的理论基础，但在理论体系和应用实践上都还很不完善。本书以电子政务知识协同为主题，对电子政务知识协同展开研究。通过对现有研究成果的梳理，构建面向电子政务的共同语义体系，将技术角度和组织角度的电子政务知识协同研究结合起来，实现协同政务中政府部门、公务员、计算机以及用户之间的语义互通与知识协同，为推动协同政务发展和政府知识共享实践提供理论指导。本书的主要研究结论和贡献体现在如下几个方面。

第一，提出了电子政务知识协同体系框架。在对电子政务知识协同的相关理论进行综合分析，充分把握电子政务知识协同研究现状的基础上，分析了电子政务知识协同的动机，从技术和组织两方面分析了电子政务知识协同的障碍，构建了电子政务知识协同体系框架，并分析了该体系框架的相关构成要素，为后续各章深入研究并解决电子政务知识协同中存在的障碍及问题奠定了理论基础。

第二，设计了面向电子政务知识协同的政务集成系统框架及模型。在对国内外基于语义的电子政务系统发展进行综述的基础上，分析了现有协同政务集成系统的不足，总结了电子政务系统语义互操作的实现方法，分析了WSMO这一语义Web服务实现技术对构建电子政务集成系统的优势，构建了基于语义Web服务的政务集成系统框架，设计了基于WSMO的政务集成系统模型，通过对实际案例的具体分析验证其可行性与技术优势，目的是促进异构政务系统无歧义地理解并有效地交换和集成政务流程知识，为协同政务中后台的异构政务系统实现语义互通和知识协同提供必要的技术平台。

第三，构建了面向电子政务知识协同的政府知识门户。在对国内外电子政务门户案例对比分析的基础上，分析了基于万维网的协同政务信息门户的不足和基于语义技术的政府知识门户的优势，研究了面向电子政务知识协同的政府知识门户。

第四，提出了电子政务知识协同组织保障。为了实现电子政务知识协同，除了从技术角度构建基于语义技术的政务集成系统，实现异构电子政务系统的服务资源整合和内容整合，以及构建基于语义的政府知识门户，实现电子政务知识协同与重用外，必须从政府组织结构、组织信任、组织学习、组织文化等方面提供相应的组织保障，才能将技术角度和组织角度的电子政务知识协同研究结合起来，实现电子政务知识协同的硬件平台与软环境的统一。本书分析了电子政务知识协同的政府组织结构、政府组织信任、政府组织学习和政府组织文化等保障因素，并分析了上述保障因素之间的关联性，结合实际案例进行了深入分析。

第五，阐述了基于语义技术的政府知识管理的实施方法。鉴于语义技术和 Web2.0 技术运用于政府知识管理可以有效管理大量分散的政府隐性知识，弥补传统知识管理方法只关注结构化显性知识的不足，进而实现政府知识的全面共享和创新。本书在较全面把握政府知识管理研究进展及发展趋势的基础上，对语义技术及 Web2.0 技术应用于政府知识管理的必要性和可行性进行了分析，从政府知识管理流程出发，阐述了基于语义技术的政府知识管理的实施方法。通过实施政府知识管理能够促进政府部门之间的全面知识共享，实现政府部门之间及其与公众之间的电子政务知识协同，进而为公众提供更加优质的政府公共服务。

第二节　研究局限与未来研究方向

一　研究局限

电子政务知识协同研究是协同政务领域中较新的研究方向，在理论和实践方面都还处于探索阶段。本书在已有研究成果的基础上，从技术与组织保障角度提出电子政务知识协同的实现技术与方法，并将其作为解决电子政务知识协同的一种思路和方法。由于主客观条件的制约，使得本研究存在一定的局限性，主要体现在：

在理论研究方面，由于一些理论方法或相关研究基础的限制，对一些问题的研究结论还是初步的，例如，对电子政务知识协同机理只是进行了一般性的分析。而电子政务知识协同体系是一类复杂性系统，电子政务知识协同最终将作为一种管理系统嵌入政府组织的业务体系中，因此，用博弈、社会网络、复杂系统、系统动力学等理论与方法，对电子政务知识协同的运行机理进行系统性研究是非常必要的。

在实践研究方面，近年来我国电子政务虽然发展较快，但电子政务知识协同目前尚处于初步的理论研究阶段，我国的协同政务实践也仅限于信息共享及业务协同，因此采用实证研究方法存在诸多困难，本书第六章对电子政务知识协同障碍的研究只是采用了专家访谈及案例分析方法，没有采用大规模的调研及规范的定量分析方法，使得某些研究结论可能存在一定局限。本书第三、第四、第五章采用了案例分析方法，主要借助于间接的文献资料，缺乏实地访谈及调研的第一手资料，使得案例研究中有些部分的分析略显单薄。

二 未来研究方向

针对以上研究局限，在未来研究中，需要对以下问题进行深入探讨：

首先，对电子政务知识协同的运行机理进行系统性研究。可以从以下几方面进行深入研究。

（1）电子政务知识协同是一个技术—社会系统。随着网络的普及，人和技术系统已紧密集成，社会网络理论作为一种从社会学发展来的理论，非常适用于对电子政务知识协同进行多角度的分析，因此，可以运用社会网络分析方法研究电子政务知识协同团队的社会网络结构。

（2）电子政务知识协同是一种人际网络，也表现为一种组织结构，其行为既受个体的价值观、利益、心理状态、文化背景等方面因素的影响，也受组织行为的影响。因此，可以采用博弈分析方法对电子政务知识协同行为进行深入研究。

（3）电子政务知识协同是一种动态系统，因此，可以运用系统动力学理论及相关方法对电子政务知识协同的运行机制进行系统分析。

其次，对电子政务知识协同进行全面深入的实证研究。随着协同政务的深入发展，电子政务知识协同将成为政府组织中普遍存在的组织活动形式，但作为一种新生事物，其发展尚缺乏可资借鉴的实践经验，更没有现成的规律可循。因此，在进行一些必要的理论基础研究工作之后，应该在实际调研基础上，对研究方法进行优化，综合多种研究方法，对电子政务知识协同展开广泛深入的规范性实证研究，增强研究结论的可操作性，使研究成果更加科学严谨。

主要参考文献

中文部分

著作

1. 蔡立辉:《电子政务:信息时代的政府再造》,社会科学出版社 2006 年版。
2. 陈亭楠:《现代企业文化》,企业管理出版社 2003 年版。
3. 奉继承:《知识管理——理论、技术与运营》,中国经济出版社 2006 年版。
4. 黄健:《造就组织学习力》,上海三联书店 2003 年版。
5. 姜伟东、叶宏伟:《学习型组织——提升组织的学习力》,东南大学出版社 2002 年版。
6. 克里斯·阿吉里斯:《组织学习力(第二版)》,张莉、李萍译,中国人民大学出版社 2004 年版。
7. 柯平:《知识管理学》,科学出版社 2007 年版。
8. [美]拉塞尔·M.林登:《无缝隙政府:公共部门再造指南》,汪大海等译,中国人民大学出版社 2002 年版。
9. [美]芳汀:《构建虚拟政府——信息技术与制度创新》,邵国松译,中国人民大学出版社 2004 年版。
10. 苏新宁、吴鹏:《电子政务案例分析》,国防工业出版社 2005 年版。
11. 王广宇:《知识管理——冲击与改进战略研究》,清华大学出版社 2004 年版。
12. 吴金希:《用知识赢得优势——中国企业知识管理模式与战略》,知识产权出版社 2005 年版。

13．杨国安、大卫·欧瑞奇：《学习力——创新、推广和执行》，华夏出版社 2004 年版。

14．姚乐、刘继承：《CIO 综合修炼》，电子工业出版社 2009 年版。

15．张维迎：《信息、信任与法律》，生活·读书·新知三联书店 2003 年版。

16．《中华人民共和国国家标准知识管理——第一部分：框架》，中国国家标准化管理委员会，2009 年。

论文

1．曹健、赵海燕、张友良：《并行设计中的协同方法研究》，《系统工程理论与实践》1999 年第 11 期。

2．曹雪：《欧洲电子政府互操作发展情况》，《北京档案》2007 年第 8 期。

3．朝乐门：《大规模人机协同知识管理模式研究》，《中国图书馆学报》2011 年第 5 期。

4．朝乐门：《Web2.0 在组织知识管理中的应用研究》，《情报资料工作》2010 年第 2 期。

5．陈建东：《知识管理理论流派研究的初步思考》，《情报学报》2006 年第 10 期。

6．陈婧：《国内外政府信息资源协作管理研究进展》，《图书情报工作》2011 年第 19 期。

7．陈如萌：《基于本体的新型政务知识管理系统框架》，《四川经济管理学院学报》2006 年第 4 期。

8．程惠霞：《公共部门导入知识管理的整体流程分析》，《中国行政管理》2005 年第 11 期。

9．储节旺：《国内外知识管理理论发展与流派研究》，《图书情报工作》2007 年第 4 期。

10．崔琳琳、柴跃廷、秦志宇：《供需链协同的定量评价》，《计算机集成制造系统》2007 年第 5 期。

11．党秀云、张晓：《电子政务的发展阶段研究》，《中国行政管理》2003 年第 1 期。

12. 邓靖松：《虚拟团队生命周期中的信任管理研究》，《中山大学学报（社会科学版）》2005年第1期。

13. 杜治洲、汪玉凯：《电子政务与政府协同管理模式的发展》，《中共天津市委党校学报》2006年第2期。

14. 樊治平、冯博、俞竹超：《知识协同的发展及研究展望》，《科学学与科学技术管理》2007年第11期。

15. 冯向春：《Web2.0在电子政务中的应用研究》，《现代情报》2008年第4期。

16. 盖玲、罗贤春：《面向电子政务服务的知识协同障碍及对策分析》，《图书馆学研究》2008年第11期。

17. 高洁、李佳培：《电子政务信息资源管理中的领域本体构建研究》，《图书情报工作》2005年第11期。

18. 高洁等：《协同政务知识共享体系构建》，《情报资料工作》2012年第6期。

19. 高洁、罗南：《协同政务知识共享的组织模式及保障因素研究》，《图书情报工作》2012年第21期。

20. 高巾、姜赢、郭立帆：《语义Web服务异构性解决方法——WSMO中介器深入探讨》，《现代图书情报技术》2007年第6期。

21. 龚睿、杨贯中、陈莉：《面向Web服务的电子政务工作流模型研究》，《计算机工程与应用》2005年第12期。

22. 管强、张申生、杜涛：《基于Web服务的电子政务应用集成研究》，《计算机工程》2005年第6期。

23. 郭立帆、苏志军：《语义Web服务概念及主流框架研究》，《江西图书馆学刊》2008年第1期。

24. 和金生、熊德勇：《知识管理应当研究什么》，《科学学研究》2004年第1期。

25. 何树果、张听光、樊治平：《一种基于知识管理的政府知识构架》，《东北大学学报（社会科学版）》2004年第1期。

26. 何文娟、张景、李西宁：《电子政务平台模型与体系结构研究及应用》，《计算机工程》2005年第10期。

27. 贺佐成：《试论电子政务协同的内涵与特征》，《现代情报》

2006年第7期。

28. 侯人华、高霞：《发达地区电子政务发展战略和门户网站综述分析》，《情报杂志》2011年第9期。

29. 侯宇、谢黎文、王谦：《美国电子政务FEA架构初探》，《中美公共管理杂志》2006年第3期。

30. 胡安安、徐瑛、凌鸿：《组织内知识共享的信任模型研究》，《上海管理科学》2007年第1期。

31. 胡昌平、晏浩：《知识管理活动创新性研究之协同知识管理》，《中国图书馆学报》2007年第3期。

32. 胡海波：《基于Wiki的政府知识管理研究》，《情报杂志》2012年第1期。

33. 胡树林、蒋萍、王洋：《基于知识链的政府知识管理实施途径研究》，《图书馆学研究（理论版）》2010年第11期。

34. 胡星、胡康林：《1999—2012年国内政府知识管理研究综述》，《图书馆学研究》2013年第24期。

35. 黄贺方：《论语义Web和Web2.0的"混合应用"》，《图书馆学研究》2008年第8期。

36. 黄映辉、李冠宇：《要素细化与代码实现——WSMF模型》，《计算机应用》2008年第8期。

37. 江亮、高洁：《面向政务流程的政府知识管理模型研究》，《情报杂志》2009年第4期。

38. 蒋日福、霍国庆、郭传杰：《现代知识管理流派研究》，《管理评论》2006年第10期。

39. 蒋珩、佘廉：《区域突发公共事件应急联动体系研究》，《武汉理工大学学报（社会科学版）》2007年第5期。

40. 金江军：《借鉴国外经验设计电子政务总体框架》，《数码世界》2008年第9期。

41. 金江军：《政务也"协同"》，《中国计算机用户》2004年第5期。

42. 金竹青、刘玉秀、周伟：《基于面向服务架构的电子政务系统集成》，《大连海事大学学报》2007年第6期。

43．柯青、李纲：《企业知识协同研究综述》，《情报科学》2008 年第 10 期。

44．李朝明：《基于协同商务的企业知识管理系统研究》，《商业时代》2007 年第 20 期。

45．李春娟、宋之杰：《基于知识协同的突发事件应急管理对策研究》，《情报杂志》2011 年第 5 期。

46．李丰、储节旺：《电子政府中知识管理模型的构建》，《科技情报开发与经济》2006 年第 9 期。

47．李广乾：《电子政务前台—后台服务体系与地方电子政务顶层设计》，《信息化建设》2006 年第 1—2 期。

48．李漫波：《协同：电子政务的未来》，《软件世界》2005 年第 1 期。

49．李奕、张向先：《信息管理系统的新发展：基于协同商务的知识管理系统》，《工业技术经济》2006 年第 7 期。

50．梁孟华：《创新型国家电子政务知识协同服务研究》，《情报理论与实践》2009 年第 2 期。

51．刘二亮、纪艳彬：《基于联盟成员知识特性的知识联盟组织间知识共享研究》，《西安电子科技大学学报（社会科学版）》2011 年第 4 期。

52．刘彦辉、张悟移、苟双晓：《供应链企业间协同知识链管理模型研究》，《全国商情：经济理论研究》2007 年第 1 期。

53．卢刘明：《基于语义的 Web 服务和组合关键技术》，博士学位论文，东华大学，2006 年。

54．毛海波：《基于语义 Web 的信息门户建设》，《晋图学刊》2007 年第 4 期。

55．孟大庆、刘华成：《虚拟团队中的信任研究》，《合作经济与科技》2008 年第 3 期。

56．欧毓毅、郭荷清、许伯桐：《基于 Web 服务的电子政务信息共享平台研究》，《计算机应用与软件》2007 年第 5 期。

57．彭凤：《政府知识管理与企业知识管理之比较研究》，《科技情报开发与经济》2007 年第 1 期。

58. 彭锐、刘冀生：《西方企业知识管理理论——"丛林"中的学派》，《管理评论》2005年第8期。

59. 平湖：《基于本体的政务信息交换技术的研究》，博士学位论文，东华大学，2007年。

60. 秦雪杰：《基于语义Web服务的业务过程集成研究》，博士学位论文，河海大学，2006年。

61. 盛星、黄映辉、李冠宇：《服务兼容性：Choreography与中介器的解决方案》，《计算机技术与发展》2009年第2期。

62. 苏芳荔：《电子政务系统的协同智能化探讨》，《现代情报》2007年第8期。

63. 孙忠林、崔焕庆：《面向多类用户的电子政务信息协同模式研究》，《山东科技大学学报（自然科学版）》2009年第1期。

64. 谭龙江：《基于Web Services的协同政务工作流环节集成模式研究》，《技术创新》2006年第12期。

65. 唐美丽、马廷淮：《电子政务流程中的知识管理》，《情报杂志》2008年第8期。

66. 万常选、郭艳阳：《电子政务语义互操作初探》，《电子政务》2006年第9期。

67. 王丛霞、方洁：《Web2.0在电子政务中的应用领域及其问题研究》，《图书馆理论与实践》2010年第2期。

68. 王琳、高洁、胡莎莎：《协同政务知识共享：研究背景与现状》，《情报资料工作》2012年第6期。

69. 王晴：《基于Wiki的政府知识管理模型构建》，《科技文献信息管理》2014年第2期。

70. 王伟：《组织学习理论研究述评》，《郑州大学学报》2005年第1期。

71. 王炜、王冠：《企业信息与知识资产管理》，《科技咨询》2011年第11期。

72. 王学东、潘小毅、孙晶：《Wiki在政府知识管理中的应用初探》，《情报资料工作》2008年第3期。

73. 王越：《基于Ontology的Web政务资源的智能处理与应用》，

硕士学位论文，山东大学，2007年。

74．魏白莲、郑建明：《基于 Web2.0 的个人知识管理研究》，《现代情报》2010 年第 5 期。

75．魏来、王雪莲：《WSMO 理论框架与应用研究》，《现代情报》2010 年第 8 期。

76．吴价宝：《组织学习能力测度》，《中国管理科学》2003 年第 4 期。

77．吴鹏、高升、甘利人：《电子政务信息资源语义互操作模型研究》，《中国图书馆学报》2010 年第 2 期。

78．席彩丽：《基于语义 Web 技术的知识管理系统研究》，《图书情报工作》2010 年第 8 期。

79．夏立新、徐晨琛、白华：《基于本体的电子政务知识管理研究》，《情报科学》2009 年第 11 期。

80．解亚红：《"协同政府"：新公共管理改革的新阶段》，《中国行政管理》2004 年第 5 期。

81．谢中起、刘维胜：《协同政务：电子政务发展的必然趋势》，《河北科技大学学报（社会科学版）》2007 年第 1 期。

82．徐宝祥、刘春艳、刘妹宏：《两种典型语义 Web 服务方法的比较研究》，《情报科学》2006 年第 2 期。

83．徐云鹏、韩静娴：《政府知识共享机制构建各因素辨析》，《现代情报》2009 年第 10 期。

84．薛建辉、刘杰：《基于语义 Web 的知识管理系统的研究》，《北京工商大学学报（自然科学版）》2007 年第 1 期。

85．杨冰之：《协同政务：中国电子政务的趋势与实现之道》，《信息化建设》2005 年第 6 期。

86．杨传明：《Web2.0 环境下政府网站数字信息资源共享服务实证研究》，《图书情报工作》2011 年第 9 期。

87．杨锐、陈能成：《基于语义的电子政府信息门户设计和实现》，《计算机工程与应用》2007 年第 2 期。

88．杨欣、沈建京：《语义 Web 服务研究方法概述》，《计算机应用与软件》2008 年第 4 期。

89. 杨雅芬：《基于用户需求的移动政务研究》，《情报理论与实践》2012 年第 2 期。

90. 叶艳等：《基于 Ontology 的电子政务流程知识建模与集成管理》，《上海交通大学学报》2006 年第 9 期。

91. 喻登科、陈华、苏屹：《地方政府知识管理模型及绩效评价研究》，《情报杂志》2013 年第 3 期。

92. 于曦、高洁：《面向知识共享的协同政务流程集成模型研究》，《情报资料工作》2012 年第 6 期。

93. 于曦、高洁：《基于 Web2.0 的政府知识管理实施途径的研究》，《情报资料工作》2012 年第 3 期。

94. 袁莉、姚乐野：《政府知识管理应用社交网络研究》，《图书情报工作》2013 年第 3 期。

95. 张成洪、严正、宋亮：《协同商务环境下的知识共享框架》，《复旦学报（自然科学版）》2003 年第 5 期。

96. 张建：《跨部门协同电子政务的协作模式研究》，《东岳论丛》2006 年第 4 期。

97. 张其春、郗永勤：《知识型政府的组织创新研究》，《现代管理科学》2005 年第 4 期。

98. 张晓培：《知识性企业实践社区内社会资本对隐性知识共享的影响》，博士学位论文，宁夏大学，2009 年，第 2 页。

99. 张中会、屈慧琼、万建军：《论复合型高校图书馆的知识协同》，《南华大学学报（社会科学版）》2004 年第 2 期。

100. 赵建凯：《电子政务的终极目标是"协同政务"》，《信息系统工程》2009 年第 12 期。

101. 赵龙文、黄小慧：《基于本体的电子政务知识共享机制研究》，《科技管理研究》2010 年第 11 期。

102. 郑亮：《基于 GRDDL 的 Web2.0 与语义 Web 融合的研究》，《福建电脑》2010 年第 9 期。

103. 周志田、杨多贵、赵一祯：《基于电子政府的知识管理模型研究》，《中国科技信息》2007 年第 17 期。

104. 朱琳：《电子政务环境下移动政务发展研究》，《上海行政学院学报》2011 年第 3 期。

105．朱虹、许承光、罗宁：《试论电子政府协同公共服务思想》，《武汉工程大学学报》2009 年第 3 期。

106．左美云：《国内外知识管理研究综述》，《科学决策》2000 年第 3 期。

电子文献

1．CNNIC：《第 27 次中国互联网络发展状况调查统计报告》（http：//research. cnnic. cn/html/1295338825d2556. html）。

2．冯宏卫：《协同政务：应对电子政务新拐点》（http：//www. amteam. org/static/61 /61241. html）。

3．国家信息化领导小组：《国家电子政务总体框架》（http：//www. shenzhen. gov. cn/szyw_ 1/200704/P020070420367811590259. doc）。

4．IBM：《知识无价：构建现代企业的知识管理体系》（http：//www-31. ibm. com/cn/services/bcs/iibv/pdf/knowledge. pdf，2006）。

5．《Lotus》，百度百科（http：//baike. baidu. com/view/67878. htm#sub6970725）。

6．《Lotus 协同办公软件》（http：//www-01. ibm. com/software/cn/lotus/index. html？crs＝apch_ cit1_ 20120224_ 1330072474212&cm＝k&cr＝baidu&ct＝201MC23W&ck＝lotus +% E8% BD% AF% E4% BB% B6&cmp＝201MC）。

7．胡志敏：《电子政务开启服务型政府之门的钥匙》（http：//industry. ccidnet. com/art/356/20060526/563763_ 1. html）。

8．郭迟：《论移动互联网时代的位置服务——安卓（android）手机应用与安卓游戏软件开发者社区——应用邦》（http：//de. appchina. com/technology/lbs_ in_ mobile_ internet_ era/）。

9．《协同论》，百度百科（http：//baike. baidu. com/view/290928. htm）。

10．《WEB2. 0 技术带来协同办公软件的变革》（http：//weaversoft. blog. sohu. com/83490153. html ）。

11．William：《AT&T 联手 Placecast 推出 ShopAlerts 服务》（http：//www. 36kr. com/p/16362. html）。

12.《我国电子政务云框架服务体系研究与实践》(http://www.powereasy.net/HelpYou/Knowledge/eGov/10868.html)。

13.扬子晚报:《"倒鸭子"对话视频走红网络 网友称"笑喷"》,网易新闻中心(http://news.163.com/11/1211/04/7KVGFL0100011229.html)。

外文部分

著作

1. Alexiev V., Breu M., Bruijn J. et al., *Information Integration with Ontologies: Experiencesfrom an Industrial Showcase*, West Sussex, UK: Wiley, 2005.

2. "European Guide to Good Practice in Knowledge Management – Part I: Knowledge Management Framework", *European Committee for Standardization*, 2004.

3. Fensel D., et al., *Spinning the Semantic Web*, Cambridge: MIT Press, 2002.

4. "International Benchmarking Clearinghous", *Knowledge Management Consortium Benchmarking Study Best – Practice Report*, American Productivity & Quality Center (APQC), 1995.

5. Kotler P., Lee N. R., *Social Marketing: Influencing Behaviors for Good*, Sage Publications, Inc., 2011.

6. Stan Garfield, *Knowledge Management in the Real World*, Hewlett-Packard Development Company, 2005.

7. Stewart T. A., *Intellectual Capital: The New Wealth of Organization*, Doubleday Dell Publishing Group Inc., 1997.

论文

1. Amrit C., Hillegersberg J., "Detecting Coordination Problems in Collaborative Software Development Environments", *Information Systems Management*, Vol. 25, No. 1, 2008.

2. Andrej Kovaĉiĉ, "Process – basde Knowledge Management: Towards E-Government in Slovenia", *Management*, Vol. 12, No. 1, 2007.

3. Berners-Lee T., Hendler J., Lassila O., "The Semantic Web", *Scientific American*, Vol. 28, No. 5, 2001.

4. Columbia B. L., Cheng W. C., Chou C. F., "BISTRO: A Scalable and Secure Data Transfer Service for Digital Government Applications", *Communications of the ACM*, Vol. 46, No. 1, 2003.

5. Cong X., Kaushik V., "Issues of Knowledge Management in the Public Sector", *Academic Conferences Limited*, 2003.

6. Dias G. P., Rafael J. A., "A Simple Model and a Distributed Architecture for Realizing One-stop E-Government", *Electronic Commerce Research and Applications*, Vol. 6, No. 1, 2007.

7. Dion Hoe-Lian Goh, Alton Yeow-Kuan Chua, et al., "Knowledge Access, Creation and Transfer in E-Government Portals", *Online Information Review*, Vol. 32, No. 3, 2008.

8. Dirk Schneckenberg, "Web 2.0 and the Empowerment of the Knowledge Worker", *Journal of Knowledge Management*, Vol. 13, No. 6, 2009.

9. Earl M., "Knowledge Management Strategies: Toward a Taxonomy", *Journal of Management Information Systems*, Vol. 18, No. 1, 2001.

10. Ford D., "Trust and Knowledge Managementl: The Key to Success", *Queon KBE Centre for Knowledge-based Enter Prises Working Paper*, 2001.

11. Gaffoor S. and Cloete F., "Knowledge Management in Local Government: The Case of Stellenbosch Municipality", *Journal of Information Management*, Vol. 12, No. 1, 2010.

12. Gaojie, Luonan, "Case Study on Organizational Mode and Organizational Guarantee of Knowledge Sharing in Coordination E-government", Beijing: *COINFO'10*, Scientific Research Publishing, 2012.

13. Georgia Prokopiadou, Christos Papatheodorou, Dionysis Moschopoulos, "Integrating Knowledge Management Tools for Government Information", *Government Information Quarterly*, Vol. 21, 2004.

14. Girard J. P., Mcintyre S., "Knowledge Management Modeling in Public Sector Organizations: A Case Study", *International Journal of*

Public Sector Management, Vol. 23, No. 1, 2010.

15. Gugliotta A., Domingue J., Cabra L., "Deploying Semantic Web Services-Based Applications in the e-Government Domain", *Journal on Data Semantics*, No. 10, 2008.

16. Gugliotta A., Cabral L. and Domingue J., "Knowledge Modelling for Integrating E-Government Applications and Semantic Web Services", Doctoral Symposium at the International SemanticWeb, Galway, Ireland, 2005.

17. Hendler J., McGuinness D., "DARPA Agent Markup Language", *IEEE Intelligent Systems*, Vol. 15, No. 6, 2001.

18. Howe J., "The Rise of Crowdsourcing", *Wired Magazine*, Vol. 14, No. 14, 2006.

19. Hui G., Hayllar M. R., "Creating Public Value in E-Government: A Public-Private-Citizen Collaboration Framework in Web 2.0", *The Australian Journal of Public Administration*, No. 69, 2009.

20. Kumar N. S., Bharathi P. S., "Continuous Supply Chain Collaboration: Road to Achieve Operational Excellence", *Management Science Letters*, Vol. 1, No. 2, 2011.

21. Lakshmi S. Iyer, Rahul Singh, et al., "Knowledge Management for Government-to-Government (G2G) Process Coordination", *Electronic Government*, Vol. 3, No. 1, 2006.

22. Layne K., Lee J., "Developing fully functional e-government: a four stage model", *Government Information Quarterl*, Vol. 18, No. 2, 2001.

23. Leijen H. V., Baets W. R. J., "A cognitive framework for reengineering knowledge-intensive processes", *Proceedings of the 36th Hawaii International Conference on System Sciences (HICSS' 03)*, Hawaii, USA, 2002.

24. Ling T., "Joint-up Government in the UK: Dimensions, Issues and Problems", *Public Administration*, No. 4, 2002.

25. Liana Razmerita, Kathrin Kirchner, Frantisek Sudzina, "Personal Knowledge Management: The Role of Web 2.0 tools for Managing Knowledge at Individual and Organisational Levels", *Online Information*

Review, Vol. 33, No. 6, 2009.

26. Liebowitz J., "Aggressively Pursuing Knowledge Management Over 2 Year: A Case Study at A US Government Organization", *Knowledge Management Research & Practice*, No. 2, 2003.

27. Ljiljana Stojanovic, et al., "On Managing Changes in the Ontology-Based E-Government", *CoopIS/DOA/ODBASE*, LNCS, 2004.

28. Luen T. W., AI-Hawamdeh S., "Knowledge Management in the Public Sector: Principles and Practices in Police Work", *Journal of Information Science*, Vol. 27, No. 5, 2001.

29. Luis Alvaren Sabucedo, et al., "A Holistic Semantic Framework for the Provision of Services in the Domain of E-Government", *International Journal of Software Engineering and Knowledge Engineering*, Vol. 19, No. 7, 2009.

30. Martinez V., Simari G. I., Sliva A., et al., "Convex: Similarity-based Algorithms for Forecasting Group Behavior", *IEEE Intelligent Systems*, Vol. 23, No. 4, 2008.

31. McAdam R., Reid R., "A Comparison of Public and Private Sector Perceptions and Use of Knowledge Management", *Journal of European Industrial Training*, Vol. 24, No. 6, 2004.

32. McKelvey M., Almb H., Riccaboni M., "Does co-location matter for formal knowledge collaboration in the swedish biotechnology-pharmaceutical sector", *Research Policy*, Vol. 32, 2003.

33. McLaren T., Head M., Yuan Y., "Supply Chain Collaboration Alternatives: Understanding the Expected Costs and Benefits", *Internet Research*, Vol. 12, No. 4, 2002.

34. Mcllraith S. A., et al., "Semantic Web Services", *IEEE Intellegent Systems*, No. 2, 2001.

35. Medjahed B., Rezgui A., Bouguettaya A, et al., "WebDG-An Infrastructure for E-Government Services", *IEEE Internet Computing*, No. 1, 2003.

36. Miltiadis D. Lytras, "The Semantic Electronic Government:

Knowledge Management for Citizen Relationship and New Assessment Scenarios", *Electronic Government*, Vol. 3, No. 1, 2006.

37. Moria Levy, "WEB 2. 0 Implications on Knowledge Management", *Journal of Knowledge Management*, Vol. 13, No. 1, 2009.

38. Nasrullah K., Khilji and Stephen A., "Roberts. The Role of Innovative Communication Channels, Effective Coordination Strategy and Knowledge Management in the UK Local Government Planning System", *Journal of Information & Knowledge Management*, Vol. 12, No. 4, 2013.

39. Noll J., Beecham S., Richardson I., "Global Software Development and Collaboration: Barriers and Solutions", *ACM Inroads*, Vol. 3, No. 1, 2010.

40. Ohira M., Ohsugi N., Ohoka T., et al., "Accelerating Cross-project Knowledge Collaboration Using Collaborative Filtering and Social Networks", *ACM SIGSOFT Software Engineering Notes*, Vol. 30, No. 4, 2005.

41. Peattie K., Peattie S., "Social Marketing: A Pathway to Consumption Reduction?", *Journal of Business Research*, Vol. 62, No. 2, 2009.

42. Peer J., "Bringing together Semantic Web and Web Services", *Proc of the First International Semantic Web Conference*, Italy Sardinia, 2002.

43. Pentland A., Socially Aware, "Computation and Communication", *Computer*, Vol. 38, No. 3, 2005.

44. Pentland A., Eagle N., Lazer D., "Inferring Social Network Structure Using Mobile Phone Data", *Proceedings of the National Academy of Sciences (PNAS)*, Vol. 106, No. 36, 2009.

45. Ramon J., Gil-Garcia, InduShobha Chengalur-Smith, Peter Duchessi, "Collaborative e-Government: Impediments and Benefits of Information-sharing Projects in the Public Sector", *European Journal of Information Systems*, No. 16, 2007.

46. Rodrigo G. C. Rocha, et al., "Collaboration Models in Distributed Software Development: A Systematic Review", *CLEI electronic Journal*, Vol. 14, No. 2, 2001.

47. Sakaki T., Okazaki M., Matsuo Y., "Earthquake Shakes Twit-

ter Users: Real-time Event Detection by Social Sensors", *ACM*, 2010.

48. Sirkka L., Jarvenpa, Dorothy E., Leidner, "Communication and Trust in Global Virtual Teams", *Organization Science*, No. 6, 1999.

49. Sotirakou T., Zeppou M., "The 'MATE' Model: A Strategic Knowledge Management Technique on the Ehessboard of Public Sector Modernization", *Management Decision*, Vol. 42, No. 1, 2004.

50. Teng S., Hawamdeh S., "Knowledge Management in Public Libraries", *Aslib Proceedings*, Vol. 54, No. 3, 2002.

51. Kostas Metaxiotis, John Psarras, "A Conceptual Analysis of Knowledge Management in E-Government", *Electronic Government*, Vol. 2, No. 1, 2005.

52. Thomas Bebensee, Remko Helms, Marco Spruit, "Exploring Web 2.0 Applications as A Mean of Bolstering up Knowledge Management", *The Electronic Journal of Knowledge Management*, Vol. 9, No. 1, 2011.

53. UK, "Office of the e-Envoy. e-Government Interoperability Framework (Version 6.0)", April 30, 2004.

54. Underwood S., "Improving Disaster Management", *Communications of the ACM*, Vol. 53, No. 2, 2010.

55. Usman M. A., Nadeem M., Ansari M. Z. A., "Multi-agent Based Semantic E-Government Web Service Architecture Using Extended WSDL", *Web Intelligence and Intelligent Agent Technology Workshops*, IEEE/WIC/ACM International Conference on. Dec., 2006.

56. Uwe Heck, Andreas Rogger, "Knowledge Management for E-service-Delivery-A Conceptual Approach within E-Government", M. A. Wimmer (ed.): KMGov 2004, LNAI 3035.

57. Vassilios Peristeras, Nikolaos Loutas, Sotirios K., "Goudos and Konstantinos Tarabanis. A Conceptual Analysis of Semantic Conflicts in pan-European E-Government Services", *Journal of Information Science*, Vol. 34, No. 6, 2008.

58. Waither J. B., Ulla B., "The Rules of Virtual Groups: Trust, Linking, and Performance in Computer-Mediated Communication", *Journal*

of Communication, No. 4, 2005.

59. Watkins E. R., "Trusted Collaboration in Distributed Software Development", *England: University of Southampton*, 2007.

60. Wiig K. M., "Application of Knowledge Management in Public Administration", *Journal of Knowledge Management*, No. 3, 2000.

61. Ye Y., Yamamoto Y., Kishida K., "Dynamic Community a New Conceptual Framework for Supporting Knowledge Collaboration in Software Development", 11th Asia-Pacific Software Engineering Conference, 2004.

62. Yogesh M., "Knowledge Management for the New World of Business", *A Sia Strategy Leader Ship Insitute Review*, No. 6, 1998.

63. Yoshimura M., Yoshikawa K., "Synergy Effects of Sharing Knowledge During Cooperative Product Design", *Concurrent Engineering*, Vol. 6, No. 1, 1998.

64. Zaidoun A. Z., Mouhib A. N., "Human and Electronic-Based Knowledge Enablement in E-Government", Information and Communication Technologies: From Theory to Applications, ICTTA 2008.

65. Zhang J., Dawes S. S., Sarkis J., "Exploring Stakeholders' Expectations of the Benefits and Barriers of E-Government Knowledge Sharing", *The Journal of Enterprise Information Management*, No. 5, 2005.

电子文献

1. Al-Hakim L., "Collaborative Commerce in Meat Supply Chain", Effective Resource Management for Sustainable Development (http://eprints.usq.edu.au/2174/).

2. Arnold Van Overeem, Johan Witters, Vassilios Peristeras, "Semantic Interoperability in pan-European eGovernment Services" (http://www.researchgate.net/publication/221409799_Semantic_Interoperability_Conflicts_in_Pan-European_Public_Services).

3. Athman Bouguettaya, "Ontology-based Support for Digital Government" (http://www.vldb.org/conf/2001/pdf).

4. Athman Bouguettaya, Brahim Medjahed, "WebDG-A Platform for E-Government Web Services" (http://www.people.cs.vt.edu/~xu-

minl/dgov2004. pdf).

5. Barnickel N., Fluegge M., Schmidt K., "Interoperability in E-Government through Cross-Ontology Semantic Web Service Composition" (http://www.docin.com/p-406892224.html).

6. Bikard M., Murray F., "Is Collaboration Creative or Costly? Exploring Tradeoffs in the Organization of Knowledge Work" (http://ssrn.com/abstract=1953324).

7. Buuren A. V., "Knowledge Communities of Practice as Organ Governance Minstability" (http://www.Psa.Ac.uk/2004/pps/van%20Buuren.pdf).

8. Christoper H. B., Andrea Di Maio, "Gartner's Four Pliases of E-Goverment Model" (http://www.gartner.com/id=317292).

9. "e-POWER Project" (http://lri.jur.uva.nl/epower/).

10. Eristeras V., Mocan A., Vitvar T. et al., "Towards Semantic Web Services for Public Administration Based on the Web Service Modeling Ontology (WSMO) And The Governance Enterprise Architecture (GEA)" (http://www.aaai.org/Library/Symposia/Spring/2006/ss06-06-017.php).

11. "Global E-Govenunent survey" (http://www.unpan.org/egovkb/global_reports/08report.htm).

12. "ICTE-PAN Project" (http://www.eurodyn.com/icte-pan).

13. Goudos S., Peristeras V., Tarabanis K., "Mapping Citizen Profiles to Public Administration Services Using Ontology Implementations of the Governance Enterprise Architecture (GEA) models" (http://www.researchgate.net/publication/233421211_ Mapping_ Citizen_ Profiles_ to_ Public_ Administration_ Services_ Using_ Ontology_ Implementations_ of_ the_ Governance_ Enterprise_ Architecture_ (GEA) _ models).

14. Goudos S., Peristeras V., Tarabanis K., "A Semantic Web Application for Matching a Citizen's Profile to Entitled Public Services" (http://www.researchgate.net/publication/233421239_ A_ Semantic_ Web_ Application_ for_ Matching_ a_ Citizens_ Profile_ to_ Entitled_

Public_ Services).

15. Government T. U. S., "Data. gov" (http://www.data.gov/).

16. Ives W., "Thought Leadership" (http://www.ac.com/services/knowledge/km-thought6.html).

17. Johnson M. E., "Product Design Collaboration: Capturing Lost Supply Chain Value in the Apparel Industry", "Social Science Research Network Electronic Paper Collection" (http://ssrn.com/abstract=307461).

18. "Knowledge Management, Knowledge Organization & Knowledge Workers" (http://www.brint.com/interview/maeil.htm).

19. Luis Guijarro. "Semantic Interoperability in e-Government Initiatives" (http://www.doc88.com/p-740821427249.html).

20. Martin R., "Overview of the Global Mobile Internet Conference 2011 Tech in Asia" (http://www.techinasia.com/global-mobile-internet-conference/).

21. Nevena S., "A Multi-agent Collaboration Model for Knowledge Sharing" (http://hdl.handle.net/10210/3793).

22. "Office of the e-Envoy of UK. e-Government Interoperability Framework" (http://xml.coverpages.org/egif-UK.html).

23. OMB, "E-Government Strategy: Simplified Delivery of Services to Citizens" (http://www.whitehouse.gov/omb/inforeg/egovstrategy).

24. "OntoGov Project" (http://www.ontogov.com).

25. Overeem A., Witters J., Peristeras V., "Semantic Interoperability in pan-European eGovernment Services" (http://www.semantic-gov.org).

26. Peristeras V., Mocan A., Vitvar T., et al., "Towards Semantic Web Services for Public Administration Based on the Web Service Modeling Ontology (WSMO) and the Governance Enterprise Architecture (GEA)" (http://www.researchgate.net/publication/233421234_Towards_ Semantic_ Web_ Services_ for_ Public_ Administration_ Based_ on_ the_ Web_ Service_ Modeling_ Ontology_ (WSMO)_ and_ the_ Governance_ Enterprise_ Architecture_ (GEA)).

27. Peristeras V., Tarabanis K., "Reengineering Public Administration through Semantic Technologies and the GEA Domain Ontology" (http://www.researchgate.net/publication/221250838_Reengineering_Public_Administration_through_Semantic_Technologies_and_a_Reference_Domain_Ontology).

28. Schmetz F., "Introduction to KM in the Public Sector" (http://www.knowledgeboard.com/cgi-bin/item.cg?id=95046&d=417&f=418&dateform at=%o%20%B%20%Y).

29. Schott, "SoLoMo" (http://schott.blogs.nytimes.com/2011/02/22/solomo/).

30. "SmartGov Project" (http://www.smartgov-project.org).

31. Soonhee K., Hyangsoo L., "Organizational Factors Affecting Knowledge Sharing Capabilities in E-Government: An Empirical Study" (http://www.springerlink.com/content/hm4fbpbnceu/21y8e/).

32. Sun A., Valentino-DeVries J., Seward Z., "A Week on Foursquare" (http://graphicsweb.wsj.com/documents/FOURSQUAREWEEK1104/).

33. Tuomi I., "The Future of Knowledge Management" (http://ec.europa.eu/employment_social/knowledge_society/docs/tuomifkm.pdf).

34. Usero J. A. M., Orenes M. P. B., "Ontologies in the Context of Knowledge Organization and Interoperability in e-Government Services", IRFD World Forum 2005 Conferece on Digital Divide, Tunisia: Global Development and the Information Society (http://www.irfd.org/events/wf2005).

35. Vassilios Peristeras, Konstantinos Tarabanis, Nikos Loutas, "Cross-Border Public Services: Analysis and Modeling" (http://www.computer.org/csdl/proceedings/hicss/2007/2755/00/27550101b-abs.html).

36. W3C, "A Semantic Web Architecture" (http://www.dajobe.org/talks/sw-vienna/slide10.html).

37. WSMO-PA, "Formal Specification of Public Administration Service Model on Semantic Web Service Ontology" (http://www.re-

searchgate. net/publication/224686841_ WSMO-PA_ Formal_ Specification_ of_ Public_ Administration_ Service_ Model_ on_ Semantic_ Web_ Service_ Ontology).

38. Xia Wang, Vitvar, et al., "WSMO-PA: Formal Specification of Public Administration Service Model on Semantic Web Service Ontology" (http://www. researchgate. net/publication/224686841_ WSMO-PA_ Formal_ Specification_ of_ Public_ Administration_ Service_ Model_ on_ Semantic_ Web_ Service_ Ontology).